CHAMPION
DANS LA TÊTE

Édition : Joëlle Sévigny
Infographie : Chantal Landry
Correction : Ginette Choinière

Catalogage avant publication de Bibliothèque
et Archives nationales du Québec et Bibliothèque et
Archives Canada

Ducasse, François

Champion dans la tête : la psychologie de la
performance dans le sport et dans la vie

Édition originale : 2006.

ISBN 978-2-7619-4648-3

1. Succès - Aspect psychologique. 2. Sportifs de
haut niveau - Psychologie. 3. But (Psychologie).
4. Performance. 5. Sports - Aspect psychologique.
I. Chamalidis, Makis, 1968-   . II. Titre.

BF637.S8D834 2016   158.1   C2016-941292-X

DISTRIBUTEURS EXCLUSIFS :

Pour le Canada et les États-Unis :
MESSAGERIES ADP inc.*
Téléphone : 450-640-1237
Internet : www.messageries-adp.com
* filiale du Groupe Sogides inc.,
  filiale de Québecor Média inc.

Pour la France et les autres pays :
INTERFORUM editis
Téléphone : 33 (0) 1 49 59 11 56/91
Service commandes France Métropolitaine
Téléphone : 33 (0) 2 38 32 71 00
Internet : www.interforum.fr
Service commandes Export - DOM-TOM
Internet : www.interforum.fr
Courriel : cdes-export@interforum.fr

Pour la Suisse :
INTERFORUM editis SUISSE
Téléphone : 41 (0) 26 460 80 60
Internet : www.interforumsuisse.ch
Courriel : office@interforumsuisse.ch
Distributeur : OLF S.A.
Commandes :
Téléphone : 41 (0) 26 467 53 33
Internet : www.olf.ch
Courriel : information@olf.ch

Pour la Belgique et le Luxembourg :
INTERFORUM BENELUX S.A.
Téléphone : 32 (0) 10 42 03 20
Internet : www.interforum.be
Courriel : info@interforum.be

09-16

Imprimé au Canada

© 2016, 2006, Les Éditions de l'Homme,
division du Groupe Sogides inc.,
filiale de Québecor Média inc.
(Montréal, Québec)

Tous droits réservés

Dépôt légal : 2006
Bibliothèque et Archives nationales du
Québec

ISBN 978-2-7619-4648-3

Gouvernement du Québec – Programme de crédit
d'impôt pour l'édition de livres – Gestion SODEC –
www.sodec.gouv.qc.ca

L'Éditeur bénéficie du soutien de la Société de
développement des entreprises culturelles du
Québec pour son programme d'édition.

Conseil des Arts   Canada Council
du Canada   for the Arts

Nous remercions le Conseil des Arts du Canada de
l'aide accordée à notre programme de publication.

Financé par le gouvernement du Canada
Funded by the Government of Canada   Canadä

Nous reconnaissons l'aide financière du gouvernement du Canada par l'entremise du Fonds du livre
du Canada pour nos activités d'édition.

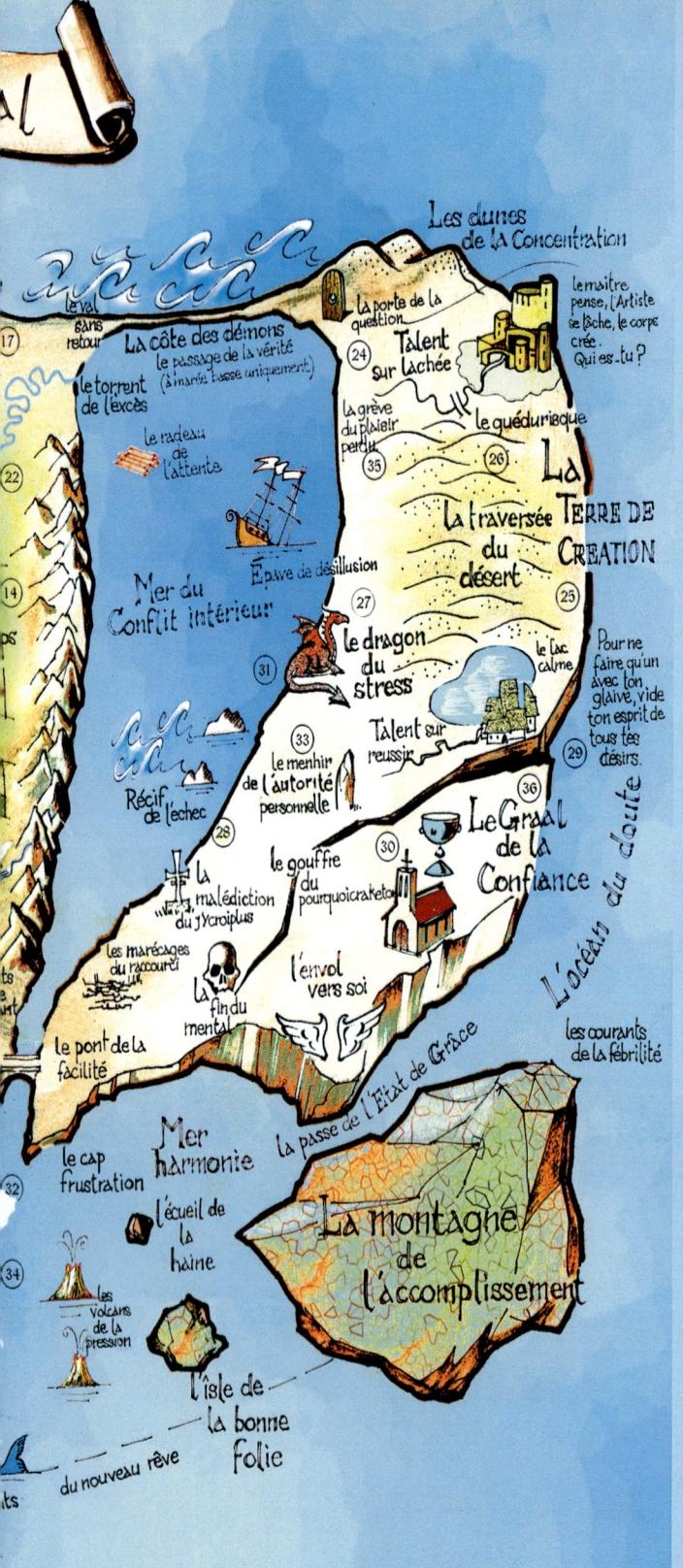

LES RÉGIONS DU MENTAL

LE PAYS DU RÊVE

1. Se prendre plus au sérieux
2. La passion
3. Suivre son désir
4. L'esprit d'exploration
5. L'orgueil
6. L'enthousiasme

LA VALLÉE DU PLAN

7. « Être dans la recherche »
8. La discipline
9. L'intensité
10. Se fixer des objectifs « intérieurs »
11. S'associer à la difficulté
12. Faire des choix
13. Entraîner son entraîneur
14. Transformer un handicap en atout
15. Savoir dire non
16. Se libérer du regard des autres
17. La remise en question
18. La générosité
19. Travailler son langage corporel
20. Aller voir ailleurs
21. Bien « mal jouer »
22. Faire des « mini-deuils »
23. Cultiver sa différence

LA TERRE DE CRÉATION

24. Se concentrer sur ce qu'on peut contrôler
25. La lucidité
26. Marier l'eau et le feu (relâchement et agressivité)
27. Penser au jeu pas à l'enjeu
28. Ne pas changer au moment critique
29. Ne pas « sur-jouer »
30. L'animalité
31. Ne rien lâcher
32. Accepter la frustration
33. L'autorité personnelle
34. Être amoureux de la pression
35. Se réapproprier le plaisir perdu
36. La confiance en soi

LES DOUZE VALEURS CHEVALERESQUES

I Sens de l'aventure
II Générosité et Don de soi
III Loyauté
IV Respect
V Dignité dans la défaite
VI Élégance
VII Honnêteté
VIII Sens de l'honneur et de la parole donnée
IX Courtoisie
X Humilité
XI Solidarité
XII Défense d'un idéal

FRANÇOIS DUCASSE

Avec la collaboration de **Makis Chamalidis**

CHAMPION
DANS LA TÊTE

Comprendre et s'inspirer
de la psychologie des champions

Note au lecteur

Depuis l'écriture de *Champion dans la tête* au début des années 2000, notre regard sur la performance, les *performers* et leur entourage a évolué. Grâce à de nombreuses rencontres et collaborations, nous avons pu affiner notre pensée, et avec elle nos outils, dont nous souhaitons aujourd'hui partager avec vous les derniers-nés.

Le lecteur avisé reconnaîtra l'identité de la première édition, mais il découvrira aussi des anecdotes et des exemples actualisés. Nous avons révisé le texte dans son intégralité et ajouté une quatrième partie dédiée à de nouveaux outils d'auto-évaluation, que ce soit à l'entraînement, en compétition ou dans la gestion de carrière. La cinquième partie est consacrée au golf, sport mental par excellence, bien plus complémentaire aux autres disciplines qu'on ne pourrait le croire.

Plus que jamais, cette nouvelle édition porte la signature de l'auteur principal François Ducasse qui a su marier, de manière harmonieuse, profondeur intellectuelle et proximité du terrain.

Bon vent sur votre Carte du mental !
Makis Chamalidis
mai 2016

Pour plus de renseignements : www.championdanslatete.com

Introduction

Champion dans la tête est un livre sur le « mental » et sur le parcours de ces personnages hors norme que l'on nomme « champions ». Il vous aidera à mieux connaître le rôle et l'importance des qualités mentales dans la poursuite d'un rêve, l'éclosion du talent et la recherche de la performance.

La Carte du mental, qui se trouve au début du premier chapitre, propose une représentation imagée et symbolique des qualités ou des idées qu'on attribue au mental. Cette carte rend visible ce qui est abstrait dans nos vies, elle matérialise le long chemin de la réalisation de soi, d'un désir jusqu'à son accomplissement, avec ses étapes incontournables et ses pièges.

Comment améliorer son mental? Qu'est-ce qu'un mental de champion? Comment les champions ont-ils fait pour en arriver là? En quoi sont-ils comme les autres et en quoi sont-ils différents? Comment s'entraînent-ils? Qu'ont-ils tous en commun? Sont-ils de « mauvais élèves » ? Quels sont leurs plans? À quel genre de discipline s'astreignent-ils? Ces questions en suscitent d'autres tout aussi passionnantes: Comment fonctionnent nos qualités créatives, la concentration, la confiance et l'état de grâce (être dans la « zone »)? Pourquoi perd-on ses moyens face à l'enjeu? Comment « se libérer », mieux « gérer la pression »? D'où vient la peur de gagner?

Fruit d'une longue expérience du sport de haut niveau acquise aussi bien sur le terrain que dans les coulisses, et s'appuyant sur de nombreux exemples, ce livre tâche d'apporter des réponses à toutes ces questions, et ce, sans utiliser un langage scientifique (trop «psy») ni des recettes toutes faites (trop suspectes). Les enseignements du présent ouvrage peuvent s'appliquer à d'autres domaines que le sport : art, éducation, travail, création, etc. L'aventure humaine que représente le sport peut nous aider à mieux comprendre nos échecs et nos réussites, et nous inciter à aller jusqu'au bout de nos rêves.

Les beaux champions
Il n'est pas question d'idéaliser les champions ni de nier certains excès du sport moderne, mais au contraire de montrer sous son vrai jour l'univers difficile des *gagneurs*, dont le code d'honneur semble avoir disparu et dont la philosophie se limite souvent à la «gagne» à tout prix. Ce livre ne touche pas le seul aspect de la performance, mais il s'intéresse aussi aux valeurs véhiculées par le sport. Pour être champion dans la tête, il faut savoir allier l'art à la manière, la combativité et le *fair-play*. Le sport est une école de combat. L'objectif est d'apprendre à gagner, mais aussi à combattre dans l'amour du combat et non pas dans la haine de l'autre. Nous voulons surtout montrer que les plus grands champions et les plus grandes performances vont presque toujours de pair avec une certaine élégance et même avec un certain sens esthétique.

Champion dans la tête, dans le sport et dans la vie
Champion dans la tête s'applique tant aux sports collectifs qu'aux sports individuels. Le football, le hockey, le rugby, le basket et le volley sont aussi, d'une certaine façon, des sports individuels et nous les abordons comme tels. Ce qui fait qu'un footballeur peut perdre ses moyens dans une grande finale ou qu'un tireur

de *penalty* peut soudainement « craquer » sous la pression a trait aux mêmes phénomènes psychologiques qu'on observe chez le joueur de tennis qui dispute une balle de match ou chez le sprinter au départ d'une finale de 100 mètres. Un footballeur n'est pas seul sur le terrain, mais il est seul à savoir quelles sont les qualités sur lesquelles miser pour atteindre son meilleur et ainsi mieux servir son équipe par sa performance individuelle.

Les sportifs professionnels, les jeunes, les parents et les entraîneurs peuvent utiliser ce livre, mais aussi tous ceux qui veulent mieux se connaître, progresser, passer des caps ; qu'il s'agisse de jeunes espoirs qui se lancent aveuglément dans l'aventure de la compétition, obnubilés par le rêve de devenir champions, ou de passionnés qui s'autorisent à entreprendre de nouvelles aventures.

Le terrain sportif, chemin d'excellence, peut être considéré comme la mise en scène symbolique de notre besoin d'affrontement. En cela il nous interpelle. Le sport, c'est la vie. Les situations de compétition sont omniprésentes dans la vie courante, au travail, à l'école, dans le monde artistique. Elles se traduisent tous les jours par des combats, des défis, des face-à-face, des duels où chacun se doit de défendre son point de vue, ses ambitions, son salaire, son talent, sa dignité, etc.

Le « mental » auquel les athlètes attribuent victoires et défaites a dépassé les frontières du sport, celui-ci servant de miroir à une société de plus en plus individualiste, obsédée par la performance et tournée vers la quête (parfois exclusive) du soi. Les normes quotidiennes poussent au dépassement permanent, l'idéal est désormais de devenir l'entrepreneur de sa propre vie, et le mental semble être l'acteur désigné pour nous aider à y parvenir. Ainsi, ceux qui ne fréquentent pas ce domaine privé peuvent tout de même s'inspirer des qualités mentales et des principes qui gouvernent la vie des sportifs.

Les 36 régions du mental, par exemple, numérotées sur la carte que vous trouverez au début du livre et expliquées en détail à la quatrième partie, peuvent nous interpeller tous :
- prendre son rêve au sérieux (1) ;
- l'esprit d'explorateur (4) ;
- la discipline (8) ;
- entraîner son entraîneur (13) ;
- transformer un handicap en atout (14) ;
- bien (mal) jouer (21) ;
- la confiance en soi (36).

Chacun pourra transposer les principes du sport de haut niveau à la situation qui le concerne :
- préparer un examen ;
- ne pas perdre ses moyens lors d'une réunion professionnelle ou d'un entretien d'embauche ;
- créer une entreprise ;
- aborder une nouvelle relation amoureuse ;
- « se lâcher » en public.

Et, de façon plus générale, ce livre peut aider le lecteur :
- à mieux se connaître ;
- à affronter ses démons ;
- à se libérer du regard des autres ;
- à faire évoluer son caractère ;
- à assumer sa singularité ;
- à avoir davantage « l'esprit du difficile » (à tenter les accès difficiles) ;
- à être plus créatif...

À l'exemple d'un sportif de haut niveau dans sa discipline, chacun peut devenir champion dans la tête dans sa vie quotidienne.

Ce livre est conçu pour vous servir de compagnon de route et pour vous inciter à « être dans la recherche ». Vous pourrez consulter cet outil de travail à tout moment, que vous soyez seul ou avec vos accompagnateurs, à l'entraînement ou en période de compétition, et, pourquoi pas, à la mi-temps d'un match, pendant la pause déjeuner ou avant une réunion importante. Il montre que si on veut aller loin, il est nécessaire de sortir du petit train-train et parfois d'accepter d'aller là où les autres ne vont pas.

Finalement, en certaines situations et surtout face à un enjeu important, vous pourrez vous demander : « En cet instant, suis-je champion dans la tête ? »

PREMIÈRE PARTIE
La Carte du mental

Pourquoi conquérir l'Everest ?
Parce qu'il est là.

GEORGES MALLORY

CHAPITRE 1
Du pays du Rêve à la montagne de l'Accomplissement

C'est devenu une habitude d'attribuer victoires et défaites au «mental». On entend partout: «C'est mental, le mental a fait la différence... Il a un bon mental... Ce qui lui manque, c'est le mental... Il faut travailler son mental...» C'est la nouvelle vedette du sport moderne. Il n'est pas un article de journal, pas une analyse de match, pas un portrait de champion qui ne fasse référence au fameux mental. Mais le mot en lui-même n'a pas de sens: il est trop vague, trop générique. La plupart du temps, on l'utilise quand on ne peut pas expliquer pourquoi «ça marche» ou pourquoi «ça ne marche pas».

Tout le monde en parle, mais sans chercher à le connaître vraiment. Le mental reste mystérieux, nous fascine et nous intimide en même temps. Selon nous, le moyen de le décrypter est d'abord de le découper en morceaux, de le décortiquer; comme si on découpait une carte géographique en plusieurs régions – plaisir, orgueil, concentration, frustration, confiance, etc. En fait, on retrouve une gamme de qualités et de valeurs classiques que, pour la plupart, on connaît bien. L'idée est de se familiariser avec cette carte du mental et d'identifier chaque région avec ses particularités. On a alors toutes les chances de sortir du mystère pour se retrouver en terrain connu.

Pour dessiner cette carte, nous avons distingué trois régions principales :
- le pays du Rêve ;
- la vallée du Plan ;
- la terre de Création.

Le chemin du champion dans la tête passe alors par :
- le rêve (écouter son désir, avoir une passion ou une vocation, jouir d'un talent particulier, etc.) ;
- l'élaboration d'un plan (transformer son rêve en un projet d'action, se fixer des objectifs concrets en se donnant les moyens de ses ambitions, s'imposer une discipline, développer certaines qualités, approfondir la connaissance de soi, être dans la recherche, avoir le talent d'exploiter son talent, etc.) ;
- la création (se concentrer, performer, « se lâcher », suivre ses instincts, libérer son talent, etc.).

Le pays du Rêve

Le pays du Rêve renferme les qualités intimes, celles qui viennent de nous spontanément et qui sont liées au désir et à ses avatars : passion, plaisir, ambition, motivation, idéal, enthousiasme... Tout part du désir : il est le moteur, la flamme qui nous anime. Sachons que ces qualités peuvent s'étioler à mesure que les choses se compliquent ; ce sont des régions sensibles où il est bon de venir régulièrement se ressourcer.

La vallée du Plan

La vallée du Plan comporte des régions qui ont trait à l'apprentissage, à tout ce qui permet l'acquisition de connaissances et de techniques : la discipline, l'exigence, l'intensité de la concentration, la générosité dans l'effort, la répétition, la détermination. Les qualités en jeu dépendent cette fois de l'environnement extérieur où elles se manifestent. On les forge par le travail, dans la confrontation aux difficultés et dans la relation avec les accompagnateurs (voir la sixième partie). Le plan (voir le chapitre suivant) est l'étape nécessaire pour donner forme au rêve et progresser dans la maîtrise de sa discipline. À ce stade, on s'enrichit de toutes sortes d'expériences, de savoirs, d'automatismes, autant de nourritures assimilées, « emmagasinées », qui réapparaîtront naturellement – si on sait leur donner libre cours – dans la phase de création. La vallée du Plan peut être regardée comme l'entraînement qui prépare à la compétition, ou la phase de recherche qui précède la création artistique.

La terre de Création

Dans la terre de Création, le temps n'est plus à la réflexion ou à l'analyse, mais à la concentration, aux sensations, à l'engagement total dans le détachement, à l'intuition, à l'inventivité – qualités instinctives, déroutantes, sur lesquelles on n'a pas de prise directe. L'enjeu devient de laisser faire, de ne plus contrôler ni juger de ce qui est bien ou mal, mais d'abattre les barrières qui empêchent l'accès au talent qui nous habite. Curieusement, l'efficacité ici passe par le détachement de soi (et de ses pensées parasites, liées à l'enjeu). Le sportif devient le geste, et le musicien, la musique. À ce moment, avoir un « bon mental » consiste presque à disparaître, à s'oublier. En un mot, à libérer l'artiste en nous. La terre de Création est sans doute la région la plus fascinante et la plus mystérieuse. Les extraits qui lui sont consacrés vous permettront de mémoriser des connaissances psychologiques sur la performance et sur le comportement humain, parfois si contradictoire.

Certaines qualités auraient pu avoir leur place dans une autre région, par exemple l'orgueil : on en a autant besoin dans la terre de Création (et en situation de compétition) que dans le pays du Rêve, mais nous considérons que l'orgueil est surtout une qualité de départ, inscrite dans le caractère. La confiance en soi est également indispensable à tous les stades, mais nous l'avons placée en bout de parcours, dans la terre de Création, car nous la voyons surtout comme le résultat du travail dont on pourra jouir ultérieurement en compétition. Les pays de la carte du mental sont interdépendants. Une qualité placée à l'autre bout de la carte peut influencer la bonne marche de toutes les autres, et l'on doit constamment circuler d'un pays à l'autre ; passer du rêve à l'action, puis cesser la recherche pour se consacrer à la création, et retourner ensuite au travail, sans oublier de revenir de temps en temps interroger sa motivation…

En parcourant cette carte, ses étapes incontournables (le bain du Plaisir, la fontaine de la Bonne Attitude, etc.), ses pièges (le puits des Non-Choix, le pont de la Facilité, le tombeau de l'Ambiguïté, etc.) et leurs alentours (la mer du Conflit intérieur, les volcans de la Pression, l'océan du Doute), vous pourrez mieux vous orienter dans le paysage intérieur, mieux localiser les qualités mentales et faire des liens entre elles. Certains y verront « ce qu'on a dans la tête » ; d'autres, l'histoire d'une carrière, d'un projet ou d'une vie. Chacun peut imaginer son propre parcours, se projeter dans sa propre carte, faire le point sur sa passion, se poser de nouvelles questions sur la route à prendre, sur le nouveau plan à échafauder pour espérer atteindre un jour le meilleur de soi-même – dont la montagne de l'Accomplissement est le symbole.

La carte du mental aide à changer de planète et à sortir des « il faut » et des « il n'y a qu'à », pour permettre l'émergence d'un langage métaphorique et plus créatif. Elle exerce une fonction d'« objet flottant », qui fait diversion : quand on se laisse aller à choisir des images et des mots sur la carte – pour symboliser ses rêves ou ses projets –, on parle de soi, et on dit « je » sans s'en rendre compte. La carte peut aussi motiver et donner du sens à l'aventure personnelle, car elle met en perspective le travail : on accepte plus facilement de faire des efforts quand on sait pourquoi on les fait et où on va.

Les numéros placés sur la carte à la manière d'un itinéraire fléché correspondent aux 36 régions du mental listées en marge. Il s'agit de qualités et de fondamentaux ayant trait à la performance, qu'il nous semblait utile d'analyser et de présenter sous forme de fiches faciles à consulter (voir la quatrième partie). Le mental devient ainsi un chemin initiatique, dans lequel nous invitons chacun à s'engager, pas à pas, tel un chevalier lancé dans sa quête.

Dans ce paysage périlleux, au milieu de la carte, se dresse le Château. Incontournable lieu de refuge et de paix, il est là pour rappeler les 12 valeurs chevaleresques, illustrées plus loin par quelques-uns des actes de *fair-play* les plus célèbres de l'histoire du sport. À tout moment, vous pourrez aussi prendre un peu de recul en relisant des histoires ou des portraits de champions extraordinaires.

Vous voilà entré dans les coulisses du fameux mental. Devenu plus concret, il a pris forme. Le boîtier est cassé, laissant apparaître les nombreuses qualités qu'il renferme. Un chemin s'ouvre devant vous. Vous avez maintenant une base de travail à partir de laquelle réfléchir et agir. En fonction de vos besoins ou de vos interrogations, vous explorerez certaines régions plutôt que d'autres, et vous pourrez plus facilement mettre des mots sur vos problèmes. Enfin, au même titre que vous avez des objectifs clairement identifiés pour développer certaines qualités techniques ou physiques, vous pourrez avoir toujours en tête les qualités mentales sur lesquelles vous souhaitez porter vos efforts. Car une chose est sûre : si vous n'avez pas le talent d'exploiter votre talent, vous n'atteindrez jamais le sommet de votre potentiel ; si vous manquez d'intensité dans la concentration et dans l'effort, le fait d'avoir le meilleur *shoot* de l'équipe ou un don musical exceptionnel ne vous mènera pas loin. Si vous ne connaissez pas votre démon et que vous ne l'affrontez pas avant de disputer une course, le doute pourra s'emparer de vous au moment critique pour vous interdire de vous libérer, et toute la volonté du monde n'y pourra rien. Si vous n'êtes pas capable de contrôler vos émotions ou si vous n'êtes pas amoureux de la pression, vous aurez peu de chances d'entrer dans la « zone ».

Et demain, si on vous demande quels sont vos points forts, vous répondrez telle qualité technique ou physique, et vous ajouterez peut-être : l'audace, l'autorité personnelle, le sens de l'aventure, savoir bien (mal) jouer, ou peut-être même savoir être le « mauvais élève ».

Le chapitre suivant concerne toutes les personnes qui ont la chance d'avoir une passion, une ambition, un projet, et qui ont la « bonne folie » d'écouter la voix de leur rêve.

CHAPITRE 2
Vous avez un rêve, mais quel est le plan ?

Imaginons que vous avez un rêve. Vous questionner sur votre plan est une façon de vous demander ce que vous avez prévu de faire concrètement pour réaliser votre rêve. C'est la question centrale, comme sur la carte de la vallée du Plan, passage obligé entre le pays du Rêve et la terre de Création. Le plan est ce qui va permettre la transformation d'un rêve en projet d'action : se fixer deux ou trois objectifs simples et concrets à réaliser dans l'année, se donner les moyens de les réaliser, s'imposer une discipline et quelques contraintes, voilà ce que représente le Plan.

Le talent d'exploiter son talent

L'idée est de prendre les choses en main au lieu de subir les événements ; le plan incite à faire des choix et à prendre quelques décisions exceptionnelles. Quand on se concentre sur son plan, on est naturellement amené à réfléchir à sa philosophie de travail, à définir les quelques principes d'entraînement personnels qui donneront à sa préparation son originalité et, dans le temps, se transformeront en convictions fortes... Autant de repères qui baliseront le chemin et permettront d'avancer même par temps de brouillard. Certains éprouveront le besoin de mettre leur plan sur papier, d'autres se contenteront de le définir oralement et d'en débattre régulièrement avec leur entraîneur ou leurs proches, pour l'avoir toujours à l'esprit.

Le plan revient à souligner qu'une idée en soi ne veut pas dire grand-chose si l'on n'a pas idée des moyens nécessaires pour la mettre en œuvre. Le rêve nous dit où aller, le plan nous dit comment faire. La première question : « Comment dois-je m'y prendre pour atteindre mon but ? » Une fois que vous vous l'êtes posée, vous pouvez vous poser la deuxième : « Est-ce que je veux vraiment l'atteindre ? »

Un projet dans sa vie

Rêver est une chose. Vivre son rêve en est une autre. C'est le traduire dans son quotidien, chaque jour apporter sa pierre à l'édifice. Les uns pratiquent un sport, les autres font de leur sport un projet. Celui qui a un projet a beaucoup de chance. Ses efforts ont un sens, car ils s'inscrivent dans une vision d'ensemble. On ne va pas vers l'effort seulement quand on en a envie, on y va pour faire avancer son projet.

Le rêve est souvent considéré comme une échappatoire à la vie de tous les jours, comme un extra. Il est presque normal de maltraiter son rêve, d'être amateur dans son rêve, tandis qu'on est plus professionnel dans des domaines qui ne méritent pas toujours nos efforts. Prendre son rêve au sérieux commence par lui donner un plan. Plus votre vie se confondra avec votre rêve et votre plan, plus les contraintes elles-mêmes seront devenues une raison d'être, plus vos progrès seront spectaculaires et plus vous irez loin. Les champions ne ressentent pas les privations comme des sacrifices : ils y consentent parce qu'ils ne conçoivent pas la vie autrement. C'est un tout ; c'est leur vie.

Certains ne quittent jamais le pays du Rêve, ne franchissent jamais la muraille de l'aventure. Ils ne savent pas par quel bout commencer et restent dans le vague, dans la rêverie. Ils voudraient que les choses viennent toutes seules. Les plus nombreux sont ceux qui maltraitent leur rêve parce qu'ils voudraient sauter directement du pays du Rêve à la terre de Création sans explorer la vallée du Plan ; sur la carte, ils se perdent dans la forêt autour de la grande pierre du projet. Ils sont dans l'action, mais de façon confuse et désorganisée, ils font des efforts, mais n'ont pas vraiment de plan. Leurs objectifs sont trop lointains, se noient dans le long terme (« je veux être champion ») et finissent par créer un abîme entre leur quotidien et le but fixé. Ils sont souvent trop communs, ou banals, et ressemblent à ceux que tout le monde partage (*je vais travailler dur pour y arriver*). Travailler dur, d'accord, mais *comment* ? Pour arriver *où* ? Tout l'intérêt du plan est dans la personnalisation des objectifs et des moyens, et si le plan voit loin, sa vertu première est de traduire cette vision dans le court terme (un an tout au plus) et de voir maintenant quel est le prochain pas à faire. C'est celui-là qui compte ; les petits pas font les grands parcours.

Ceux qui n'ont pas de plan manquent ainsi de repères et changent trop souvent d'orientation, de principes d'entraînement. Leur projet s'effrite, ils réagissent au jour le jour et finissent par ne plus savoir ce qu'ils font sur le terrain. C'est selon l'humeur du jour ou les circonstances. On a vu tel champion et on voudrait lui ressembler, puis c'est un autre, et ainsi de suite. Un jour on s'entraîne beaucoup, la semaine suivante pas du tout, puis on en fait trop et on se blesse, etc.

Être dans la recherche

Celui qui est champion dans la tête se reconnaîtra à son besoin de chercher, de comprendre, de nourrir sans cesse sa passion ou son projet avec de nouveaux progrès, de nouvelles trouvailles et de nouvelles remises en question.

La vallée du Plan, c'est d'abord la terre de la recherche. C'est là que se font les champions. S'il est une qualité qui les rassemble, c'est bien cette soif de recherche. L'aventure, c'est la curiosité :

« Jusqu'où je peux aller ? » « Quelles zones encore inconnues de ma passion pourrais-je explorer ? » « Quel point pourrais-je améliorer ? » « Qu'est-ce qui me manque pour passer à l'étape suivante ? » « Qu'est-ce que je pourrais bien faire l'année prochaine, pour être encore plus prêt, encore plus fort ? » « Comment pourrais-je mieux m'organiser ? » « Que pourrait m'apporter cette nouvelle expérience ? » « Qu'est-ce qui est bon pour moi ? » Quand on n'est plus dans ce mouvement, on recule, parce que les autres avancent. Le meilleur moyen de repartir est de s'atteler à de nouveaux objectifs, à de nouveaux défis, armé d'un nouveau plan. Lorsqu'on stagne et qu'on ne sait pas pourquoi, la solution est presque toujours du côté de la recherche ; le ralentissement des progrès est dû à un relâchement dans la recherche.

Dans la poursuite d'un rêve ou d'une carrière, il arrive parfois que des problèmes semblent insurmontables. On est *dans la recherche* quand on est obsédé par la solution. Les champions, comme la plupart des artistes, sont des obsessionnels de la recherche. Ils vivent dans un monde de peur, la peur de mal jouer, alors ils travaillent. Pour être un bon chercheur, il faut aussi aimer « chercher pour chercher », car, le plus souvent, on ne trouve qu'après s'être trompé maintes fois. On saura qu'on a trouvé le bon chemin parce qu'on a déjà emprunté la mauvaise route. Marquer un progrès, c'est comprendre une erreur. Ce n'est qu'au prix de multiples égarements, expérimentations et confrontations d'idées, au prix de cette « patience passionnée », qu'on pourra trouver son style, ses trucs, sa méthode de travail, sa discipline, son identité de combattant (ou son personnage de scène), identifier son démon, sa méthode de travail, sa discipline, choisir le bon plan, le bon entraîneur, la bonne équipe ; ou encore trouver son geste, car le geste parfait est une création qui fait l'objet d'une recherche permanente. Quand on cherche depuis des années, on finit par découvrir des choses incroyables. On parvient à un tel niveau de maîtrise des sensations, de finesse de perception qu'on peut pénétrer le monde de l'infiniment précis et même toucher l'invisible, comme l'affirme Stéphane Diagana, champion du monde du 400 mètres haies (en 1997) : « Un centième de seconde... À force de rechercher la perfection, ce centième prend une réalité physique, une dimension, il existe dans l'espace. Un centième, on le voit[1]. »

Les grands athlètes, ainsi que les grands artistes, ne sont jamais comblés et peuvent se remettre en question simplement par défi (le peintre Francis Bacon, à l'âge de 80 ans, avouait : « Ce qui est embêtant avec mes toiles, c'est que maintenant je sais les faire. »). Jamais ils n'arrivent au but et jamais ils ne cessent de tourner autour de leur passion. Encore une fois, ce qui les intéresse, ils l'analysent jusqu'à l'obsession. C'est ce que nous appelons « être dans la recherche ».

La discipline et l'intensité (de concentration et d'effort)

Dans la vie, et à plus forte raison dans le sport de haut niveau, la réussite dépend moins du talent qu'on a reçu que de la force qu'on va déployer pour faire fructifier ce talent. On se ressemble tous ; ce qui fait la vraie différence, c'est l'effort. Si tant de jeunes espoirs échouent, c'est souvent parce qu'ils sont « trop doués ». Cela les a dissuadés d'*être dans la recherche*, d'avoir un plan, de s'imposer une discipline et des contraintes. S'ils ne mènent pas leurs projets à terme, ce n'est pas parce qu'ils n'ont pas les qualités requises, mais parce qu'il leur manque celle de créer le cadre qui permettrait à ces qualités de se manifester.

On a tendance à opposer la discipline au talent. Ceux qui ont beaucoup de facilités naturelles prennent souvent des raccourcis et ont moins l'habitude de se donner du mal pour obtenir quelque chose ; et ceux qui ne peuvent pas trop compter sur leur talent se rabattent sur la discipline. Pourtant, l'un ne devrait

---

1. Stéphane Diagana, champion du monde de 400 mètres haies. Interview parue dans *L'Équipe*, 19 août 2005.

pas aller sans l'autre : la discipline fixe le cadre quotidien et les règles nécessaires à l'éducation du talent.

La discipline est une notion de moins en moins à la mode. Elle évoque le côté militaire, l'idée d'obéissance, d'enfermement, de contrainte. On préfère mettre l'accent sur la créativité, l'originalité, la personnalité, etc. Mais, si on veut être vraiment original, pourquoi ne pas avoir une discipline originale ? Pourquoi ne pas voir la discipline comme une création personnelle ? Parler de plan – de créer son plan – est une autre variante, plus séduisante, pour parler de discipline. Une académie de sport de haut niveau commence par enseigner la discipline. Cela revient à « apprendre à apprendre ». Un bon entraîneur transmet d'abord des *attitudes*. Avant de livrer son savoir à ses élèves, il doit leur inculquer les règles de conduite et l'attitude corporelle qui leur permettront de recevoir au mieux ses messages. Plus il les aidera à être « intenses » dans la concentration et dans l'effort, à se plonger corps et âme dans leur sujet, plus ils progresseront. « Si vous n'avez pas envie de vous entraîner, diminuez la durée et non pas l'intensité », conseille André Agassi dans ses « Règles d'or[2] ».

Travail, concentration et répétition sont les piliers de la discipline. Quand on demandait à Fred Astaire (le meilleur danseur de tous les temps au cinéma) comment il réussissait à paraître si naturel, il répondait : « Je fais chaque mouvement dix mille fois par jour. »

On peut parler de « bulle de concentration » ou de « cocon » à l'intérieur duquel le talent aura les meilleures chances de grandir et un jour de percer, dans certains cas même d'exploser. Cela peut paraître bizarre, mais plus le cadre est rigoureux, plus on a l'esprit dégagé et plus on peut s'exprimer librement. N'oublions pas qu'un artiste aussi a sa discipline. Il s'impose des horaires, doit trouver son rythme, entretenir ses outils, etc.

---

2. Magazine *Men's Health*, janvier-février 2004.

Pour se concentrer, il a besoin de se plonger dans une atmosphère particulière, délicate, très étudiée, et quand il crée il ne peut rien faire d'autre ni penser à autre chose. Cette recherche personnelle des conditions idéales de travail fait partie de la création artistique.

Il revient à chacun de trouver sa discipline. Les procédures ou les principes utilisés importent peu : l'essentiel est d'acquérir une routine de l'effort, grâce à laquelle on ne se pose plus la question de l'effort, et de pouvoir se concentrer longtemps, totalement, sur un seul sujet à la fois. La discipline est acquise quand les règles sont devenues automatiques et qu'on n'a presque plus besoin d'y penser (se lever à telle heure, respecter telle contrainte ou telle règle d'entraînement, répéter tel exercice, suivre tel régime, etc.). Quand les règles sont claires, même si c'est dur, on s'habitue, donc cela devient plus facile. Le corps lui-même, rompu à l'effort, finit par exiger ses exercices quotidiens.

La bonne discipline est celle qui permet à chacun de comprendre l'intérêt de la discipline. Elle est vraiment efficace quand elle est librement consentie et qu'elle devient un état d'esprit. Être discipliné, c'est un contrat qu'on passe avec soi-même ; chacun peut décider de faire plus d'efforts et de devenir plus exigeant, mais le plus difficile est de maintenir dans le temps un degré élevé d'exigence personnelle. Ceux qui y parviennent sont ceux qui ont compris que le chemin le plus difficile est toujours plus excitant et plus payant que celui qui est évident et que tout le monde prend ; ils ont compris que leur réussite dépendra – par définition – de leur capacité à voir, à penser et à agir un peu différemment tous les jours… Cela va de l'attitude à adopter face aux difficultés à la façon de traiter de petits détails pratiques – par exemple, la bouteille d'eau ou la barre énergétique qu'il ne faut pas oublier de mettre dans son sac –, qui en disent long sur l'état d'esprit du sportif. On peut considérer qu'on s'est doté d'une discipline quand on a mis toutes les chances de réussite de son côté, y compris dans une routine protectrice ; on finit par avoir l'« esprit du difficile ». Les difficultés nous façonnent, nous enseignent la patience et l'humilité, nous rendent sensibles à notre nature, à nos limites, et nous préparent à une élévation probable.

Le talent n'est donc pas toujours ce qu'on croit ou ce qu'on voit. Picasso disait d'ailleurs que « le plus important, dans le travail, c'est ce qu'on ne voit pas », c'est-à-dire la pensée qui sous-tend le travail, la recherche, le plan... Le vrai talent, c'est de pousser ses qualités naturelles jusqu'à une maîtrise exceptionnelle. Il ne faut pas confondre don naturel et maîtrise technique, et il faut bien comprendre que la maîtrise « géniale » des champions trouve son origine dans les qualités mentales (intensité de concentration, rigueur, souci du détail, etc.) qui ont accompagné le travail technique pendant de longues années, depuis l'enfance. Le vrai talent des champions, c'est bien cette discipline mentale, c'est-à-dire le talent d'exploiter son talent.

Objectifs exceptionnels = décisions exceptionnelles + contraintes exceptionnelles

L'erreur qu'on commet fréquemment est de ne pas mettre en face de ses objectifs les décisions et les contraintes qui leur correspondent. La liste des objectifs est ambitieuse, mais celle des moyens reste banale. Les rêves sont souvent grandioses ; les plans, souvent quelconques. Des résultats hors norme ne viennent jamais par hasard, mais plutôt d'un plan et d'une préparation hors norme. Ceux qui n'ont pas le bon plan ou qui l'oublient en chemin échouent quelque part dans la vallée du Plan, parce qu'ils n'ont pas su trouver l'équilibre entre leurs objectifs et leurs actes, parce qu'ils n'ont pas appliqué la bonne équation : *objectifs = décisions + contraintes*.

Il n'y a pas d'hommes exceptionnels, il n'y a que des environnements exceptionnels. Les hommes qui parviennent à se dépasser ont souvent fait face à des situations exceptionnelles où ils se trouvaient dans l'obligation de réussir (un danger, un groupe ne laissant pas le choix de ne pas suivre, une discipline imposée et particulièrement sévère...). Si ces situations n'existent pas, il faut les créer. Plus votre plan est normal, plus vous risquez de vous faire aspirer par la normalité. Par contre, si vous visez haut, vous aurez à prendre des décisions exceptionnelles. Ajoutez donc à votre plan quelques « opérations commando » : faites un sacrifice financier ou affectif, changez vos habitudes, allez voir ce qui se fait ailleurs (d'autres univers, d'autres compétences), entraînez-vous avec des athlètes d'un autre sport, engagez-vous dans un travail psychologique, renoncez à un certain mode de vie, envisagez un séjour à l'étranger ou, au contraire, ne renoncez pas à votre équilibre de vie malgré des propositions que normalement on ne refuse pas... Ainsi, vous pouvez créer votre cadre d'exigence, l'environnement qui va vous créer ! Exploiter son talent, se doter d'un plan, s'imposer une discipline et des contraintes, voilà des choix qu'on peut faire ou ne pas faire. Le talent, c'est aussi savoir faire des choix.

Mon plan pour m'approcher de mon rêve

Mon plan comprend, après analyse, des objectifs de moyens qui dépendent de moi : perfectionner une technique, développer une qualité mentale, résoudre un problème de caractère. Plus je me consacre à ces objectifs « intérieurs », à mes petits pas quotidiens, plus je me donne de chances d'atteindre des objectifs « extérieurs » (de résultat : victoire, classement, etc.). Pour atteindre la performance, il faut d'abord être performant dans son auto-analyse et dans la fixation de ses objectifs !

1. Mes petits pas et mes objectifs «intérieurs» à atteindre cette année.
   - ❑ Sur le plan technique, physique ou autre :
   _____
   _____

   - ❑ Sur le plan mental :
   _____
   _____

2. Quel est mon démon ? (Mon problème de caractère, mon talon d'Achille ou mon plus gros défaut, qui me bloque.)
   _____
   _____

3. Quelle est ma singularité ? (Qu'est-ce que je peux cultiver pour me démarquer et qui me donnera mon identité dans ma discipline ?)
   _____
   _____
   _____

4. Objectifs exceptionnels = décisions exceptionnelles + contraintes exceptionnelles.
   - ❑ Une décision et une contrainte exceptionnelles :
   _____
   _____
   _____

Les exemples de préparation et de décisions exceptionnelles sont innombrables et souvent cocasses. L'imagination en la matière est souvent récompensée. Voici quelques exemples.

- Marie-José Pérec (triple championne olympique en 1992 et 1996, 200 mètres et 400 mètres) quitta la Californie pour s'installer en Allemagne de l'Est, à Rostock, petit port lugubre et grisâtre de la Baltique, pour s'entraîner avec Wolfgang Meier, « ce drôle de docteur Mabuse », réputé pour sa discipline de fer et pour faire courir ses athlètes dans un tunnel appelé le « couloir de la mort ».
- Laura Flessel (championne olympique en épée en 1996) invitait régulièrement à l'entraînement des escrimeurs handicapés auxquels elle se mesurait en étant elle-même assise dans un fauteuil roulant. Selon elle, l'objectif était double : apprendre à placer ses mains, mais apprendre aussi l'humilité.
- La grande équipe de football Ajax d'Amsterdam des années 1970 s'entraînait volontairement dans la neige.
- Pour se préparer à jouer la finale de la coupe Davis au Brésil en 1971, l'équipe roumaine invita les universitaires de Bucarest à assister à leurs entraînements une semaine durant, avec pour consigne de faire le plus de bruit possible.
- Jean-Claude Killy (triple médaillé d'or en ski alpin aux Jeux olympiques de Grenoble en 1968) faisait arroser chaque matin sa piste d'entraînement pour s'habituer à skier sur la glace.

Voici quelques exemples d'ordre général.

- Un plongeur : « J'ai comme objectif de développer ma capacité d'adaptation, car je suis trop sensible en compétition aux impondérables et aux changements de programme. Pour l'atteindre, je m'entraînerai à réaliser des sauts commandés par mon *coach* au dernier moment.

Celui-ci pourra me demander un saut qui n'est pas prévu au moment où je mets le pied sur la planche. J'aurai quelques secondes pour me concentrer et m'exécuter. »
- Un joueur de tennis : « J'inclus dans mon programme trois séances de paniers de services par semaine, à faire seul à la fin de l'entraînement. Je ne dirai plus : « J'ai beaucoup travaillé mon service », ce qui est vague et peut vouloir dire cinq paniers une semaine et rien les deux semaines suivantes, je dirai : « J'ai suivi mon plan », soit mes trois paniers par semaine. »
- Un boxeur : « Pour améliorer mon jeu de jambes, je vais prendre des cours de danse moderne deux fois par semaine pour les six prochains mois. »

Le plan permet de se libérer de l'enjeu

Voyons à présent quel sont les bienfaits du plan, notamment sur la pression et sur le poids de l'enjeu.

1. Vous déplacez le problème

La question n'est plus de savoir si vous réussirez (ce qu'on ne contrôle pas), mais de savoir si vous suivez votre plan et respectez vos objectifs de travail et vos engagements personnels (ce qu'on peut contrôler).

2. Vous remplacez l'incertitude par des procédures

Au lieu de dire : « Il faut absolument que je remporte ce trophée », ou « Vais-je réussir ? », vous dites : « Voilà ce que j'ai à faire, voilà comment je vais m'y prendre, et cela, je sais que je peux le faire. » Le plan transforme les inquiétudes et les questions impossibles en procédures concrètes. Les compétitions deviennent des tests pour vérifier les effets du plan. Ce qui était stressant devient excitant : « Allons expérimenter ce que nous avons préparé ! » Chaque événement est dédramatisé, allégé, même un match perdu, parce qu'il ne représente qu'une étape du plan.

3. Vous apprenez à vous concentrer sur les pas dérisoires
Votre plan vous incite à avancer pas à pas. Tel le marathonien qui, en fin de course, raisonne kilomètre par kilomètre, vous visez des objectifs intermédiaires et non le résultat final. Vous vous habituez à faire face aux problèmes les uns après les autres, et vous êtes à même de vous concentrer sur les détails, calmement, méthodiquement, sans être obnubilé par la finalité.

4. Vous êtes amené à trouver les mots justes, les mots qui parlent
Travailler sur son plan oblige à mettre des mots sur ses problèmes et sur ses qualités (voir page 32), à aller au-delà des notions trop générales, du type « mon problème, c'est le stress ou la confiance », qui ne font pas avancer les choses. Quand on « bat les mots » (quand on trouve d'autres mots pour préciser sa pensée), le stress peut être démantelé et reformulé. Par exemple : « Ce qui m'angoisse, c'est le regard des autres », c'est-à-dire « la présence de mes parents qui me pèse » ou bien « le public que je veux séduire au lieu de jouer », etc. L'exercice sur les mots le plus difficile est sans doute de définir son atout, son « truc ». Pour y parvenir, il s'agit bien sûr de trouver les mots qui « parlent ». Progresser mentalement passe aussi par ce travail de verbalisation. Trouver les bons mots pour analyser votre performance et pour fixer votre plan ne peut que vous conduire à être plus précis dans vos gestes.

5. Vous avancez même quand ça va mal
Le plan vous servira surtout dans les moments difficiles. Si les résultats ne sont pas bons et si vous êtes dans le brouillard (sur la carte du mental : les brumes de l'Incertitude), vous pouvez, si

vous êtes convaincu que votre plan est bon, vous y accrocher au lieu de paniquer. Ainsi, vous serez rassuré de savoir que vous continuez à avancer dans la bonne direction. Ceux qui se perdent en chemin et qui se fatiguent, hésitent, trébuchent, doutent, paniquent ou renoncent sont presque toujours ceux qui n'ont pas de plan. Dès que ça va mal, ils ont l'impression d'être confrontés au vide.

6. Vous êtes guidé par des objectifs intérieurs plutôt qu'extérieurs

Au lieu de vous fixer des objectifs en fonction de critères extérieurs (par exemple, atteindre tel classement ou gagner tel trophée), vous êtes guidé par des objectifs intérieurs, inscrits dans le plan. Votre but n'est plus seulement de vous hisser parmi les dix premiers à la fin de l'année, mais de respecter votre plan sur tel ou tel point. Vous verrez en temps et lieu si vous vous classez dans les dix premiers. De l'extérieur, il est impossible de se faire une idée réelle de vos faits et gestes, du bien-fondé de vos choix et de la santé de votre parcours. Des observateurs extérieurs au plan, ignorant vos véritables objectifs (intérieurs), peuvent exercer sur vous une pression indue – « Pourquoi fais-tu ceci ? Pourquoi ne gagnes-tu pas ? Tu devrais changer cela, tu es sur une mauvaise pente. » Ils ne peuvent pas savoir que derrière une apparente mauvaise passe peuvent se cacher des objectifs précis, une remise en question programmée et salutaire, inscrite dans une vision à moyen ou à long terme. Le jugement des autres s'exerce souvent à un autre niveau que votre propre jugement et en fonction de visées différentes (court terme, résultats rassurants, reconnaissance immédiate, etc.). Les mauvais résultats qui affolent les observateurs – aussi bien intentionnés soient-ils – peuvent avoir une autre signification et un tout autre impact pour celui qui les a obtenus, quand ils sont prévus dans son plan. Seul celui qui connaît le plan est en mesure de bien juger des choses.

De fait, pour beaucoup, l'erreur classique se résume à n'avoir que des objectifs « extérieurs ». André Agassi confie au contraire : « L'option "victoire" sonne bien mais, je ne fonctionne pas de cette façon. C'est plutôt un processus quotidien, un défi quotidien. Même à mon meilleur niveau, numéro un mondial, je n'allais pas à un tournoi en me disant : « Ok, celui-là je le gagne ! » Le tennis n'a jamais été comme ça pour moi. Cela a toujours été un processus, un voyage. Pendant de nombreuses années, tout le monde s'attendait à ce que je gagne... sauf moi. J'avais tous les jours à me le prouver à moi-même. Je ne vois jamais plus loin que le prochain pas. Je n'ai jamais été inspiré et, au contraire, trop souvent déçu en accordant trop d'importance au but final. »

7. Les règles sont plus fortes que vous
Enfin, un bon objectif ne doit être ni trop facile ni trop difficile. Il est important de ne pas placer la barre trop haut, mais, une fois les règles définies (et acceptées), il est important d'être inflexible et de ne pas laisser passer le moindre écart. Tant que l'athlète reste dans le plan et respecte les règles, le *coach* lui doit estime et soutien, même si les résultats sont mauvais. Dès que le sportif s'éloigne du plan, dès qu'il est « hors-jeu », l'entraîneur a le devoir de le relever immédiatement. Le fait de se référer aux règles en place facilite une telle intervention, la dédramatise et préserve la qualité de la relation maître-élève.

En conclusion
Il ne s'agit pas de prétendre toujours se situer dans l'exceptionnel, mais on peut faire des choses exceptionnelles par moments. L'exception, c'est d'ailleurs ce qu'il y a d'intéressant dans le parcours des champions, avec les hauts et les bas, les errances, les erreurs, les intuitions, les obsessions que cela suppose, voire la folie, cette folie nécessaire qui fait que, paradoxalement, plus il

y a de difficultés, plus le champion va éclore – exactement le contraire de la logique humaine.

Plutôt que de vous contenter de rêver et d'être paralysé par l'immensité de la tâche, de subir la peur de l'incertitude, la pression, le jugement des autres, de naviguer au jour le jour et de paniquer quand ça va mal, nous vous proposons de prendre votre projet en main. Si votre plan est bon, si l'auto-analyse est bonne, si les décisions sont justes et la discipline respectée, c'est en partie gagné. Vous avancerez, et même ce qui est raté servira à quelque chose, car, dans un bon plan, même un pas manqué mène quelque part. Un bon plan, c'est déjà la moitié du chemin de fait ; l'autre moitié sera de vous y tenir. Grâce à votre plan, vous aurez des repères et vous créerez le cadre qui vous permettra d'exploiter votre talent. Répétons-le : vous créez le cadre qui va vous créer !

Sur la carte du mental, au bout de la vallée du Plan, s'annonce la terre de Création. La mer du Conflit intérieur, large, imprévisible, les sépare comme le dernier grand obstacle avant la terre promise. Tous ceux qui se sentent « interdits de réussir », qui « craquent » au pire moment ou qui ont du mal à « se lâcher », à exprimer leur talent, à reproduire en compétition ce qu'ils font à l'entraînement, découvriront pourquoi il convient de mieux comprendre les lois étonnantes de la terre de Création.

CHAPITRE 3
Au bout du chemin : la terre de Création

La terre de Création est le lieu d'élection où le sportif devient un artiste, l'étape ultime qui peut mener à l'état de grâce (la « zone »), l'état mental parfait, ce moment de création pure où le talent semble remonter à la surface, où tout réussit, où le corps devient intelligent, où l'on se sent inspiré, puissant. Sur la carte du mental, deux chemins peuvent vous conduire à la terre de Création : le pont de la Facilité et le passage de la Vérité, battu par les vagues et le vent, le long de la côte des Démons (les démons symbolisent nos faiblesses, nos doutes, nos problèmes non réglés, nos ambiguïtés, nos conflits internes ; ils se font aussi souvent les messagers de nos pensées parasites). C'est bien sûr cette voie-là, la plus difficile, qu'il faut suivre. Elle vous invite à identifier et à affronter vos problèmes si vous ne voulez pas les voir resurgir plus tard, car vos démons seront là pour vous empêcher de progresser avec confiance vers la terre de Création, eux qui savent si bien s'y prendre pour vous faire perdre vos moyens dans les moments critiques.

Les sections suivantes ont pour but d'expliquer quelques notions psychologiques de base, de vous familiariser avec la complexité de l'humain pour mieux comprendre ce qui favorise ou ce qui bloque la création (la création d'un sportif, c'est sa performance). La première étape est de comprendre que l'individu n'est pas fait d'un bloc, d'un seul moi, doté d'une volonté inébranlable.

Le mental n'est pas un muscle

Il n'est pas possible de programmer le mental comme on programme le physique, car le mental n'est pas un muscle sur lequel on peut jouer et qu'on peut renforcer simplement en appliquant des formules simplistes. Certains spécialistes promettent de « forger le mental » (voir la sixième partie). De quel mental parle-t-on ? Il n'existe pas de mental uniforme et idéal qui permette de devenir champion. Il n'y a pas une seule carte du mental, mais autant de cartes qu'il y a d'individus et d'histoires différentes sur notre planète. D'autres parlent beaucoup de contrôler l'énergie, de « dynamiser les potentiels d'énergie », d'« utiliser le corps énergétique ». Ils mettent l'énergie en avant, alors qu'elle n'est qu'un résultat, la conséquence de nombreuses autres dispositions mentales.

L'attitude – la « bonne attitude » – est aussi très à la mode et prisée par tous ceux que rassure la préparation mentale. Comme le mot « mental » est un mot fourre-tout, on y met ce qu'on veut. Pour notre part, quand nous parlons d'attitude, nous faisons allusion à l'« attitude corporelle », le langage du corps qui traduit souvent un état d'esprit, par exemple la confiance, la motivation, l'ennui, le défaitisme, etc. On peut partir du corps pour influencer l'esprit (se relaxer, respirer, etc., pour calmer l'angoisse). Avec l'habitude, on peut installer une navette taxi entre la tête et le corps. Le corps est un bon repère pour déclencher et favoriser certaines qualités mentales (la présence et la concentration si précieuses, par exemple). Toutefois, s'il a parfois sa propre vie et son propre pouvoir sur notre tête, il n'est qu'un acteur dans la carte du mental. D'une façon générale, les techniques de conditionnement mental ont leurs limites et elles encouragent la simplification, l'idée d'une pratique mentale « prête à porter ». Les problèmes sont mis en sourdine et peuvent resurgir ailleurs. Comme des pansements, ces techniques peuvent vous aider, mais elles ne vous guériront pas.

Le sport est un domaine où la croyance magique en des solutions miracles est très forte. Les athlètes qui attendent trop de méthodes et dépendent trop de croyances extérieures (influence de gourous ou certains types de préparation mentale, superstitions, pensée magique) sont souvent fragiles. Quand ils sont en pleine confiance, par exemple, certains ont peur de la perdre tout d'un coup, pour une simple parole ou un signe extérieur. On peut voir deux cas de figure : ceux qui n'ont pas peur de perdre leur confiance ont une croyance intérieure (c'est en eux, ce sont des acquis) ; et ceux qui ont peur ont une croyance extérieure. Le mental vient du vécu, pas d'une formule.

Notre démarche n'est donc pas de proposer des techniques, mais plutôt, dans un premier temps, de comprendre « comment ça marche » et à quoi tient l'harmonie psychique nécessaire au succès. Aux sections suivantes, nous tenterons d'expliquer l'origine de certains phénomènes psychologiques perçus par beaucoup comme obscurs et perturbants, et que le monde sportif, par méfiance, a tendance à ignorer ou à rejeter.

Pour avoir une chance d'y voir clair, commençons par accepter la complexité de l'humain et par oublier les méthodes pour réguler le stress et les vibrations, et les pensées magiques du type « Je vais te programmer pour gagner », « Tel rituel me rend invincible » ou « Telle pensée positive provoquera forcément tel effet ».

L'expérience démontre que certaines qualités n'apparaissent pas sur commande : elles n'aiment pas qu'on leur donne des ordres. C'est particulièrement vrai sur la terre de Création. Les qualités nécessaires à la création sont sensibles, voire capricieuses : la concentration, la confiance, l'intuition, la lucidité, l'inspiration, l'inventivité, etc. Elles viennent seulement si on les laisse venir, et plus on veut les contrôler, moins elles répondent. Il y a des états qu'on ne peut convoquer. C'est un peu comme si on ordonnait à un artiste d'être inspiré sur-le-champ. Cela le bloquerait certainement.

En compétition, comme dans la création artistique, ça marche donc à l'envers : pour apprivoiser ses qualités créatives, la bonne démarche est d'accepter de ne pas les contrôler et de sortir du « Il faut ! ». Par exemple, « Il faut se lâcher », « Il faut avoir confiance » ; ou même « Allez ! Concentre-toi », « Fais-toi plaisir » ; sans parler des « Tu n'es pas à ce que tu fais, enfin, réfléchis ! ». Ce sont des injonctions paradoxales, ces méthodes ne fonctionnent pas et pourtant on les utilise régulièrement.

Les contradictions internes peuvent aller encore plus loin : il peut arriver qu'on devienne son propre adversaire, quand une force mystérieuse semble vouloir exactement le contraire de ce qu'on désire le plus au monde. On peut alors avoir l'impression qu'une partie de soi-même nous abandonne lâchement, souvent quand on en a le plus besoin, parfois dans les derniers mètres, alors même que tout semblait gagné. C'est comme si on était victime de son propre talent à échouer devant le succès.

Dans de nombreuses situations, notamment celles soumises à un enjeu important, il peut arriver qu'une voix vous dise « Vas-y ! », et une autre : « Tu n'as pas le droit d'y aller » ; qu'une voix dise « Je veux gagner », et une autre : « Je n'ai pas le droit de gagner. » Un vrai casse-tête ! Tout individu, quel qu'il soit, est soumis à des conflits internes (voir *La carte du mental : La mer du Conflit intérieur*). Ces antagonismes entre différentes parties de soi-même, entre différents acteurs internes, peuvent se traduire par l'impossibilité de faire converger toutes les forces dans la même direction, ou par des problèmes de concentration, de lucidité et d'inspiration, avec comme résultat assuré une contre-performance dont vous êtes le seul responsable. Il n'y a pas de volonté unique qui décide de tout, mais des parties qui peuvent se mettre d'accord ou, au contraire, être en conflit.

Voyons maintenant, parmi ces personnages qui semblent cohabiter en soi-même, quels sont ceux qui sont capables de nous jouer de mauvais tours et ceux qui peuvent nous aider à exprimer nos qualités créatrices.

Nos personnages intérieurs : le Maître, l'Artiste… et le Corps

Si un individu est pluriel, quels sont ces personnages qui le constituent ? Plutôt que de leur donner des noms savants, nous les appellerons le « Maître » et l'« Artiste ». Cela ressemble à un conte. Dans notre histoire, ces acteurs principaux, auxquels s'ajoute le Corps, peuvent s'entendre à merveille, mais leurs relations sont souvent tendues, car ils ont des talents différents, ne veulent pas forcément la même chose et ne parlent pas toujours le même langage. Tout s'éclaire lorsqu'on connaît leur fonctionnement.

Le Maître

Comme son nom l'indique, c'est le Maître qui commande. Incarnant notre moi raisonneur et censeur, c'est celui en nous qui réfléchit, juge de ce qui est bien ou mal, condamne, interdit. C'est aussi lui qui, au contraire, donne le feu vert, ou bien est sage (parfois trop), a peur du ridicule, nous culpabilise, regrette, espère, demande des comptes. C'est également lui qui parfois se laisse dévorer par son orgueil ou par le manque d'estime de soi. En bref, c'est celui qui se « prend la tête » et qui, en situation de performance, veut trop en faire, pense trop, ce qui peut l'amener à vous faire douter de vous-même aux pires moments.

L'Artiste

Il s'agit de notre moi « libéré » (du moi tyrannique), de notre côté spontané et instinctif. Est artiste celui qui suit ses envies, qui aime jouer, sentir, imaginer, qui n'a pas peur du ridicule, qui vit dans le présent, sans se prendre la tête. Il parle le langage des sensations et des images. L'Artiste sait communiquer avec son corps, il a le don de rendre son corps intelligent, il arrive à créer sans nier son animalité.

Le Corps

C'est l'exécutant, qui s'exprime soit de façon crispée et maladroite, soit de façon fluide et inspirée, selon qu'on le traite bien ou non. Il a sa manière à lui de juger de ce qui est bien ou mal. Lors d'une compétition, le sportif vit une expérience similaire à celle d'un artiste en pleine création. Comme le peintre sur sa toile, il exprime sur le terrain son savoir, son style, son intelligence, sa technique. Dans la vie courante, les situations de création sont multiples (un entretien pour défendre un projet, un examen, un rôle dans une pièce de théâtre, la séduction d'une personne aimée, etc.). Il s'agit du moment de vérité de chacun.

Or, à ce moment, dans l'action, le Maître a souvent tendance à vouloir trop en faire, à trop raisonner, et risque de tout faire échouer, de vous crisper, de faire surgir des doutes, des troubles, des inhibitions, ce qui peut causer l'hésitation fatale dans le geste. En bref, c'est la panne, la performance est bloquée. Alors que l'Artiste, quand on sait le laisser faire, peut nous amener à réaliser de grandes choses dont le Maître nous aurait souvent crus incapables.

Les cas de « pannes » dues aux mauvaises pensées du Maître sont connus de tous. Nul besoin de faire de la compétition de haut niveau pour les avoir éprouvées cent fois. En voici un exemple classique : vous jouez au tennis avec un ami. Tout va bien, vous êtes relâché, concentré sur la balle, vous centrez bien vos coups. Puis un spectateur apparaît. Sa seule présence peut déclencher la panique. C'est le Maître qui, rappelé aux commandes, s'inquiète : « Qui est ce spectateur ? Pourquoi me regarde-t-il ? Pense-t-il que je joue bien ? Il faut absolument que je lui montre ce que je sais faire, etc. » Cette projection, intervention du Maître, a pour effet immédiat de vous crisper et de vous déconcentrer. Vous n'êtes plus capable de centrer une balle dans la raquette, comme si vous ne pouviez même plus regarder la balle. Et plus le spectateur aura d'importance à vos yeux (un parent, un *coach*), plus le Maître voudra contrôler l'Artiste, créant une dualité insoluble. Plus il sera préoccupé par le fait de bien jouer, et plus vous vous mettrez à mal jouer. Ceci concerne, bien sûr, tous les «*performers*», notamment les comédiens. On comprend pourquoi Steven Spielberg confiait : « Ce que j'admire chez les acteurs ? Ils n'ont pas peur d'être ridicules. »

Considérons un autre exemple tiré d'un film de Charlie Chaplin, la scène où le héros patine les yeux bandés. Notre homme est amoureux, il est heureux et évolue comme dans un rêve, enchaînant les pirouettes avec la grâce d'un danseur, se laissant guider par une musique imaginaire et merveilleuse. Soudain, il détache le foulard qu'il a sur les yeux et s'aperçoit qu'il est en train de patiner au bord d'un gouffre ! À l'instant même, lui qui jusque-là patinait comme un dieu se trouve paralysé par la terreur et devient d'une maladresse effrayante, au point de ne plus tenir sur ses jambes. Cet épisode illustre bien le principe de la création artistique (ici corporelle). Tant qu'il a les yeux bandés, Charlot, libéré de l'emprise du Maître, ignore le danger et nage dans le bonheur. Il en oublie qu'il ne sait pas patiner. L'Artiste en lui se lâche, et son corps exprime des choses qu'il ignorait pouvoir faire.

Passer du Maître à l'Artiste

Le principe de la création est donc de mettre en veilleuse une partie de soi-même pour laisser s'en allumer une autre. Il s'agit de calmer le Maître, de le mettre suffisamment en confiance pour qu'il s'autorise à passer la main à l'Artiste. C'est en chassant de son esprit les mauvaises pensées du Maître (peurs liées à l'enjeu, pensées parasites, inhibitions, etc.) qu'on peut se concentrer et laisser libre cours aux qualités créatrices ; mais aussi par le relâchement, le calme, la fluidité des mouvements, la respiration – bref, par une atmosphère « bienveillante » qu'il faut savoir identifier et reproduire. Nos qualités créatrices auront ainsi le feu vert et on pourra « lâcher les chevaux ».

Parfois le Maître ne parvient pas à se détendre, car les pensées parasites sont trop fortes, elles pèsent plus que d'habitude : « Si je gagne ce match, je vais jouer ma première finale », « Il faut que je fasse un service gagnant », « Mon père est là, il s'est tellement sacrifié pour moi, je n'ai pas le droit de le décevoir », « On joue contre les Allemands contre qui on n'a jamais gagné », etc. Pour tenir ces pensées à distance – qui déclenchent des émotions et causent la fébrilité, une crispation, le doute (ici l'ennemi numéro un) – vous pouvez avoir recours à une « pensée parade », c'est-à-dire *une pensée pour ne pas penser*. Par exemple : « Je reste dans mon couloir », « Je ne vais pas surjouer pour séduire », « Plus il y a de pression, plus je suis calme », « Pense à la pression de ton *grip* (au golf) »…

Les pensées parades parlent le langage de l'Artiste, elles l'appellent aux commandes et ont pour but d'orienter notre attention vers notre partition technique, nos sensations, notre plan de jeu, le geste à accomplir et non pas vers le résultat du geste, qui préoccupe le Maître. Il convient donc de repérer les bonnes et les mauvaises pensées, celles qui nous concentrent sur l'acte et celles qui nous en détournent. Avoir un bon plan de jeu (voir le chapitre 2) vous donnera également plus de chances de réussir le passage du Maître à l'Artiste (voir page 45).

Le Maître veut toujours autant gagner, mais il est relégué dans l'ombre. L'Artiste, lui, ne pense qu'à jouer, tandis que le Corps, troisième acteur essentiel, devenu intelligent, ouvert et réceptif à toutes ses sensations grâce à la liberté que lui donne l'Artiste, peut à son tour entrer dans la danse. Le courant passe de l'un à l'autre. Durant cette phase, si vous renoncez à comprendre ce que vous faites, vous arriverez à plonger beaucoup plus profondément dans ce que vous faites. Ce qui doit dominer, c'est l'absence du sentiment de ce qu'on est en train de faire. La conscience de soi est subordonnée à la concentration.

Ce n'est pas le sculpteur qui sculpte, mais ses mains !

L'artiste est au sommet de son art au moment précis où il s'abandonne. Son mental n'oppose plus aucune résistance. Ce n'est plus vraiment la tête du sculpteur qui décide, mais ses mains qui agissent instinctivement. Il ne pense pas à faire sa statue ; la statue se fait. Dans le même ordre d'idées, citons le jeune danseur du film *Billy Elliot*. On lui demande ce qu'il ressent quand il danse et il répond : « C'est difficile, et puis à un moment j'oublie tout... Je suis là, je vole... Et je disparais[3]. » Ou l'attaquant de la grande équipe du FC Barcelone, Ludovic Giuly, décrivant le but le plus important de sa carrière : « Je savais que Ronaldinho allait me donner un ballon en or. Ce joueur est hors norme, décidément un artiste incroyable. Il a mis le ballon exactement où il voulait et où je le désirais. Il est arrivé. J'ai frappé sans réfléchir. Je n'ai rien calculé. J'ai tout fait à l'instinct, et c'est rentré. »

Ou encore l'écrivain Marcel Moraud : « J'écris avec mon ventre. Le corps sait[4]. » Et Ed McBain, auteur de romans policiers : « J'écris toujours sur ordinateur. Tout ce qui libère l'esprit est le bienvenu. Les phrases passent directement du cerveau aux doigts, puis au clavier. C'est exactement comme si j'entendais deux, trois ou quatre personnes me parlant simultanément[5]. » Étonnamment, même des activités purement

---

3. Film anglais racontant l'histoire d'un garçon qui doit lutter contre son entourage pour réaliser son rêve de devenir danseur étoile.
4. Émission radiophonique du 20 décembre 2002 sur France Culture.
5. Interview parue dans le *Nouvel Observateur*, 27 mars 2003.

intellectuelles, nécessitant analyse et jugement, peuvent être soumises au même principe de détachement, à témoin cette déclaration d'un des maîtres de la thérapie familiale, Carl Whitaker : « Je travaille essentiellement avec mon inconscient. C'est comme si j'étais sur la berge en train de pêcher : je ne cherche à attraper rien de particulier, mais de temps à autre quelque chose s'accroche à ma ligne et alors je la tire[6]. »

Une des illustrations les plus spectaculaires du passage du Maître à l'Artiste (phénomène appelé aussi « lâcher prise ») reste sans doute celle fournie par le peintre Matisse, qui vers la fin de sa vie dessinait des portraits les yeux fermés, par souci de pousser encore plus loin l'exploration de sa vérité et la liberté de création pure, jusqu'au point d'aboutissement qu'il appelait si joliment le « moment où ma main chante d'elle-même ». Il disait : « Il faut que je sois si pénétré, si imprégné de mon sujet que je puisse le dessiner les yeux fermés. »

Dans la création, l'enjeu est de faire disparaître la conscience de soi-même, de ne plus se préoccuper de sa petite personne. Là, le mental n'est plus le moi : c'est la concentration, c'est un mental dans le présent. L'acte devient tout-puissant, il n'y a que lui qui compte. Votre intelligence (qualité du Maître) est toujours présente, mais à la manière d'un spectateur, sur le bord du terrain (ou sur la berge en train de pêcher, comme Whitaker). Elle est décidée à ne plus gêner l'action. Elle peut revenir à tout instant, mais ne le fera que si c'est nécessaire. Quand elle se contente de regarder ce qui se passe, tout coule, vous êtes dans le *flow* de l'action. Vous agissez comme si quelqu'un en vous savait mieux que vous ce qu'il faut faire. On peut dire que vous avez mis votre mental en veilleuse. Sur la carte du mental, il s'agit de la fin du mental, l'étape qu'on désigne habituellement par l'expression « faire le vide ».

---

6. *Techniques of Family Therapy*, New York, Basic Books, 1967.

L'harmonie

Si vous allez jusqu'au bout du processus de libération, vous entrez « dans la zone » (de l'expression américaine *I am in the zone*), l'état mental parfait où le Maître, l'Artiste et le Corps sont en communion; terre d'harmonie où la confiance en soi et la concentration sont telles que, le temps d'un match, d'un concert ou d'un examen, elles vous donnent l'impression d'être en état de grâce. Celui qui est dans la zone est au summum de sa forme, de ses moyens et de sa créativité (voir la fin du chapitre 3). C'est bien dans la zone que l'artiste rencontre l'inspiration, que l'acteur devient son personnage, le musicien, la musique, le sportif, le geste; où le cavalier se fond dans le corps de son cheval – « Mon cheval me répondait comme un bras et une jambe[7]. » Quelle que soit la discipline, l'intention compte plus que la pensée ou que les mots, et l'on ne fait plus qu'un avec son sujet. Quand un musicien « joue bien », il en oublie la technique et son instrument, il en oublie les touches, les cordes, l'archet... il vise la musique. On peut voir dans cette montée de concentration ultime, et dans cette harmonie entre la tête et le corps, le but idéal de la création, dont les champions et les artistes font leur quête. On parle aussi d'état second pour désigner le moment où s'effacent les résistances et les inhibitions, ce qui montre encore une fois la dualité coordonnée entre le Maître et l'Artiste.

Finalement, nous arrivons à ce constat: contrairement à la vallée du Plan (où il est question d'acquérir et de développer qualités, compétences et connaissances), la terre de Création permet de se débarrasser de ce qui nous empêche d'accéder à nos qualités. L'acte créatif consiste à faire sortir ce qui est déjà là, prisonnier en soi, à faire tomber des remparts pour atteindre les portes de notre talent, de notre « royaume caché ».

---

7. Pierre Durand, champion olympique d'équitation, à propos de sa victoire aux Jeux olympiques, avec son cheval Jappeloup.

En bref, le but est de neutraliser ce qui peut nous entraver. Les artistes sont précisément ceux qui savent bien le faire, eux qui ont le don de faire taire leur Maître et sa tentation de douter, de vouloir trop bien faire ou tout maîtriser. Rien ici ne peut plus être forcé, calculé, jugé. D'où l'importance du détachement, d'où l'importance de lâcher prise. « Faire » commence par « laisser faire ».

Le mythe de la volonté

L'idée qu'il existe plusieurs personnages en soi est d'une importance capitale pour saisir l'humain. Elle aide à comprendre pourquoi un individu peut parfois agir contre sa propre volonté. Bien sûr, la volonté reste une qualité indispensable pour mener à bien toute entreprise, mais il ne suffit pas de vouloir. Encore faut-il recevoir son propre accord pour réussir.

Un niveau de performance élevé est atteint quand disparaissent les oppositions entre les différentes parties, quand cesse tout conflit intérieur. On gagne quand on s'autorise à gagner. On devrait donc y réfléchir à deux fois avant d'affirmer que tout est une question de volonté. Vous pouvez penser que vous voulez gagner, mais qu'en disent les autres ? Le Maître va-t-il vous aider, donner son accord à l'Artiste ou lui mettre des bâtons dans les roues ? Dans le feu de l'action, acceptera-t-il d'être seulement spectateur ou viendra-t-il peser, exercer une pression supplémentaire, briser l'harmonie, jeter le doute dans votre esprit ? À quoi servirait à ce moment-là de se dire « Il faut gagner » sinon à aggraver les choses ? Et en art, n'est-ce pas au contraire quand on oublie ce qu'on veut qu'on y arrive ? Même si c'est difficile à admettre (surtout pour ceux qui ne croient qu'à la raison pure), sur la terre de Création, que l'on soit peintre, auteur, musicien, comédien ou sportif professionnel, ce qu'on fera de mieux, c'est ce qui nous échappera.

Ainsi, voici ébranlé le mythe de la volonté. Nous avons démontré que la possession de ses moyens est davantage une question d'harmonie entre nos personnages intérieurs qu'une question de volonté unilatérale et autoritaire. Dans la création, ou au moment de réaliser une performance, le fait d'être trop dans la volonté, donc prisonnier de l'orgueil et de l'enjeu, est même un mauvais signe, le signe d'une trop grande emprise du Maître. Pour nous en détacher, avant de nous jeter dans l'arène, retenons ce précepte : Pour ne faire qu'un avec ton épée, vide ton esprit de tous tes désirs.

La perte de moyens sous la pression

Voyons plus en détail ce qui peut empêcher l'harmonie entre nos personnages intérieurs. Devenir Artiste, se concentrer, avoir accès à ses sensations et à son talent est le pain quotidien des sportifs, mais reste la hantise de perdre ses moyens, voire de craquer sous la pression. Les mauvaises pensées qui envahissent l'esprit engendrent le doute, affolent le corps, provoquent l'hésitation fatale, font « sortir du match », tous les compétiteurs les connaissent bien, même s'ils ne savent pas toujours les identifier. Le nom qu'on prête parfois à ces mauvaises pensées est celui de « démons ». Les sportifs ont l'habitude de les voir tourner au-dessus de leur tête comme des oiseaux de mauvais augure, curieux compagnons de route qui parfois se font oublier, et qui réapparaissent soudain dès qu'on espère ne plus les voir : « Mon démon m'a encore rendu visite » ou « J'ai encore été victime de mes démons » au moment crucial ! Sur le dernier trou au golf, un *penalty* au football, le dernier tour de piste, la balle de match, une finale tant rêvée...

Les démons viennent de problèmes non résolus, de conflits intérieurs que le compétiteur n'a pas su ou n'a pas voulu régler et que le Maître en lui n'arrive pas à oublier. Ces problèmes trouvent leur origine dans le passé, mais remontent régulièrement à la surface et peuvent resurgir à tout moment, telle une plaie jamais cicatrisée. Ce sont les mauvaises pensées du

Maître. Ils sont plus ou moins graves et profonds, et on peut dire qu'il existe des démons lourds et des démons classiques.

Les démons lourds sont la manifestation de déséquilibres issus de l'enfance : sentiment d'infériorité ou de culpabilité, manque d'estime de soi, honte et humiliations, anxiété, traumatismes d'autant plus enfouis (ou refoulés) qu'ils ont pesé lourd. Nous les refoulons tant et si bien que nous n'en savons plus rien.

Ce sont les souvenirs inconscients de problèmes non résolus, qui pourront faire perdre ses moyens à un athlète, le faire douter, le faire craquer, voire lui interdire de réussir. Car notre réussite ne plaît pas à tous nos personnages intérieurs. Une partie de nous peut s'y opposer. Cela peut même concerner des champions qui, bien qu'ayant réussi à se hisser au sommet, ne peuvent s'autoriser à franchir le dernier palier, à réussir vraiment, et qui butent toujours dans une grande finale, par exemple. Dans ces conditions, passer du Maître à l'Artiste (mettre son mental en veilleuse) devient impossible. Les démons sont trop forts, et ces conflits ne seront résolus que par un travail psychologique en profondeur. Un travail en surface (préparation mentale) ne sera pas efficace (voir la sixième partie : *La forêt des Druides*).

Les démons lourds sont le rappel d'événements malheureux dont on ne s'est jamais consolé, des deuils familiaux par exemple, qui mettent en cause la fratrie, la maladie ou le malheur d'un proche qu'on n'a pas su empêcher, la culpabilité née d'une dette : « Qu'as-tu fait de ton frère ? » Il peut s'agir aussi de messages ancrés en soi-même, dont on n'est pas conscient et auxquels une partie de notre être se voit pourtant obligée d'obéir. Par exemple, ces petites phrases assassines répétées tout au long de l'enfance telle que : « Pour qui tu te prends ? » ; « Tu n'y arriveras jamais » ; « Tu ne seras jamais fort » ; « Tu finiras mal. » Ou certains jugements : « Ton frère est tellement plus doué que toi »; « Regarde les autres, comme ils sont meilleurs que nous. » Ou des non-dits engendrant des culpabilités profondes : « Tu n'as pas le droit de dépasser ton père ou ton milieu »; ou bien : « On a tout sacrifié pour toi. » De tels problèmes dus à l'éducation ou à l'histoire familiale (parfois remontant à plusieurs générations) sont souvent lourds à porter. Ils éveilleront chez certains le **démon de la peur de gagner** ou le **démon du complexe**, chez d'autres, le **démon de la culpabilité**.

Ils peuvent empêcher l'athlète de s'imaginer digne de la place du vainqueur ou de s'autoriser à battre les meilleurs. Même quand la domination est évidente, souvent au tout dernier instant, le démon peut venir accabler le compétiteur en lui soufflant à l'oreille : « Renonce à occuper une place qui n'est pas la tienne. Tu n'en es pas digne, pas toi ! » Ces pensées inconscientes, bien évidemment, n'apparaissent jamais aussi clairement, mais elles se traduisent sur le terrain par des doutes, des blocages, des freins qui semblent surgir soudainement.

Ces démons peuvent être si implacables que certains sportifs se plaignent d'« avoir la poisse » ou même d'être « maudits ». Freddy Skouma, champion de boxe d'Europe dans les années 1980, incapable de renouer avec le succès, parlait du sentiment d'être envoûté : « Je ne savais pas par où m'échapper. Un adversaire invisible, des barreaux invisibles, des forces occultes voulaient me nuire[8]. » On peut comprendre ceux qui voient dans ce sentiment d'impuissance une malédiction : tout en apparence marche à merveille, la technique est rodée, le physique est à son meilleur, et tout d'un coup la technique s'enraye, l'esprit se trouble, le corps ne répond plus. L'harmonie est détruite par des démons qu'on ne peut pas identifier. Il faut payer une dette dont on ne connaît pas l'existence. On est prisonnier d'un héritage secret dont on n'a même pas conscience. On est rattrapé par son histoire.

---

8. Interview parue dans L'Équipe, 21 février 2001.

Les démons classiques sont ceux auxquels les sportifs ont le plus souvent affaire. Ils sont davantage reliés à votre activité et à tout ce qui s'y rapporte. Même s'ils ont aussi un rapport avec le passé, il s'agit de conflits plus communs, inhérents à la vie, aux relations humaines et, bien sûr, à la compétition. Contrairement aux démons lourds – ces vieux démons nés avec nous, transmis avec l'histoire familiale –, les démons classiques naissent en cours de route. Ceux-là, on a l'avantage de mieux les voir venir, et on pourra plus facilement les dominer. Ces démons dépendent en partie de la qualité de la préparation ; ils incarnent des lacunes du plan, un manque de rigueur ou de concentration, un manque de courage, un caractère qui abandonne facilement, une attitude négative, l'incapacité à maîtriser ses émotions, le sentiment d'avoir triché dans sa préparation, un problème relationnel, le poids des autres, etc.

Ainsi, le **démon de la culpabilité** ne manquera pas de se manifester quand l'importance de l'enjeu fera surgir vos faiblesses, comme si vous vous saviez secrètement coupable et que votre démon venait rendre justice en vous rappelant que vous ne méritez pas de gagner. Le **démon de l'ambiguïté**, lui, pousse le compétiteur à se mentir à lui-même. Il n'aime plus son sport, mais n'ose se l'avouer. Il se sent prisonnier du désir de ses parents, par exemple, devenu plus fort que le sien. La défaite pourra être utilisée comme moyen de remettre les choses à leur place. Ce démon surgira au moment choisi pour dire : « Perds, puisque tu ne te bats pas pour toi, perds pour leur montrer que tu n'es pas d'accord », ou : « Perds pour te venger de ce qu'ils t'ont fait subir. » Bien sûr, en surface, les défaites (et les pertes de moyens) sembleront incompréhensibles ou seront mises sur le compte d'une mauvaise concentration, d'un manque de motivation ou de mauvais choix tactiques. On remarquera peut-être que vous recherchez même la défaite, mais on ne saura pas pourquoi. Vous-même ne serez pas conscient de ce qui se passe.

Quant au **démon de l'excès de confiance**, il peut vous faire prononcer des paroles inconsidérées la veille d'une compétition. « Je vais écraser mon adversaire ! » Ce genre de remarque peut faire peser sur vous une pression supplémentaire au moment de l'épreuve. Surtout si les choses ne se passent pas comme prévu, le poids des mots sera difficile à supporter, et la culpabilité d'avoir joué le match avant l'heure pourra venir troubler votre concentration et vous empêcher de rentrer dans le vrai match. Le **démon de la colère** ou celui **de la frustration** sont plus faciles à identifier, parce que plus « visibles ». Ceux qui s'énervent ou qui sont systématiquement mécontents de leur prestation perdent régulièrement leurs moyens. Ils ont souvent une bonne excuse : ils perdent le contrôle parce qu'ils aiment trop gagner ; ils voudraient tout réussir et sont trop perfectionnistes ! Pourtant le résultat est le même que s'ils baissaient les bras. Ne pas accepter ses erreurs ou ses mauvaises passes équivaut à refuser l'adversité ; faire la tête sur le terrain revient à abandonner le combat ; s'énerver, ce n'est pas se révolter, c'est renoncer.

Chacun a son problème. Vous reconnaîtrez facilement les démons qui vous habitent – le démon de la distraction, de la peur de gagner, d'un trop grand respect pour l'adversaire, de la fébrilité, etc. C'est bien d'eux qu'il faut se libérer, d'eux qu'on s'allège quand on dit : « Là, je me suis lâché, j'ai joué libéré. » N'est-ce pas l'idée de liberté qui ressort le plus souvent de la bouche des sportifs, sachant que là se joue leur destin, mais se demandant aussi quelle est cette force obscure qui les entrave et peut leur interdire de rester sereins et libres quand tout les invite à se réjouir de leur talent ? C'est bien de leurs démons que les sportifs parlent sans les nommer, souvent sans comprendre l'origine du doute fatal qui les a terrassés. Comprendre son problème est précisément le premier pas vers la liberté.

Enfin, toutes nos pensées parasites agissent aussi à titre de petits démons. On peut les appeler ainsi. En voici une liste complète, avec ce qu'ils nous glissent à l'oreille. Vous en reconnaîtrez plus d'un. Mieux vous les connaîtrez, moins vous aurez de raisons d'en avoir peur. Mieux vous les identifierez (et les nommerez), mieux vous pourrez les gérer. Les gérer (donc gérer la pression), cela signifie : les voir venir, les accepter, s'y opposer. Si votre réponse (une pensée parade) est simple et pertinente, ils se mettront de côté et vous laisseront faire. Puis, pour ne pas leur laisser la moindre place dans votre tête et leur interdire de revenir, vous pouvez continuer à vous occuper l'esprit avec votre parade ou avec un point de votre plan de jeu, ou même avec un mot parade, qui vous rappelle le chemin de l'action et l'essentiel pour vous : la qualité de l'acte.

Le petit démon Épate-ton-père
Il vous dit : « Je dois montrer à mon père ce que je peux faire de mieux. »
« Mon père va être content… Pour fêter ça, dans quel restau on va aller ? »

Le petit démon Qui-espère
« J'espère jouer aussi bien qu'au tournoi précédent. »
« J'espère que le match ne sera pas trop dur. »

Le petit démon Premier-de-classe
« Je n'ai pas le droit de faire d'erreur. »
« Je ne peux pas me permettre de perdre le contrôle. »

Le petit démon De-l'ego
« Tu ne peux pas accepter d'être mené par un nul. »
« Balance le match pour au moins sauver ton image. »

Le petit démon Du-trop-de-respect-pour-l'adversaire
« Il est trop fort... Tu n'as pas le droit de le battre et de gagner à ce classement. »
« Il sait qu'il va gagner, ça se voit, il transpire la confiance en lui. »

Le petit démon Superstition
« Si tu rates ton premier ballon, le match est foutu. »
« On n'a jamais gagné dans cette salle, cette salle est maudite ! »

Le petit démon Du-score-et-des-conséquences
« C'est le dernier trou... un trou à 300 000 euros... Si tu le réussis tu pourras t'acheter une maison... »
« C'est ma dernière occasion de remporter ce titre, si je ne gagne pas aujourd'hui, je ne gagnerai jamais. »

Le petit démon Du-passé
« Et si tu rates ton départ, comme aux derniers championnats ?... »
« On a une mauvaise série de défaites contre cette équipe, ça va être très dur. »

Le petit démon De-la-dette
« Tu dois absolument gagner, car ils t'ont fait confiance, tu n'as pas le droit de les décevoir. »
« Pense aux autres, à ce qu'ils ont fait pour toi. Aujourd'hui, tu ne cours pas pour toi, mais pour eux. »

Le petit démon Qui-s'étonne-de-mon-succès
« Je suis en train de mener et pas loin de gagner, ce n'est pas normal ! »
« Demeurer humble est important, je ne peux pas m'autoriser à réussir. »

Le petit démon De-la-tête-qui-s'évade

« Puisque tu mènes, tu veux pas souffler un peu ? »

« Si tu gagnes, qu'est-ce que les journalistes vont écrire sur toi ? »

**L'impact des petits démons/pensées parasites
sur le corps et la performance**

PETIT BRAS
je me crispe fébrile
ALOURDI(E)
OUBLIE L'ESSENTIEL
DOUTE
submergé(e)/dirigé(e) par l'émotion   déconcentré(e)   inhibé(e)
aaaaaaah   peur PANIQUE   frustration   je mouille   oulalala
je me précipite   stress trompeur
JE m'énerve   le Coupe-jambe
la main qui tremble
découragé(e) avant d'avoir joué
HÉSITATION   dans le geste
perte   d'inspiration
le VOILE   le Trou noir
JE deviens   lent(e)
INQUIÉTUDE   du golfeur
PERCEPTION des choses   et des DISTANCES change

L'affrontement de ses démons

Le véritable adversaire, on le voit bien, n'est pas le coureur du couloir voisin, ni le joueur de l'autre côté du filet, ni même la balle qui ricoche, mais bien le doute, le sentiment d'être accablé de problèmes qui nous dépassent, le sentiment profond de ne pas être assez « pur » pour gagner. Voilà bien nos pires adversaires : nos complexes, notre sentiment de culpabilité, l'interdit de gagner, le bras qui tremble, l'incapacité à s'imaginer à la place du vainqueur, et tous les démons qui attirent notre attention hors du match, hors du « ici et maintenant ». Et voilà qui montre les vrais enjeux : le véritable combat est avec soi-même, bien plus que contre l'autre. De nombreux jeunes gagneraient à se le rappeler et à utiliser leur énergie à bon escient.

Tout compétiteur gagnerait en efficacité s'il essayait de mieux se connaître, de comprendre ses problèmes et ses blocages. Le refus d'aborder les problèmes est souvent à l'origine d'un palier impossible à franchir, à tous les niveaux : le jeune espoir qui n'arrive pas à percer, le bon compétiteur qui n'arrive pas à se hisser chez les professionnels, le champion qui ne parvient pas à arracher un grand titre, etc.

Des scénarios d'échecs à répétition peuvent se reproduire tant que certaines lacunes ne seront pas comblées, tant que ce qui gêne vraiment n'a pas été compris et accepté. Les scénarios de sportifs qui craquent ne sont pas irrémédiables, à condition de cesser de se mentir et de cesser de se cacher derrière des superstitions ou des rituels ; à condition d'identifier son problème et d'y faire face.

La solution est dans la réflexion sur la personnalité et sur l'histoire même de l'individu : événements vécus qui l'ont désenchanté dont, pour se libérer, il doit accepter de payer le prix. On ne peut pas devenir soi-même sans faire l'effort d'intégrer toutes les parties de sa vie, y compris celles que nous aimerions oublier. Être soi, c'est assumer son histoire. La découverte de ses démons et le travail d'exploration qui s'ensuit sont une forme de réconciliation avec soi-même. Quand une chose vous pèse, n'ayez pas peur de poser les questions qui dérangent, quitte à ce qu'il n'y ait pas toujours de réponse claire. Quand on a décidé d'aller là où on ne voulait pas aller, c'est qu'on va déjà mieux et que quelque chose se dénoue. On est en train de changer.

Les problèmes sont à peu près les mêmes pour tout le monde, mais la différence se situe dans la manière de les aborder. Identifier le problème, en parler, c'est en partie le résoudre. Bien poser le problème, avec les bons mots, c'est déjà entrevoir une réponse, c'est comprendre le problème donc le désamorcer, le vivre mieux. Une question bien posée appelle en général une bonne réponse. Les démons ne lâchent jamais prise tout seuls. Il peut arriver qu'ils ressortent sous la forme d'« actes manqués », d'incidents où l'on agit malgré soi, de façon apparemment incohérente, comme égarer des objets auxquels on tient, se nuire, aller jusqu'à provoquer sa défaite. Comme acte manqué spectaculaire, on peut penser à cette pauvre marcheuse chinoise disqualifiée à la finale des Jeux olympiques de Sydney, alors que rien ne pouvait la priver de la victoire. Rentrant seule dans le stade pour le dernier tour de piste, largement en tête après les dizaines de kilomètres parcourus (et les milliers de toute une carrière), sur deux foulées, soudain la marcheuse... se met à courir !

Ce qui est refoulé peut aussi ressortir sous forme de blessures ou de maladies, le corps étant dans ce cas le témoin attestant que quelque chose ne va pas. Des blessures à répétition sont habituellement attribuées à la malchance. Pourtant, derrière des blessures, parfois se cache un mal psychique, comme si le corps lançait des appels au secours. « Je me claque parce que j'ai peur de ne pas être à la hauteur » ; « Je me fais mal parce que je dois me punir de quelque chose » ; « Je provoque un accident la veille d'une compétition parce que, inconsciemment, j'ai de bonnes raisons de ne pas la disputer. » C'est peut-être ce qui arriva à Yannick Noah en 1986. En arrivant à l'aéroport pour reconquérir son titre de Roland-Garros, il échappa sa valise sur son pied ; la blessure le força à se retirer du tournoi.

Il est certain que vous ne pourrez pas vaincre vos démons dans le feu de l'action, en pleine compétition. Quand ils surgissent, et que vous ne les connaissez pas, il est déjà trop tard. Il faut s'en occuper avant. Face à l'enjeu, les doutes du Maître seront plus forts que le désir de jouer de l'Artiste, et vous vous battrez tout seul. Un sportif se bloque, ou « craque » sur le terrain quand il n'a pas disputé d'abord le match contre ses démons (dans les semaines, les mois qui précèdent le jour « J », voire durant ses années de formation).

Ce travail peut se faire sur le terrain même, où parfois les entraîneurs seraient bien inspirés de remplacer l'action par la parole et la réflexion. Les mots peuvent débarrasser un sportif des chaînes invisibles qui le retiennent. Certaines séances d'entraînement peuvent être remplacées par une discussion, et ce sont souvent celles qui comptent le plus, surtout quand elles ont lieu au bon moment. Selon les cas et les problèmes (démons lourds ou classiques, pensées parasites), un travail sur soi peut être entrepris en dehors du cadre de l'entraînement, auprès de divers spécialistes (voir la sixième partie : *La forêt des Druides*).

Les grands champions se mettent à nu dans la bataille

Ceux qui n'affrontent pas leurs problèmes se dérobent parce qu'ils ont peur de rendre plus visibles des faiblesses qu'ils surestiment. Faire une recherche sur soi, sur son histoire, fouiller l'espace intérieur est pour eux un constat d'échec. Ils pensent : « Tant que je peux résister et que je ne remue pas trop les problèmes, c'est que ça va. » Ils ont tendance à croire qu'un champion n'a pas de problèmes, et que c'est précisément pour cette raison qu'il est champion. Au contraire, le fait d'accepter ses faiblesses est un signe de force. Les grands champions ne se refusent rien pour gagner. Ils se mettent à nu dans la bataille, car ils ne s'accorderont aucune excuse en cas d'échec, que ce soit en compétition ou dans leur parcours. Celui qui se cache, ou qui cache une faiblesse, faiblira au sommet ; celui qui est « impur » faillira dans la bataille au moment critique. C'est la loi du combat, la loi du sport de haut niveau, une épreuve de vérité permanente.

Les grands sont présents dans les grandes occasions, dit-on. Être à son meilleur quand la pression est à son comble, n'est-ce pas la preuve d'une grande liberté mentale ? La preuve que les démons se sont transformés en anges gardiens ? Les grands peuvent tout donner, c'est cela qui est exceptionnel. Rien ne les retient ; rien ne s'oppose plus à l'expression de leur talent et à leur succès. Tout n'a pas été réglé, mais ce qui les gênait l'a certainement été. Qu'ils aient réglé leurs problèmes naturellement, aidés par leur entourage ou par quelqu'un de l'extérieur, peu importe, du moment qu'une démarche a eu lieu. Celle-ci peut se traduire simplement par le désir de ne plus subir ; par le courage de parler et de se demander : « Quelle est ma faiblesse ? Comment puis-je être plus libre, plus léger, plus serein, plus performant, plus fidèle à ce que je veux ? » ; et puis de trouver le bon interlocuteur et de pouvoir dire : « Là, il y a quelque chose qui ne va pas, je bloque. »

La joueuse de tennis Amélie Mauresmo est passée par là : « Quand on a atteint un certain niveau technique et physique, la différence est ailleurs, dans la tête. Ce n'est pas mon talon d'Achille, mais un point que je travaille depuis plus d'un an avec une psychologue du sport. De discussions en prises de conscience, j'ai franchi des caps, fait sauter des verrous, et me suis débarrassée de mauvais réflexes[9]. » Cette conclusion, espérons-le, donnera du courage à ceux qui ont peur d'être les seuls à avoir des problèmes. Les champions ne sont pas ceux qui n'ont pas de problèmes, mais ceux qui ont su les affronter. Comme ils ont su reconnaître leurs lacunes techniques, leurs problèmes de caractère, voire leurs handicaps physiques, ils ont pu les corriger, et parfois même les transformer en atouts.

De l'art de se prendre la tête

Quoi qu'il en soit, les sportifs, en général, n'aiment pas se prendre la tête. Ils ont tort et ils ont raison. Ils ont tort, car c'est

---

9. Interview parue dans *Roland-Garros Magazine*, 2002.

le seul moyen de gagner le combat contre soi-même. Ils n'ont pas appris à se prendre la tête efficacement. Ils pensent que ça va durer, être lourd, revenir. Ils ne voient pas l'effet libérateur, cathartique, que peut provoquer une telle démarche. Mais en même temps ils ont raison de ne pas se prendre la tête quand il s'agit de rentrer dans l'action. Finalement, pour ne pas penser sur le terrain, il faut avoir bien pensé avant. Et celui qui ferme les yeux pour se cacher de lui-même, n'est-ce pas celui qui aura toutes les chances de se tourmenter au mauvais moment ? Que de surprises notre tête nous réserve-t-elle ! Être plusieurs personnages simultanément, posséder à la fois des qualités régies par la réflexion, l'intelligence et le jugement, et d'autres plus instinctives, plus sauvages, qui semblent parfois nous fuir quand on les invoque ou quand on y pense trop ! Cette complexité explique en partie la confusion au sujet du mental et la difficulté des sportifs à bien comprendre ce qui leur arrive. La conclusion est aussi troublante : avoir un « mental fort » reviendrait, finalement, à l'oublier. Il faudrait dominer le mental pour pouvoir l'oublier par la suite.

Méfie-toi, conseillait le comique Raymond Devos à l'un de ses pairs. Si tu restes dans l'improvisation, tu vas jouer ta propre peur, tu ne seras pas libre. Plus tu travailleras, plus tu iras vers une vraie liberté.

Tout apparaît plus clairement une fois qu'on a séparé les deux phases. Résumons-les ainsi :

- Quand je me prends la tête, j'acquiers des connaissances, des automatismes ; j'accomplis un travail pour corriger mes défauts et mettre en évidence mes points forts ; j'identifie et j'affronte mon démon ; j'élabore mon plan ; je fais des choix ; j'expérimente ; si nécessaire, je détruis pour reconstruire ; j'explore ; je vais voir ailleurs ; je peaufine les détails. Je suis dans ma phase de recherche (vallée du Plan).

- Quand je ne me prends plus la tête, je me détache de l'enjeu, de l'orgueil du Maître et de ses pensées parasites, au besoin à l'aide de ma pensée parade (pour ne pas penser) ; je suis concentré et en souplesse ; je renonce à vouloir tout contrôler ; j'accepte d'aller où je dois aller sans vraiment savoir où cela va me mener ; j'oublie ma technique pour aller vers l'aisance. Je suis entré dans la phase de performance ou de liberté artistique (terre de Création). Comme disait René Char, grand poète et *rugbyman* à ses heures : « Concevoir en stratège, agir en primitif. »

Dans votre recherche, vous nourrissez votre mémoire d'informations de toutes sortes, puis cette nouvelle nourriture sera assimilée et naturellement intégrée dans le geste.

Le travail de l'acteur est, bien sûr, une bonne illustration de ce chemin singulier. Robert De Niro, comédien des plus talentueux, expliquait son travail mental dans ces termes :

Avant un film, je me documente sur le sujet, sur le personnage que je vais jouer, je lis tout ce que je peux trouver. Je me rends sur les lieux de l'histoire, m'imprègne de l'atmosphère, rencontre les habitants. Puis, quand je considère que j'en sais assez, que je suis prêt, je ne me pose plus de questions, je me jette à l'eau[10].

Dans le film *Taxi Driver*, De Niro a poussé sa recherche jusqu'à faire le chauffeur de taxi à New York durant les semaines qui ont précédé le tournage. Ayant réussi à se glisser dans la peau du personnage, il aurait dit, au moment de filmer les premières scènes, que son travail consistait désormais à laisser le chauffeur de taxi agir à sa place. Le métier d'acteur aide à bien

---

10. Émission de télévision *Actors Studio*, consacrée à Robert De Niro.

distinguer le temps de préparation du temps de l'action, où il s'agit de lâcher les amarres et d'accepter d'aller vers l'inconnu. Kevin Costner a décrit ce moment en ces termes :

> Au moment du tournage, la clé pour l'acteur est de devenir *loose* (relâché, délié, desserré)[11].

En conclusion, il faut trouver le juste équilibre entre la recherche (et la volonté) et la créativité, entre la maîtrise et l'imaîtrise. Plus vous vous prendrez la tête dans votre préparation (plus vous aurez réglé de problèmes ou développé de compétences), moins vous vous prendrez la tête en compétition. Ainsi, vous serez à même de goûter la récompense suprême : jouer, performer, concourir, être libre !... avec toutes les chances d'entrer dans la zone.

Être dans la zone

Sur la carte du mental, tout au bout de la terre de Création, vous aurez de temps en temps le privilège de survoler la passe de l'État de grâce. Vous aurez alors atteint un état supérieur de performance, un mélange exacerbé de forme, de concentration et de sensibilité ; vous serez dans la zone. Vous connaîtrez la plénitude totale de vos moyens techniques, physiques et mentaux, instants magiques d'harmonie entre la tête et le corps où tout coule de source, où tout est facile, où tout vous réussit.

L'état mental parfait

Les termes ne manquent pas pour décrire le phénomène « zone » : « J'étais dans un état second », « J'ai joué sur un nuage », « Comme dans un rêve », « J'étais sur le pilote automatique », « J'étais un autre », « Mes coups sortaient d'une partie encore inconnue de moi »... « Être dans la zone » est synonyme de performance pour

---

11. Émission de télévision *Actors Studio*, consacrée à Kevin Costner.

un athlète ou d'inspiration pour un artiste. Ils y connaissent souvent les plus belles victoires et les plus grandes réalisations. Mais au-delà de la performance, c'est la puissance des sensations qui est en jeu, et la jouissance d'une liberté absolue.

Tout athlète ou créateur qui a connu la zone cherchera à revivre cet état de grâce. Après des années d'effort et de combat, après tant de trophées et de gloire, qu'est-ce qui fait encore courir les champions, sinon en grande partie les sensations de la zone ? Ce qui les fait rêver, n'est-ce pas cette promesse d'évasion ? Ne cherchent-ils pas à revivre éternellement l'instant magique où l'on sort de soi-même pour échapper à ses chaînes, pour ne plus penser et s'envoler ? La zone fait fantasmer parce qu'elle incarne la perfection, la quintessence des qualités mentales, l'idéal de concentration, de confiance et de création. Mais c'est une quête sans fin. Le secret du feu, c'est le mystère inviolé de notre mental, le point jamais totalement atteint, vers lequel nous tendons. S'en approcher est déjà une victoire, nous le verrons au chapitre suivant.

Pour l'instant, imaginez que vous entrez dans la zone. La confiance vainc vos dernières résistances et vous atteignez les sommets de votre concentration, de vous-même.

Que se passe-t-il réellement ? Que ressent-on ?

Je suis dans la zone

- ❏ **Je n'espère rien, je ne regrette rien.**
  J'ai vidé mon esprit de tout jugement, je m'oublie. Il n'y a rien à prouver, aucun orgueil à flatter, aucun regard extérieur pesant, aucun effet spectaculaire recherché.
- ❏ **Je suis plongé dans ma bulle de concentration.**
  Tout est silence autour. Il n'y a que la musique des mouvements, de la balle, de la course, qui rythme ma performance. Mon déplacement, mes enchaînements sont fluides, et mes gestes, épurés.

- ❑ **Rien de ce qui s'est passé ou de ce qui se passera ne compte.**

    Je vis le moment présent, je ne me préoccupe que de ce qui dépend de moi. Seul compte le geste à accomplir, la manière. Rien ne me pose problème. Certes les problèmes existent, mais je les accepte. Mes qualités et mes défauts semblent s'accorder. Les gestes faciles ne sont pas faciles, les difficiles ne sont pas difficiles, chacun mérite d'être exécuté à son tour, comme il vient. Si je rate, l'envie de réessayer est plus forte que ma déception.

- ❑ **J'ai du temps.**

    Tout est sensation et concentration, d'où la capacité d'anticiper et de réagir vite, comme si tout était évident. L'action, même soutenue, me donne l'impression de se dérouler au ralenti. Je suis rapide sans me presser. Puisque j'ai du temps, tous mes coups, même les plus hardis, semblent posséder une marge de sécurité supplémentaire. Je sens que je ne peux pas rater, que tout me réussit. Les distances à parcourir paraissent plus courtes, les balles plus grosses, les zones à atteindre plus larges.

- ❑ **Je suis lucide.**

    C'est comme si j'avais des « antennes », qui me donnent une vision claire et globale du terrain, je suis réceptif à tout ce qui se passe, à la position de l'adversaire, à ses intentions. Cette lucidité me permet de sentir le coup juste, la bonne réponse.

- ❑ **Je suis relâché et engagé à la fois.**

    C'est le mariage de l'eau et du feu : le feu, c'est l'agressivité, la puissance, la force de frappe ; l'eau, c'est la souplesse, le relâchement qui canalise la force. Je suis calme et dynamique en même temps, telle une bombe dormante !

Tous les voyants du tableau de bord sont allumés. Quand je jaillis, la puissance ne déborde pas. Je frappe fermement, sans forcer. Je sais utiliser à propos les muscles souples et les muscles explosifs.
- ❏ **Je deviens animal.**
  Mon regard a l'acuité de celui d'un fauve. Mes sensations ont l'intensité de celles d'un animal sauvage. J'ai l'adresse d'un singe, la souplesse d'un chat…

Voici quelques exemples de situations fortuites, où l'on peut entrer dans la zone.
- Je suis légèrement blessé ou pris d'une crampe. Le Maître est totalement préoccupé par le handicap physique et pas du tout par le reste, d'où aucune pensée, aucun doute, aucune résistance de sa part. Il me laisse faire. En plus, comme je dois économiser mes mouvements, ma technique devient plus économe, plus fluide et plus épurée, donc d'une plus grande précision. La combinaison de ces deux facteurs offre parfois un ticket d'entrée pour la zone.
- J'arrive en retard à une compétition. Comme je n'ai pas le temps de penser et de comprendre ce qui m'arrive, je me lance à corps perdu dans la bataille et je réalise ma meilleure performance.
- Un lendemain de fête, tout coule, tout me réussit. Un peu moins d'attaque en raison de la fatigue, le Maître lâche prise et laisse l'Artiste s'exprimer.

Il serait inutile de vouloir reproduire ces situations, car, ce faisant, on se retrouverait illico du côté de la volonté et du Maître.

Voici un cas où, de retour, les pensées du Maître peuvent, en un clin d'œil, nous faire sortir de la zone.

- Je suis sur le point de gagner un tournoi de golf important ; jusqu'ici j'ai joué comme sur un nuage, mais soudain le Maître revient aux commandes, car il réalise ce qui se passe : « Tu te rends compte de ce que tu es en train de faire, tu peux gagner. » « Si tu réussis ce trou… » « Et si… ne rate pas… » Sortie de la zone immédiate ! Voilà pourquoi le plus dur est souvent de conclure un match.
- En même temps, pour ne rien arranger, l'adversaire, lui, fait souvent le chemin inverse : il est dos au mur, il n'a plus rien à perdre ; le Maître, de dépit, s'est retiré de la partie et l'autorise à jouer librement le temps de quelques coups ; cela donne en général des coups totalement lâchés et efficaces. Ensuite, il est courant que le joueur mené ayant bien joué un moment, une fois revenu à hauteur du joueur en tête, se mette à mal jouer de nouveau. C'est le Maître qui revient. À nouveau intéressé par le résultat, inquiet, il met fin à l'embellie.

Peut-on contrôler la zone ?

Certains champions avouent connaître la zone quelques fois seulement dans une année. D'autres diront l'avoir connue trois ou quatre fois dans toute leur carrière. Cela correspond aux moments où ils ont réalisé leurs exploits et connu leurs plus grandes émotions, où toutes les conditions étaient réunies. Ils se trouvaient au pic de leur forme, et sans doute la chance était-elle aussi au rendez-vous. Des circonstances favorables, un peu de réussite, l'adversaire idéal, etc. À l'entraînement, même si on le remarque moins, il est plus courant d'être dans la zone, mais cela reste un phénomène exceptionnel. La question qui évidemment intéresse tout athlète est de savoir comment reproduire un tel état en compétition, comment recréer l'exceptionnel. Peut-on provoquer l'entrée dans la zone ?

Accepter les cycles de forme et savoir attendre le moment propice

L'expérience démontre que les pics de forme se produisent surtout quand on ne les attend pas. On l'a vu, les qualités qui jouent un rôle dans la zone (la confiance, la concentration, l'inspiration, la lucidité) gagnent en puissance à condition de ne pas les forcer. La forme elle-même est cyclique par définition, elle vient parce qu'elle n'était pas là avant. Comme une pile, ça s'use. Le corps, les neurones et les sensations se fatiguent et se régénèrent à leur rythme, selon des lois que la raison ignore. C'est un phénomène naturel, comme les saisons, les marées, la rotation des planètes ; ça vient, ça passe, puis ça revient. On ne peut pas s'opposer à la nature ou à sa nature, mais on peut s'arranger avec elle.

Les athlètes qui vivent une crise de confiance, qui disent avoir perdu toutes leurs sensations, qui se demandent comment retrouver leur force, sont en général ceux qui luttent trop, qui refusent d'écouter les cycles et ne savent pas attendre leur moment.

Au contraire, ceux qui n'attendent rien, parce qu'ils se relèvent d'une blessure ou parce qu'il n'était pas prévu qu'ils participent à une compétition (qui ont donc le sentiment que tout ce qui leur arrive est un boni et du bonheur), sont souvent les meilleurs candidats à la zone. Quand on saute les étapes, on revient souvent au point de départ. Nombreux sont ceux qui ne savent pas attendre, car cela exige beaucoup de confiance de savoir attendre. Ils en veulent trop et se bloquent. On entend alors : « J'ai fait tant de sacrifices et je veux tellement que ça paye que ça me crispe. »

Il faut donc accepter ce fait : nous n'avons pas de pouvoir sur la zone. Il n'y a pas de secret. Les pics, on ne les contrôle pas. Que faire alors ?

Préparer le terrain

Il n'est pas question de rester les bras croisés. Ne pas chercher à contrôler ou savoir attendre ne veut pas dire ne rien faire. Si vous ne pouvez pas provoquer l'état de grâce, vous pouvez en revanche vous mettre dans les meilleures conditions pour la recevoir. Vous vous devez d'être préparé : si un déclic se produit, vous serez prêt à en tirer profit et à décoller. Les déclics existent, mais il ne faut pas trop attendre d'eux. Certains pensent qu'un déclic pourra résoudre leurs problèmes (par exemple, gagner un match contre un adversaire bien classé) et leur procurer cette confiance qui leur manque. En fait, les choses fonctionnent à l'inverse : si on fait ce qu'il faut, si on règle des problèmes, des déclics se produiront et la confiance viendra. Cela devrait inciter chacun à se recentrer sur son plan et à travailler dur – à plus forte raison celui qui est dans une période noire. Picasso disait : « Qu'est-ce que je fais si je n'ai pas d'inspiration ? Je travaille ! »

Voilà la marge d'action équilibrée : d'un côté, soyez un peu fataliste ; de l'autre, agissez en créant les conditions de la performance, en sachant qu'elle viendra tôt ou tard. Ainsi, vous pourrez tendre vers la zone – c'est ce que vous pouvez faire de mieux. S'en approcher, pénétrer dans l'antichambre de la zone, cela vous donnera au moins la garantie d'un bon niveau de performance, régulier et efficace, en attendant mieux. Le bon vous emmènera vers le mieux.

Prendre son niveau moyen comme repère

Concrètement, l'erreur fréquente des sportifs, dans les compétitions importantes pour eux, consiste à viser trop haut et à prendre comme repère leur meilleur niveau. Ils espèrent un niveau de performance élevé, alors qu'ils devraient s'attendre, une partie du temps, à une performance moyenne. On doit avoir comme attente de jouer à son bon niveau.

Un *coach* pourrait dire avant l'épreuve : « Tu n'as pas besoin d'être toujours à ton meilleur pour gagner » ou : « Même quand tu es moyen, tu restes bon. » Il n'est pas de plus beau message de confiance à adresser à un *performer* que de lui dire que son niveau moyen est bon, que même moyen, il reste bon. Message qui aura souvent un effet libérateur.

« Cinq fois par an, tu seras magique sur le court. Et cinq fois par an tu seras lamentable. Le reste des matchs, ce sont ceux-là qui font de toi un *tennisman*[12]. »

La plupart du temps vous êtes dans une forme moyenne. Ce qui compte, c'est ce que vous ferez, compte tenu de cet état. C'est ce que nous appelons bien (mal) jouer (voir *Région 21*, p. 276). On juge un compétiteur à sa capacité de tirer régulièrement le meilleur d'une forme moyenne, à « faire son match » malgré tout. Le niveau au-dessous duquel il ne pourra pas descendre, voilà son vrai niveau. À ce titre, gagner en « jouant » mal est toujours un bon signe. Celui qui performe même quand il joue mal est non seulement un compétiteur redoutable, mais aussi, il sera souvent bien placé pour recevoir les pics de forme et accédera à la zone plus souvent que les autres.

La seule chose qu'on peut contrôler est son niveau de performance moyen. On peut ensuite essayer de l'élever. Cela doit se faire tous les jours à l'entraînement en renforçant sa maîtrise technique, sa condition physique et son pouvoir de concentration. On augmente aussi son niveau de performance moyen chaque fois qu'on joue mal et qu'en s'accrochant on finit par bien jouer. Avoir suffisamment confiance pour ne pas chercher à trop en faire et s'appliquer à « seulement » bien jouer les coups de base résume bien l'exceptionnelle force mentale de Tiger Woods, un des plus grands golfeurs de tous les temps. « Aujourd'hui je n'ai rien fait de grand. Je ne voulais rien faire de spécial, juste poser ma balle sur les *greens*, ne prendre si possible qu'un *putt*, maximum deux. »

---

12. Brad Gilbert.

Woods se borne à suivre la procédure (ou son plan) : « Beaucoup veulent bien performer ici. Moi, je vais m'appliquer à garder la balle dans le jeu et sur les *greens*. J'espère avoir beaucoup de *putts* en montée. » Comme par hasard, le joueur de tennis Pete Sampras (*recordman* de victoires de Grands Chelems) semble partager la même force tranquille ; le même fatalisme semble l'habiter : « J'essayerai aussi fort que je peux, je ferai mon *job* et laisserai les numéros (de la roulette au casino) sortir quand ils devront sortir. »

Gérer la descente

Voyons maintenant ce qui se passe quand on sort de la zone. Quand vous sentirez que l'état de grâce vous échappe, que le nuage sur lequel vous flottiez se dissipe, vous aurez tendance à résister, à vouloir empêcher de si bonnes sensations de vous quitter. Cela aussi peut vous crisper. Certains champions sont obsédés par l'idée de perdre la confiance qu'ils ont eue tant de mal à acquérir. Ils se referment souvent sur eux-mêmes, vivent dans l'angoisse au lieu de jouir de l'envol, et retombent avant même d'avoir eu le temps d'en profiter.

Savoir garder la confiance, gérer sa forme, c'est très fort, cela passe par le même relâchement et la même sérénité qui permettent de monter. La science du dosage vous permettra aussi de prolonger vos périodes de performance optimale. Il dépend de chacun de savoir doser les entraînements, les compétitions, de bien connaître son corps, de respecter des périodes de récupération pour conserver une certaine fraîcheur.

La vérité, c'est qu'on ne peut pas éviter la descente, on ne peut pas rester trop longtemps au sommet. Il ne faut pas lutter contre le temps et les cycles. Vouloir s'accrocher en haut est le meilleur moyen de tout gâcher. Ce principe, ramené au niveau d'une épreuve, reste valable. Au cours d'un match, d'un combat ou d'un concours, la concentration ne peut rester toujours au niveau maximum. Quand la concentration baisse, on a la fâcheuse tendance à vouloir s'accrocher au niveau de jeu qu'on avait quelques instants auparavant. Hélas, il s'agit là du meilleur moyen de se frustrer et de sortir du match avec toutes les difficultés que cela posera pour y entrer à nouveau.

Il est préférable de ne pas commencer un match trop fort, de manière à monter en puissance, mais la descente est tout aussi importante. Quand on sent venir la baisse de régime, il faut accepter d'être un peu moins bon. « Gérer » la descente signifie : ne pas se laisser distancer au score, ne pas perdre pied, accepter de bien (mal) jouer. Ainsi, lorsque ça revient, on est toujours dans la course. On est prêt à reprendre la vague.

Les athlètes expérimentés savent cela. Instinctivement, en fonction de leurs besoins, du score ou de leurs intuitions, ils gèrent au mieux leur concentration, sans s'affoler, sans la brusquer, dans la montée comme dans la descente, comme s'ils étaient munis d'un thermomètre interne.

En conclusion, sachez :
- accepter les cycles de forme et savoir attendre ;
- ne pas viser l'exceptionnel, que vous ne contrôlez pas ;
- prendre votre niveau moyen comme repère ;
- bien faire les choses simples et consolider votre jeu de base, votre socle ;
- vous dire que même quand vous êtes moyen, vous êtes bon ;
- rester efficace quand c'est très difficile, en étant capable de bien (mal) jouer ;
- régler vos problèmes pour connaître des déclics ;
- agir sans vouloir tout contrôler, oser l'*imaîtrise* ;
- préparer le terrain pour recevoir...

Voilà les meilleurs moyens de monter en puissance et d'avoir parfois de bonnes surprises, d'être en position pour profiter de l'exceptionnel. Le jour « J », nous avons tous besoin de tels repères, structurants et rassurants. Votre plan de Je(u) à la page suivante va dans ce sens. C'est votre plan de Jeu et aussi votre plan de Je, car il contient vos repères techniques, vos mots, vos parades, votre identité, votre devise, etc. Avoir un bon plan de Je(u) est le meilleur moyen de gérer la pression et de passer du Maître à l'Artiste. Bien sûr, l'idée est de l'avoir dans la tête, mais commençons par le mettre par écrit. Voici une façon de faire, et ne remplissez que les rubriques qui vous inspirent un point de repère pertinent.

Mon plan de Je(u)[13]

Ne vous préoccupez pas trop du résultat final, ni de toutes les choses que vous ne pouvez pas contrôler (l'adversaire, le public, le vent). Pour rester dans le moment présent, concentrez-vous uniquement sur votre performance et sur ce que vous pouvez contrôler : votre partition technique, votre attitude, etc.

Pensez au jeu, pas à l'enjeu !

❏ Ma pensée parade (une petite action ou intention de jeu) pour me mettre dans le bain.

_____

_____

❏ Mon projet de jeu, ou mon identité de jeu
(ma force, ce que je sais bien faire, ma tactique payante).

_____

_____

---

13. Ce plan s'applique à plusieurs situations : performances sur scène, en examen, lors d'une négociation, etc.

❏ Ma pensée parade dans les moments critiques ou pour conclure (ma pensée pour ne pas penser, pour chasser des pensées parasites).

_____

_____

❏ Mon rituel de calme (ou de bonne attitude).
Par exemple : relâcher mes bras et respirer un grand coup.

_____

_____

❏ Mon nom de scène ou mon animal fétiche.

_____

_____

❏ Ma devise.
Par exemple : « L'abeille n'espère pas, elle pique. »

_____

_____

Nous avons fait ensemble un premier survol de la carte du mental. Nous reviendrons plus tard visiter certaines régions en détail (voir la quatrième partie). Pour l'heure, examinons les deux pôles de la performance, les deux notions entre lesquelles tout projet, ainsi que toute tentative d'élévation ou aventure humaine, doit trouver un équilibre : apprendre à souffrir et trouver son plaisir !

CHAPITRE 4
Les deux pôles de la performance : la souffrance et le plaisir

La société moderne est bâtie sur le culte de la performance : tout le monde doit réussir, tout le monde veut gagner. En même temps, on est de plus en plus conforté dans l'illusion que tout peut s'obtenir vite et sans mal.

La génération *zapping*

L'habitude du *zapping* – aller systématiquement vers ce qui est plus attrayant – a pour conséquence qu'il est devenu difficile pour beaucoup de se concentrer longtemps et totalement sur un seul sujet à la fois. À vouloir être partout, le *zappeur* n'est nulle part !

Aujourd'hui, on veut être Ronaldo ou Beyoncé avant d'être footballeur ou chanteuse. Beaucoup d'argent, peu de rêves ! De plus en plus d'images spectaculaires dans les têtes, de moins en moins de goût pour l'aventure et de dispositions pour les risques et l'effort ! Voilà bien une des contradictions de notre époque. La télévision, par exemple, s'empare de notre médiocrité pour en faire la règle. À croire en effet que nos défauts sont devenus des qualités ! Qui n'a pas été choqué par les émissions de téléréalité du type *The Bachelor* ? « Plus vous êtes ordinaire, plus vous avez de chances, nous disent-elles. Et en quelques semaines nous ferons de vous des stars. » Cette évolution inquiétante de notre civilisation pourrait se résumer à la phrase suivante (qui justifierait à elle seule ce chapitre et même tout le livre) : « Le commun est pris pour une valeur, alors que c'est désespérant, le commun[14]. » Seule la télévision peut créer l'illusion, faire croire au miracle de la réussite facile, immédiate. D'autant que ces faux champions nés dans la boîte à images seront condamnés à vivre dans la boîte à images : les gagnants de ces émissions seront les futurs animateurs qui recruteront les futurs candidats à la gloire ou les futurs chanteurs produits par les chaînes de télé elles-mêmes, les uns devenant les invités des autres.

Voici donc le nouveau rêve : devenir champion en un mois ! Devenir champion au bluff ou avec un coup de chance ! Ce rêve-là est un mirage, sorti du désert de l'intelligence et de l'affolement des images, le fantasme d'une époque qui se cherche de nouveaux dieux, plus accessibles car plus humains, médiocres, manipulables, rassurants, consommables. Les dieux sont-ils descendus du ciel ou bien le ciel nous est-il tombé sur la tête ? Où sont passés la transcendance, l'exceptionnel, l'unique et l'absolu vers lesquels les vrais champions, les vrais créateurs, les vraies stars invitent les hommes à s'élever ? Le talent n'est plus un critère, alors pourquoi prendre le temps de le construire ? Au sein d'une telle idéologie où seules comptent l'image et la notoriété, est-il encore possible de vivre pleinement une passion, et d'y prendre encore du plaisir sans trop se soucier de la finalité ?

Autrefois, on naissait paysan et le plus souvent on restait paysan, ou bien on était issu d'une famille de commerçants et, sauf exception, on devenait commerçant, etc. La vie des gens était soumise à un destin propre aux classes sociales ; l'individu se contentait d'obéir là où aujourd'hui il doit agir, décider, se

---

14. Andrzej Zulawski, réalisateur de cinéma.

dépasser, se réaliser. Désormais, tout est présenté comme accessible à tout le monde. Cette prospérité apparente peut provoquer des désenchantements immenses, car elle est porteuse de promesses impossibles à tenir. C'est dur d'être responsable de son destin, de se retrouver entrepreneur de sa propre vie et de vivre avec l'idée qu'il n'en tient qu'à nous de réussir, de devenir champion, vedette ou star – cela, bien sûr, en insinuant sournoisement que si on n'y parvient pas, on ne vaut rien et c'est notre faute. Ce malaise qui grandit dans le monde moderne vient en grande partie de là. « La dépression est une maladie de la responsabilité », dit le sociologue Alain Ehrenberg, auteur du *Culte de la performance*. Il ajoute : « La responsabilité entière de nos vies se loge en chacun de nous, au lieu que la personne soit régie par un ordre extérieur, il lui faut prendre appui sur ses ressorts internes, recourir à ses compétences mentales[15]. » Dans ce type d'existence qui encourage l'individu à devenir un soi héroïque, chacun devient un poids croissant pour lui-même.

Et, pour ajouter à la confusion, tandis que cette responsabilité d'initiative individuelle augmente et qu'il y a de plus en plus de candidats à la gloire et à la réussite, paradoxalement, la philosophie de l'effort et les lois de l'excellence ne sont pas à la mode. Les mots « discipline », « sacrifice », « contrainte » et « rigueur » font peur. L'autorité ne va plus de soi. Il devient de plus en plus difficile d'imposer quoi que ce soit. Les maîtres (professeurs, entraîneurs, parents), pour transmettre leurs connaissances et faire passer leurs messages, doivent chercher de nouvelles méthodes. Les élèves sont déboussolés, les maîtres, désemparés. L'ennui à l'école, par exemple, est devenu objet de débat préoccupant, alors qu'il ne posait pas problème autrefois, quand il faisait pour ainsi dire partie du processus d'apprentissage. La liberté devient liberté de ne plus avoir d'autre maître que soi-même.

---

15. Alain Ehrenberg. *Le Culte de la performance*, Calmann-Lévy, 1991.

En bref, il n'est pas politiquement correct aujourd'hui de parler d'apprendre à souffrir, de se concentrer, d'attendre, de supporter une discipline, de s'astreindre à la répétition, aux gammes, etc. Ce sont pourtant des lois immuables qu'il vaut mieux rappeler, les qualités et les valeurs incontournables – le chemin, sur la carte du mental – qui engendrent le succès. Car on voit beaucoup le champion, mais pas son parcours long, douloureux, solitaire, et à bien des égards excessif... À la vérité, être champion est une sorte de folie qui se cultive.

À *zapper* les difficultés, à trop miser sur la notoriété, à oublier que toute réussite est le fruit d'une longue et intense recherche personnelle, à oublier qu'elle revient le plus souvent à ceux qui ont su prendre des risques et accepter de souffrir pour exploiter leur talent, à oublier que le talent se mérite, on risque de passer à côté de l'essentiel et de connaître d'amères déceptions.

La définition de la réussite

L'idée de la carte du mental est une réponse à la culture du *zapping*, la matérialisation d'un chemin le long duquel chacun peut se construire, enrichir son être, apprendre à se connaître, cultiver ses qualités, vaincre ses peurs, créer, extraire de soi des choses qu'il ignore. Il est crucial de libérer les jeunes de la pression du résultat et de les recentrer sur les vrais enjeux : leur progression, le plaisir d'apprendre, la relation à un maître, l'exigence personnelle... Chacun peut parcourir un tel chemin. Si tout le monde n'est pas champion dans les jambes, chacun peut devenir champion dans la tête. Le chemin pour devenir champion dans la tête mène à l'excellence et non à un statut de vedette. Cessons de confondre l'excellence et le triomphe !

Le sport de compétition, ainsi que tout projet d'excellence et toute création d'exception, est un voyage au bout de soi-même. La qualité du voyage dépend du degré d'exigence du voyageur. Le but véritable n'est pas de vaincre la grande montagne glorieuse, mais de se donner de vrais moyens d'aller jusqu'où on peut aller. Vous aurez réussi votre pari si vous parvenez au sommet de votre montagne personnelle (voir *La carte du mental : la montagne de l'Accomplissement*), c'est-à-dire si vous arrivez un jour aux limites de votre potentiel.

Réussir, c'est avoir envie de voir jusqu'où l'on peut écrire sa vie et pouvoir un jour se regarder dans une glace en se disant : « J'ai essayé, j'ai fait ce que j'ai pu. J'ai des regrets, certes, j'aurais pu éviter certaines erreurs, mais j'ai aimé cheminer et je suis allé au bout de ma carte. » Réussir, c'est répondre à l'appel de ses héros intérieurs et ne pas les décevoir. C'est être champion à ses propres yeux.

On entend souvent dire que tel individu « a réussi ». Il a réussi quoi ? A-t-il atteint un bon niveau ? Gagné de l'argent ? Été reconnu ? A-t-il seulement réussi à ses propres yeux ? Lui seul peut le savoir. A-t-il atteint ses objectifs intérieurs ? A-t-il respecté son plan ? On a beau être champion, on n'est pas à l'abri de ces questions. Combien de champions, à l'issue de leur carrière, sont habités par un sentiment d'inachèvement qui peut parfois tourner à l'amertume ? Combien regrettent de ne pas avoir tout tenté quand il en était encore temps ? À l'inverse, combien de compétiteurs ou d'artistes de moindre notoriété sont fiers de leur parcours, même si celui-ci n'est pas reconnu ?

C'est toute la différence entre la valeur et le potentiel. La valeur est « ce que je sais faire », le potentiel, « ce que je pourrais faire » et le combat, ce qui mène de l'un à l'autre : et c'est ce combat qu'il faut gagner. Que dire des trophées, des récompenses, des diplômes qui couronnent habituellement la réussite ? Seuls ceux qui les ont déjà obtenus savent que ces honneurs ne comptent pas autant qu'on le croit. Mais que vaut la parole du riche qui dit au pauvre : « Si vous aviez de l'argent, vous ne seriez pas plus heureux » ? Ou celle du champion qui scande du haut de son piédestal : « Trop de gens vivent pour l'instant de gloire, alors que ce qui compte vraiment, c'est le parcours » ? Peut-on le croire ? Peut-on l'entendre, lorsqu'on est un jeune espoir assoiffé de victoires, avide de reconnaissance, persuadé qu'elle seule pourra nous sauver ?

Les champions seraient-ils devenus ce qu'ils sont s'ils n'avaient pas rêvé de reconnaissance, de records, d'exploits et de gloire ? Jean-Paul Sartre écrivait : « J'ai voulu être un grand écrivain et je l'ai été, j'ai voulu connaître la gloire et je l'ai connue, et puis je voulais aussi autre chose et je ne savais pas ce que c'était, et cela, je ne l'ai jamais eu. »

Oui, il manquera toujours quelque chose. Il y aura toujours un vide. Les victoires, les médailles, les honneurs, la réussite sociale, tout cela remplira des vides, mais ce ne sont que des étapes. À peine aurez-vous répondu à une question que d'autres surgiront. On ne réussit jamais vraiment, jamais complètement, et c'est aussi ce qui nous fait avancer. Mais quelle importance, au fond, si on est fier de ce qu'on a tenté ?

Apprendre à souffrir

Partir à la conquête de soi et atteindre les limites de son potentiel n'est pas donné à tout le monde. Toute grande réalisation, dans quelque domaine que ce soit (sport, art, études, etc.), est inconcevable sans une part de souffrance. Que la souffrance ne soit pas toujours vécue comme telle est une question que nous aborderons plus loin dans la section *Trouver son plaisir*.

La métaphore de la montagne nous rappelle qu'un pas en avant est un pas ascendant qui devra échapper à la pesanteur du confort et de la complaisance, loin de toutes les bonnes excuses que les hommes ont le génie de s'inventer pour ne pas réussir. Aucun des chemins qui mènent à l'excellence ne va en ligne droite. Votre montagne personnelle est encore vierge, il reste à découvrir la voie qui mène au sommet. Sur la carte du mental aussi, le chemin passe par maintes épreuves. Peut-on éviter les brumes de l'Incertitude ? Il faudra sillonner sans cesse le sentier de l'Obstination, et faire souvent la traversée du Désert. Voilà ce qui mène à l'excellence. Le tenter, c'est bien, mais qui s'y engage vraiment ? Qui ose le parcourir jusqu'au bout ?

En vérité, l'excellence a un prix très élevé : à l'entraînement comme en compétition, il s'agit d'aller régulièrement flirter avec sa limite, là où les choses vous résistent, là où ça fait mal, où les éléments vous sont hostiles, où vous ne pourrez passer qu'en vous faisant violence et qu'en étant courageux. Le courage tente les accès difficiles. Le principe de l'entraînement est de provoquer des difficultés qui stimulent les aptitudes – comme les obstacles sur le parcours d'un cheval. Si les difficultés ne sont pas là naturellement, il faut les inventer, les mettre en scène. Tout bon entraînement doit comprendre son lot de mauvaises surprises. À chaque jour sa difficulté, à chaque jour son obstacle. Ainsi, la conclusion de chaque entraînement pourrait être : « Ai-je fait aujourd'hui un petit pas sur ma montagne ? » Ou bien : « Ai-je gagné ma médaille d'or du jour ? »

Chaque guide a sa méthode pour grimper, chaque entraîneur a sa technique pour apprendre à ses élèves à souffrir. Tel entraîneur, sans prévenir, triche dans le score pour tester les réactions de l'élève. Tel autre impose un type d'entraînement où chaque séance comporte un « moment de vérité », ou sa « séquence émotion » (appelons-les comme on veut), c'est-à-dire un exercice plus pénible que les autres. L'enjeu peut être l'intensité ou la durée. Il peut aussi s'agir de recommencer l'exercice, cette fois malgré la fatigue. Dans ces moments difficiles, l'athlète devra puiser dans sa réserve les forces ultimes, qu'on ne garde qu'en cas d'urgence. Savoir « utiliser la réserve » est une expérience qu'il est bon d'expérimenter régulièrement, car les fins de match épuisantes se gagnent souvent « sur les nerfs », au mépris de la fatigue physique ou des blessures.

Souffrir, pour un sportif, c'est comme investir son argent pour un homme d'affaires. Il faut le faire, ce n'est pas donné à tout le monde. Mais pour ceux qui ont le courage de le faire, si ça marche, ça peut rapporter gros.

Bien évidemment, la mise en scène de l'effort doit être parfaitement calculée. Un entraîneur sévère se doit d'être beaucoup plus précis que les autres. Exiger le meilleur est un métier en soi, qui n'a rien à voir avec celui de moniteur de sport. Un tel entraîneur n'a pas droit à l'erreur et il marche régulièrement sur une corde raide. Trop en demander peut casser la corde, ou le demander trop souvent peut lui faire perdre toute crédibilité. Pour justifier les passages difficiles, les faire accepter, il est essentiel de proposer des séquences plus faciles et de savoir aussi placer les élèves en situation de réussite. La simple répétition de fondamentaux et de gestes basiques apporte aussi ses bienfaits.

La difficulté se cache en toutes choses, même dans les gestes les plus simples, les plus évidents. Ce qui paraît facile, il est toujours très difficile de le faire très bien. La difficulté majeure n'est-elle pas de fournir de l'intensité quand rien ne nous y pousse ? Des gammes exécutées sans concentration, sans engagement, sans implication, servent-elles vraiment à quelque chose ? Les difficultés sont partout pour celui qui a de hautes exigences personnelles. L'une d'elles consiste à ne pas se laisser prendre au piège d'une molle routine, tel le trop bon élève qui s'entraîne bien, qui fait bien ce qu'on lui demande, mais qui ne s'investit pas vraiment. Le « bien » est un faux ami à l'école de l'excellence, où l'intensité de concentration et d'effort est le repère, le cap à ne pas perdre de vue, la garantie qu'on avance dans la bonne direction et qu'on met du vent dans les voiles. Être intense au lieu d'être seulement concentré, être intense quand on ne nous le demande pas, être intense quand les autres ne le sont pas, être intense quand rien ne va, voilà le combat de tous les jours.

Une concentration moyenne, des sensations approximatives, une petite forme, la fatigue, la lassitude, la nervosité, l'échec, la frustration sont les difficultés habituelles qu'il faut éprouver à l'entraînement, car on les retrouvera en compétition, où s'en ajouteront bien d'autres : l'adversaire, l'enjeu, le public, l'arbitrage, le décalage horaire, etc.

Quand c'est dur, c'est là qu'on sait ce qu'on vaut

À ce titre, les mauvais entraînements, ceux où ça va mal, sont intéressants. Ce sont parfois ceux où l'on apprend le plus et qui, à moyen terme, apportent le plus, à condition d'en comprendre l'intérêt. Le but de l'entraînement n'est pas de bien jouer, mais de bien s'entraîner. L'athlète est à la limite de ce qu'il peut supporter. Les sensations ne répondent pas à une nouvelle situation. Une barre supplémentaire sur le parcours pose problème. Ça ne passe plus. Tant mieux ! On va savoir ! Comment va-t-il réagir ? Va-t-il accepter de se retrousser les manches ? De chercher la solution ? De bien (mal) jouer ? Le sport peut être vu comme un jeu qui consiste à tester sa relation à la difficulté, sa capacité à gérer les difficultés. Peu de compétiteurs sont conscients de l'existence de ce jeu. La plupart espèrent au contraire que le match sera facile, que l'adversaire ne sera pas trop vigoureux, et ils viennent à l'entraînement sans être préparés à souffrir.

Au fil des jours, on est « formé » à se faire mal et à chercher des solutions. C'est une gymnastique mentale, une discipline. Puiser en soi de nouvelles ressources devient un réflexe. Souffrir, cela s'apprend. Et pas seulement quand on en a envie, sinon ce n'est plus vraiment une souffrance. En pleine compétition, on ne choisit pas les moments où il faut se dépasser. On peut aller jusqu'à voir les choses ainsi : l'entraînement devient un match (c'est là qu'on apprend l'essentiel, donc c'est là qu'on gagne ou qu'on perd), et le match devient un entraînement (c'est là qu'on teste ce qu'on a appris : « Allons voir si je suis capable de résoudre les problèmes » ; cela devient un jeu, on peut être plus relâché).

Les élèves de Robert Lansdorp[16] (formateur de quatre champions mondiaux de tennis, tous depuis la tendre enfance jusqu'au sommet : Pete Sampras, Lindsay Davenport, Tracy Austin, Maria Sharapova) ont coutume de dire : « Un match de tournoi, c'est facile à côté d'une leçon avec lui. » Votre entraîneur est l'ami de la force en vous, mais ami ne veut pas dire être amical. Pour faire éclore cette force, il faut souhaiter que l'entraîneur sache aussi être dur, parfois provocateur.

Du fait de l'excitation liée à l'enjeu, il est plus naturel en compétition officielle d'accepter l'idée de se faire mal. Mais c'est le piège : le compétiteur qui n'aura pas acquis le réflexe de la souffrance à l'entraînement, qui ne saura pas faire face aux difficultés, finira par s'avouer vaincu. Souvent, des parents s'étonnent et s'offusquent de voir que leur jeune champion en herbe ne sait pas faire face à l'adversité dans les compétitions importantes. Et pourtant ils sont restés tranquilles durant des mois, sans rien dire, à assister à une préparation médiocre et à des séances d'entraînement moyennes, à laisser se multiplier la complaisance, les petites tricheries internes, les pertes de contrôle, les caprices, les passe-droits, etc.

Sur la carte du mental, le pont de la Facilité mène tout droit aux marécages du Raccourci. Chaque raccourci, chaque excuse qu'on s'accorde pour éviter de souffrir, chaque manquement à son plan et à son contrat moral se payera cher et engendrera une multitude de ratés : un peu de nervosité dans un moment crucial, un manque de confiance ou de lucidité, un mauvais départ, une chute, un tir sur la barre, une volée facile ratée. Yannick Noah parle de « logique de la victoire » et prétend :

---

16. Robert Lansdorp et François Ducasse sont les créateurs de la Lansdorp-Ducasse Junior Tennis Academy (1996-2000).

« Rien de ce qui va se passer [dans un match] ne pourrait surprendre celui qui aurait pu assister en détail à la préparation de l'épreuve par chacun des adversaires[17]. »

Il explique ainsi le match perdu de deux de ses joueurs en finale de la coupe Davis :

> Les points qui leur ont manqué, on les a semés en route : quelques-uns le lundi, deux ou trois autres le mardi, encore une petite poignée le mercredi, etc. Ils ont reçu exactement en fonction de ce qu'ils ont donné.

Certes, le hasard existe dans le sport, mais si peu. Il vaut mieux comprendre que c'est le match de la préparation qu'il ne faut pas perdre. Reportez-vous au chapitre sur le plan : objectifs exceptionnels = décisions exceptionnelles + contraintes exceptionnelles. Il n'y a pas de destin, il y a des choix. Le talent, c'est des choix. Se marier avec la difficulté, se concentrer sur son sujet et apprendre à être patient dans un monde où tout va vite et où les tentations de se distraire sont si nombreuses ; respecter le professeur ou l'entraîneur qui vous rappelle à l'exigence quand le maître et le disciple sont devenus égaux, voilà qui complique la tâche. Apprendre à souffrir dans ce contexte n'est pas évident. Pourtant, tout au long de votre recherche dans la vallée du Plan, et lorsque vous serez à l'entraînement, ne perdez pas de vue que vos progrès ainsi que l'éclosion de votre talent dépendront de votre capacité à souffrir, donc de votre force de caractère. Les champions sont des personnes qui, jeunes, avaient un don et, en général, un ou deux problèmes de caractère. Devenir champion, c'est donc être capable de changer, de pouvoir résoudre un ou deux problèmes de caractère, tels que : ne pas travailler assez, ne pas être assez courageux, se contenter de ce qu'on a, avoir peur de tout, ne pas pouvoir

---

17. Yannick Noah. *Secrets, etc.*, Éditions Plon, 1997.

maîtriser ses nerfs, manquer d'agressivité, être trop bon élève, être incapable d'analyser ses performances, manquer d'ambition, ne pas accepter de faire ce que l'on n'aime pas, dire non à tout, être trop dispersé, ne pas s'intéresser aux détails, s'intéresser trop à son image, ne pas accorder d'importance à la relation avec son entraîneur, etc.

Celui qui a un ou deux problèmes de caractère de ce type, qui l'empêchent d'être aussi fort qu'il pourrait l'être, pourra un jour, avec l'aide d'un maître, avec un « *life changer* » ou seul, changer et devenir excellent dans le domaine même qui lui faisait défaut. Il peut y avoir une prise de conscience, un événement ou un « je ne sais quoi » qui créent une urgence, et qui changent la personne et forgent le caractère. Beaucoup de champions, à 16 ou 17 ans, ne savaient pas souffrir, n'avaient pas « l'esprit du difficile ». Ils n'en voyaient pas l'intérêt, avaient l'habitude d'obtenir tout aisément, ne faisaient pas assez d'effort. Un jour, ils ont changé. Et là, ce qui leur manquait s'est ajouté au projet et ils ont pu prendre leur envol. Churchill disait : « Pour progresser, il faut changer, et pour être parfait, il faut changer souvent. » Disons plutôt que dans le sport, quand un sportif très talentueux est capable de changer le trait de caractère qui l'empêchait d'accepter de souffrir, qui lui barrait la route, il devient un champion.

Nous conclurons en disant que le plus mou et le plus fainéant peut devenir le plus travaillant et le plus capable de souffrir pour réussir. Si, en plus, il n'écoute pas ce qu'on lui dit, il pourra changer ce problème aussi et devenir quelqu'un de précis et appliqué. Donc, face à un jeune qui n'a pas la force de caractère nécessaire, il ne faut pas désespérer. On ne le changera pas, mais son caractère peut évoluer sur quelques points cruciaux, et une fois le ou les verrous sautés, le sportif peut devenir très fort et étonnant. En revanche, au-delà de deux gros problèmes de caractère (allant à l'encontre du projet extrême d'atteindre les limites de son potentiel), ce sera difficile, voire impossible. On ne change pas tout un caractère.

Trouver son plaisir

Le chapitre précédent concerne directement la vallée du Plan et la terre de Création. Toutefois, aucune des grandes étapes ne peut être envisagée seule : leur interdépendance nous ramène à la première, le pays du Rêve, la terre où naissent et vivent nos désirs, nos idéaux, nos motivations profondes, et le plaisir qu'il est si facile d'oublier une fois que tout devient sérieux.

La création est la récompense pour les efforts accomplis en amont, mais elle est également née d'un désir resté intact, un désir qu'il faudra veiller à ne pas perdre, comme un feu qu'il faut sans cesse raviver. La boucle est en quelque sorte bouclée : tout part du désir, mène au bonheur de créer, passe par la souffrance qui nous renvoie en permanence à notre désir. Qui pourrait supporter longtemps une souffrance sans passion ? des sacrifices importants sans une motivation inébranlable ? l'effort physique répété sans plaisir ? La carte du mental suggère cet équilibre : plaisir-souffrance-création. Pour tenir la distance, pour maintenir votre plan à son niveau d'exigence, votre motivation devra rester sincère et sans ambiguïté. Vous résisterez si vous y trouvez votre compte, si vous y trouvez votre plaisir d'une façon ou d'une autre. Le plaisir pur du jeu (celui insouciant des débuts, de l'enfance), le plaisir du « beau jeu », le plaisir d'apprendre, le plaisir du travail bien fait, le plaisir de la relation, de la complicité avec son *coach* ou un parent, le plaisir de la reconnaissance valent bien des souffrances.

En réalité, le plaisir et l'effort sont souvent liés. Et la rigueur n'empêche pas la joie. De même, la discipline n'est pas toujours mal vécue : on se sent plus libre, plus rassuré et créatif quand on évolue dans un cadre, selon des règles fermes et claires qui agissent comme des murs protecteurs. La discipline, c'est la liberté! Tout dépend beaucoup de l'ambiance. Il est plus facile de faire des efforts quand l'atmosphère s'y prête et que tout le monde fait les mêmes efforts. La souffrance se mesure en comparaison : si tout le monde souffre à l'entraînement, personne ne souffre. Tout dépend aussi de l'équilibre entre les moments de difficulté et les moments de détente, et de la manière dont on présente les difficultés. Un entraîneur dur peut aussi avoir de l'humour. « Faire plus dur et plus drôle[18] » serait une bonne devise. Les obstacles peuvent être présentés sous forme de jeu, de défi, et les « mauvaises surprises », dont nous parlions précédemment, inclues dans le programme d'entraînement, comme une manière de pimenter la routine.

Le métier d'enseignant se compare à celui d'acteur. Comme l'acteur sur la scène, l'enseignant existe par l'intérêt qu'il suscite. De son talent à faire passer ses messages naîtra l'envie d'apprendre de ses élèves, et peut-être même de se dépasser pour lui. Donner envie n'est pas la moindre des missions d'un entraîneur. La forme compte parfois plus que le contenu, et la personnalité d'un enseignant, son charme, son imagination, son charisme, le respect qu'il témoigne à ses élèves et, pourquoi pas, sa gentillesse, sont les raisons qui leur donneront envie de le suivre, même dans ses exigences les plus élevées. L'enjeu, pour un maître, est moins la domination que le partage. Faire rêver ses élèves, les respecter, les prendre au sérieux, avoir la faculté de s'émerveiller de leur progrès, leur donner confiance, sont des qualités pédagogiques dont on ne parle pas beaucoup et pourtant la relation affective est primordiale pour obtenir des résultats. Aimer ses élèves est sans doute bien plus important que tous les diplômes. C'est ce qui fait que les élèves voudront se montrer à la hauteur pour ne pas décevoir leur enseignant. Comment trahir la confiance d'un entraîneur qui

---

18. Yannick Noah.

nous voit meilleur que nous croyons l'être nous-même ? Pourquoi décevoir un entraîneur qui croit en nous ?

Le plaisir de faire plaisir à ses maîtres est donc à ajouter à la liste des motivations qui poussent sur le chemin de l'excellence. On peut réussir pour faire plaisir. Demandons-nous parfois : « À qui s'adresse la réussite ? À qui s'adresse l'échec ? Celui qui réussit, qui veut-il remercier ? Et celui qui échoue, qui veut-il punir ? » Beaucoup d'élèves travaillent essentiellement pour leur maître et pour le plaisir de la relation. Tout individu a besoin d'être estimé, reconnu, encouragé par les personnes qui sont importantes à ses yeux. La performance dépend de notre motivation et la motivation dépend de notre besoin d'être estimé.

> Le carburant de l'individu, c'est la quantité d'estime qu'il reçoit de la part d'un tiers privilégié. Quand le besoin d'estime est non satisfait ou frustré, il y a démotivation, déficit d'énergie, baisse de performance, fatigue, maladie. Quand le besoin d'estime est satisfait, cela entraîne compétence et efficience[19].

Les *coachs* amateurs sont parfois les meilleurs, parce qu'ils s'émerveillent facilement des progrès de l'élève et récompensent bien l'effort. Cela explique en partie le succès de nombreux pères-*coachs* (particulièrement au tennis) qui n'avaient aucune expérience d'entraîneur et, pour la plupart, aucune connaissance avant de faire monter leur fille au sommet (Monica Seles, les sœurs Williams, Mary Pierce, etc.).

À l'inverse, de trop grandes exigences de la part d'un spécialiste blasé et jamais satisfait peuvent dégrader la relation et couper des ailes. Peu d'entraîneurs ont conscience de l'effet souvent dévastateur de leurs critiques et du fait que des conflits

---

19. Extrait d'une conférence du psychosociologue Christian Lemoine.

larvés avec un athlète se régleront en compétition. Que fera l'élève maltraité par le maître, et dont la confiance est bafouée, de son humiliation et de sa colère ? S'il ne sait pas formuler ses sentiments, il pourra se mettre à perdre pour punir son entraîneur : « Je perds pour montrer à mon entraîneur qu'il m'a blessé et qu'il est un mauvais entraîneur (pensée inconsciente). »

Curieusement, à haut niveau, les rares couples maître-élève qui durent sont ceux où la relation est dominée par l'affection (ce qui ne veut pas dire pour autant que le maître est laxiste ou bien qu'il ne doit pas garder une distance nécessaire). S'il est impensable d'atteindre les plus hauts sommets sans verser de la sueur et des larmes, les entraîneurs qui ont dû brutaliser moralement leur élève pour lui faire franchir un cap le payeront certainement un jour. Les larmes, les séances chocs, les vexations, les humiliations, même si elles ont été jugées nécessaires, se payeront un jour et se solderont par une rupture souvent subite, injuste, où ressentiments et reproches l'emporteront sur la gratitude.

Quoi qu'il en soit, il vaut mieux ne jamais perdre de vue que les résultats en compétition, mais aussi les progrès, la forme, la créativité, la combativité, sont de bons indicateurs de la qualité de la relation entre un entraîneur et un athlète. « Ce n'est pas l'entraîneur qui développe l'élève, c'est la relation que l'entraîneur instaure avec l'élève qui va développer l'élève[20] », dit le philosophe Charles Pépin. Le travail d'entraîner, comme le travail psychologique, repose sur la relation. En général, on a les élèves qu'on mérite. Il n'y a pas de mauvais élèves, il y a de mauvais couples maître-élève. Certains entraîneurs ont la faculté de voir les dons plutôt que les défauts, ils voient leurs élèves doués, et ceux-ci finissent par le devenir. Le talent existe dans le regard de l'entraîneur.

---

20. Extrait de la conférence *La conquête de l'excellence, les ressources sont en vous*, présentée dans le cadre du rassemblement des entraîneurs nationaux et fédéraux de la Fédération Française de Tennis, novembre 2015.

Le lien est maintenant clairement établi entre souffrance et plaisir. Souffrir sans être payé en retour, sans motivation, travailler uniquement par devoir et non par plaisir ne mènera pas loin. « Avec la volonté, on bouge des pierres ; avec la motivation, on déplace des montagnes[21]. » Souffrir pour souffrir risque de vous réserver de mauvaises surprises. Combien de fois a-t-on vu une carrière prometteuse se briser ; une souffrance non consentie, mal vécue, provoquer une implosion chez l'athlète ? Car celui-ci saisira la première occasion (la puberté, un mariage) pour se retourner non seulement contre ses « bourreaux », formateurs ou parents, mais aussi contre son sport, au détriment de lui-même et de ce qui avait commencé, comme toutes les passions, dans un bain de Plaisir.

Le sens de l'aventure

Le tableau des motivations profondes et authentiques serait incomplet sans le couronner du plaisir aventureux. Il est courant de voir des sportifs de haut niveau désemparés et privés de motivations se demander : « Qu'est-ce que je fais là, sur le terrain ? Pourquoi souffrir, me faire mal, à quoi ça sert ? » Cela démontre qu'ils ne rêvent plus, qu'ils n'ont aucun idéal à défendre. Il faut avoir de l'imagination pour se rendre compte que ce qu'on vit est exceptionnel. Mais celle-ci leur fait défaut pour se projeter dans le futur, retrouver la cause qui vaille qu'ils se sacrifient pour elle. Ils n'arrivent plus à mettre du sens sur leurs actes, car ils n'acceptent plus l'incertitude de l'aventure. Ils voudraient trouver des réponses toutes faites, s'inventer des certitudes. Ils ne réalisent pas l'intérêt qu'il y a à ne pas avoir encore toutes les réponses, à pouvoir encore changer, créer leur destin...

Ce qui est passionnant dans l'aventure, c'est justement le mystère, l'inconnu, la promesse d'un ailleurs, de nouveaux

---

21. Christian Lemoine.

mondes recelant des trésors de «peut-être» et de «pourquoi pas?». Pour s'ouvrir à la vie, ce sont les points d'interrogation qu'il est intéressant de côtoyer. «Ce n'est pas le doute qui rend fou, c'est la certitude», nous met en garde l'écrivain Clément Rosset. Trouver du sens dans la beauté de l'aventure, voilà qui peut sauver les combattants de l'ennui, tous ceux qui avancent mécaniquement, la tête baissée, le cœur lourd, les gestes vides, parce qu'ils ne voient plus la chance qui leur est donnée de vivre leur sport, leur métier et leur vie comme une aventure. Quelle chance a celui qui voit sa chance!

Que deviendraient les «conquérants de l'inutile» s'ils ne voyaient plus la beauté de l'inutile[22]? Comme le dit Bertrand Piccard, qui a réalisé le premier tour du monde en ballon en 1999: «Le bienfait d'un problème sans réponse est extraordinaire! Quoi de plus stimulant que de rester l'esprit et le cœur ouverts face à un problème qui n'a pas encore de solution. Dès qu'on trouve une solution, on se rassure et on s'endort.»

Comment ne pas songer aussi aux merveilleux aventuriers des légendes de la Table ronde et de la quête du Graal, symboles d'un impossible idéal qui toujours leur échappe! Leur seule évocation suffirait presque à donner du sens à toutes nos quêtes, à nous convaincre de partir nous aussi à la conquête de nous-mêmes, de notre Graal (le trésor caché dans l'âme humaine), à nous donner ce courage ou cette belle inconscience de nous lever pour un rêve qui n'est peut-être au fond qu'un désir de liberté.

Alors, allez-y! Quand ce sera difficile, ne vous plaignez pas, mais cherchez des solutions. Acceptez le doute, appréciez le combat et même les crises, synonymes de changement, donc aussi d'opportunités. Aimez ces moments de vérité, parce que c'est vous. Ce que les autres, raisonnables, voudront changer chez vous, tenez-y parce que c'est ce que vous avez de mieux.

---

22. Les aventuriers de l'extrême: alpinistes, navigateurs, explorateurs, etc.

Allez vers votre singularité. Assumez votre originalité. N'ayez plus peur de la peur des autres. N'ayez pas peur de l'échec. Aimez même vos erreurs, corrigez-les, elles vous conduiront au succès. Vos erreurs et vos errances, il se peut qu'un jour vous les considériez comme très précieuses. Vos meilleurs souvenirs seront peut-être ces années d'attente, de doute, de recherche, et même les années de galère, dures mais belles, où tout était à apprendre, où tout était encore possible.

Il faut avoir de bonnes raisons pour se dépasser et accepter de souffrir. Chercher l'aventure – ce point d'interrogation sans cesse renouvelé –, n'est-ce pas la meilleure des raisons pour un être humain ?

Les champions – qu'ils soient sportifs, artistes, entrepreneurs ou scientifiques – sont des aventuriers. Ceux qui n'ont pas l'âme d'un explorateur ou le sens de l'aventure s'interdiront d'aller jusqu'au bout de leurs créations et de connaître un jour leur valeur. La force de ceux qui vont loin, c'est au départ d'accepter de ne pas savoir où ils vont.

Les plus beaux parcours et les plus belles réalisations humaines ont souvent été l'œuvre d'hommes et de femmes qui ne se rendaient pas compte de ce qu'ils étaient en train d'accomplir. Ils ne savaient pas où ils iraient, mais cela ne les empêchait pas d'être étonnants, fous dans leur engagement, beaux dans leur radicalité. Leur projet était leur identité. Seulement après peut-on dire : « C'était impossible, mais ils ne le savaient pas ; alors ils l'ont fait... »

DEUXIÈME PARTIE
L'aura des gagneurs

Il n'y a rien à gagner, jamais, à être modéré.

Voltaire

CHAPITRE 1
On gagne avec sa personnalité

Un jeune joueur de tennis vous raconte son match : « À 4-3, mon adversaire a fait un revers long de ligne, la balle était fusante, je contre, j'ai pas de chance : la balle touche la bande... À 0-30 il s'est passé ceci ; à 30-30 il s'est passé cela ; à 5-5 l'adversaire fait une double faute, son coach lui parle... À 3-1 au deuxième set j'y crois encore ; à 3-2 c'est le énième tournant du match... » Les jeunes athlètes racontent en général leurs victoires et leurs défaites avec une profusion de détails, d'analyses interminables, qui occultent souvent les vrais enjeux. La plupart ne savent pas bien parler de leur match, car ils ont du mal à aller à l'essentiel, à voir là où ça s'est joué. Là où ça fait mal.

Un observateur expérimenté (entraîneur, parent) utiliserait certainement un vocabulaire moins technique pour décrire le même match. Il pourrait dire par exemple : « Tu as perdu parce qu'à tel moment tu t'es soumis, ce qui a eu tel effet sur ton jeu. » Il pourrait même se passer d'un vocabulaire sportif : « Tu as perdu parce que tu avais trop de respect pour l'adversaire. » Ou encore, s'il s'agissait d'une course : « Tu as gagné avant le départ, car tu leur as montré que tu n'avais pas peur. » Que signifient de telles images : une attitude de soumission, avoir « trop de respect » pour l'autre, ne pas montrer qu'on a peur ? En quoi la personnalité, l'autorité personnelle, l'aura des gagneurs, et dans certains sports l'attitude affichée avant la compétition, peuvent-elles influer sur le résultat d'une rencontre ?

Pour illustrer les propos suivants, nous avons choisi de nombreux exemples et commentaires de champions sportifs, dont plusieurs sont issus du monde du tennis en raison de l'affrontement ouvert que ce sport met en scène et de la diversité des styles et des personnalités qu'on y retrouve.

Pas le droit de les battre !

À niveau égal, le vainqueur n'est pas celui qui joue le mieux ou qui est en meilleure forme, ni le plus entreprenant ou le plus spectaculaire : c'est celui qui possède l'aura du gagneur. Le gagneur sait gagner parce qu'il a un avantage psychologique sur ses adversaires. À certains moments clés du combat, tout se joue dans une subtile « bataille des nerfs » dont le vainqueur est souvent celui qui possède la plus forte personnalité.

Le gagneur ne gagne pas toujours, mais par son charisme, son allure, sa présence et la confiance qu'il affiche, il impose le respect, impressionne, intimide, fait douter l'adversaire. Ce qui fait le gagneur, ce n'est pas sa confiance en lui, mais sa capacité à faire croire aux autres qu'il a confiance en lui. Les gagneurs ne se contentent pas de battre leurs adversaires, ils les forcent souvent à se battre eux-mêmes. Non seulement ils produisent des ondes positives en eux-mêmes, mais ils projettent des ondes négatives sur les autres. Il émane de leur personnalité, de leur assurance maîtrisée cette impression étrange qu'ils savent mieux que les autres ce qu'ils font, comme s'ils devinaient ce qui allait se passer. Ils se comportent comme si on n'avait pas le droit de les battre. Leur talent, c'est qu'on les croit.

Trop de respect pour l'adversaire !

« Est-ce que j'arrive à battre des adversaires meilleurs que moi ? » est une question que chacun devrait commencer à se poser. La réponse donnera des indications sur le respect qu'on manifeste à l'égard des classements, des hiérarchies ou de tout autre critère établi. Un trop grand respect pour l'adversaire, son classement, sa réputation ou son image constitue un des obstacles les plus difficiles à surmonter en compétition et la cause profonde de nombreuses défaites. Trop de respect pour la valeur de l'adversaire (à ne pas confondre avec le respect moral) aboutit à l'incapacité de s'imaginer en vainqueur. C'est le défaut de ceux qui gagnent seulement quand cela leur paraît légitime. Ils ne s'autorisent pas à gagner au-delà d'une certaine limite, artificielle et psychologique, qu'ils s'imposent eux-mêmes. Tandis que les gagneurs battent des adversaires qui sont réputés plus forts qu'eux, parce qu'ils ne les voient pas plus forts. Ils *jouent* contre un adversaire qui ne vaut que ce qu'il est le jour du match.

Les gagneurs ont cette particularité de ne suivre aucune autre logique que la leur. Les classements sont faits pour être bousculés, pas pour être respectés. Avant d'aller sur le terrain, les gagneurs ont déchiré la feuille de match sur laquelle était écrit le nom du favori, celui qui a le meilleur classement, le meilleur palmarès, qui mérite le plus, etc. Ils surprennent, car ils obtiennent des résultats supérieurs à ce que leur niveau technique ou leur expérience leur permettraient normalement d'espérer. Surprendre, cela les définit bien, de même que sauter des étapes et obtenir un résultat auquel personne ne s'attend. L'aura des gagneurs est dans l'air, on la respire, on la sent, on la subit, surtout dans les moments décisifs. Elle agit comme ce talent spécifique des bons joueurs de poker qui, quelles que soient leurs cartes, donnent toujours l'impression d'avoir le meilleur jeu. Certaines personnes ont le don, dès qu'elles rentrent dans une pièce, de remplir l'espace, de créer un trouble, voire une fascination. Ainsi en est-il des gagneurs sur le terrain, par exemple Tiger Woods.

> Être en paire avec Tiger Woods, c'est comme se trouver dans une tempête et, pendant que les autres essayent de sauver le bateau, n'être préoccupé que par la vue du Christ marchant sur l'eau[23].

Quand vous jouez aux côtés de Woods (c'était en 2002) : « Vous n'êtes pas seulement conscient de toutes ses qualités supérieures, vous devez en plus faire face aux exclamations de la foule à chacun de ses coups », assure une psychologue sportive, ajoutant : « Cela peut donner une grande gifle à la confiance de n'importe qui. » Woods est souvent cité en exemple par des champions d'autres disciplines, tel Joe Montana, le légendaire quart-arrière des 49ers de San Francisco :

> Je vois tout écrit sur la figure des golfeurs quand je regarde Tiger Woods à la télé. Woods commence à être dans le coup et chacun de ses adversaires commence à regarder sur l'écran pour voir ce qu'il fait. Ils regardent l'écran alors qu'ils devraient tous être en train de jouer[24].

Même avant une compétition, l'athlète le plus serein et le plus confiant peut, d'un geste, d'une parole ou d'un regard, prendre l'ascendant psychologique sur ses adversaires ; dans le paddock, la zone d'échauffement où les cavaliers se retrouvent confinés avant un concours hippique ; dans la chambre d'appel avant une course de natation, la pièce où les nageurs attendent 5 à 10 minutes tous ensemble, où tous s'observent, se dévisagent, se jaugent et dévoilent une partie de leur jeu. Ainsi que l'atteste le nageur Frank Esposito :

---

23. Dossier sur Tiger Woods paru dans *Newsweek*, 18 juin 2001.
24. *Ibid.*

Le champion olympique, on peut le connaître à la sortie de la chambre d'appel. La course n'est souvent qu'une confirmation[25].

À propos du championnat du monde de Perth en 1991, la seule fois où il affronta son idole Michael Gross (surnommé « L'albatros » à cause de la formidable étendue de ses bras déployés), Esposito ajouta :

> Je ne l'avais pas vu arriver derrière moi dans la chambre d'appel. J'ai toussé et j'ai aussitôt entendu un hurlement dans mon dos. C'était lui. Plus personne n'osait bouger. Il avait gagné à l'intox avant de se mettre à l'eau.

Entre deux gagneurs, entre deux fortes personnalités qui se connaissent parfaitement, l'un peut dominer l'autre pour des raisons qui remontent à leur passé commun et qui tiennent aux représentations que chacun a de l'autre. Par exemple Pete Sampras, sur le déclin, pouvait encore battre André Agassi dans les grandes occasions, alors que celui-ci était au sommet de sa forme et numéro un mondial. À l'un de ses premiers entraîneurs[26] qui lui demanda un jour comment cela était possible, Pete répondit : « C'est parce qu'André sait que je suis meilleur que lui. »

Le match technique et le match mental

On peut dire que dans toute compétition (une course, un combat), il y a toujours deux matchs : le match *technique* et le match *mental*. On peut dominer le premier (être supérieur techniquement, physiquement, être plus doué) et perdre à cause du deuxième (avoir trop de respect, être victime de ses démons, perdre ses moyens aux moments décisifs). Combien de fois a-t-on assisté à une domination évidente sur le terrain, mais contre-

---

25. *Le Monde*, 19 mars 2000.
26. Robert Lansdorp, *Inside Tennis*, novembre 2002.

dite sur le tableau d'affichage, parce que le plus fort (ou la meilleure équipe) ne savait pas concrétiser son avantage ou conclure l'affrontement ?

C'est l'imbrication des deux « matchs » qui donne une bonne lecture. Pour faire un bilan et comprendre le match technique, il faut lire ce qui se passe dans les têtes. Analyser l'un sans l'autre, se contenter de dire : « Là, tu as raté » ou « Là, tu as fait un mauvais choix tactique », sans tenir compte du contexte émotionnel et de l'état d'esprit dans lequel ces erreurs ont été commises, priverait son auteur d'en connaître les causes, donc de pouvoir y remédier. La prestation technique, les choix tactiques et même une fatigue physique sont souvent le résultat d'un bras de fer psychologique et ne peuvent être analysés isolément. Un verdict du style : « Tu as fait des erreurs au moment crucial » amène naturellement à se demander pourquoi. L'analyse du match mental (au *débriefing* d'après-match, par exemple) apporte ce type de réponses (certaines positives, d'autres moins) :

- ❏ Tu as réussi à être posé, du coup tu étais plus patient et plus précis que d'habitude dans tout ce que tu faisais.
- ❏ Tu étais trop dans l'obsession du résultat au lieu d'être dans l'obsession du *process* ; ou (ce qui revient au même) tu étais trop dans l'espoir de gagner donc aussi dans la crainte de perdre (il n'y a pas d'espoir sans crainte).
- ❏ Tu as bien appliqué ton plan et ton « *self-talk* » (se parler à voix haute) dans les moments importants.
- ❏ Dans le « *money time* » (le moment décisif), tu étais trop émotif, tu n'as pas su gérer telle pensée parasite (la nommer), et tu t'es mis à reculer.
- ❏ Bravo, tu as su bien jouer en jouant mal !
- ❏ Tu n'as pas été toi-même. Tu as essayé de faire comme l'autre, et du coup tu as été infidèle à ton plan et à ce qui fait ta force.

- ❏ Tu crois que tu dois toujours jouer au *top* pour gagner et tu fais souvent des choses trop difficiles.
- ❏ Tu n'es jamais tombé dans le piège de te plaindre.
- ❏ Tu t'es frustré pour un rien, et tu t'es énervé au lieu de chercher la solution.
- ❏ À tel moment, tu n'as pas vu venir tel petit démon donc tu n'as pas su le gérer.
- ❏ Tu as oublié d'appliquer ta pensée parade.
- ❏ Tu t'es trop préoccupé du regard des autres, tu as voulu séduire au lieu de chercher l'efficacité.
- ❏ Tu as su imposer ton jeu.
- ❏ Tu t'es trop préoccupé de choses que tu ne peux pas contrôler (par exemple le vent ou l'ampoule que tu as à la main).
- ❏ Tu as montré tels signes de faiblesse qui ont renforcé la confiance de l'adversaire.
- ❏ Tu as été très constant, ta concentration n'a pas lâché.
- ❏ Tu as rajouté deux ou trois coups d'essai, chose que tu ne fais jamais, qui t'ont fait sortir de ta routine.
- ❏ Tu n'as pas été malin, tu n'as pas senti le moment où il fallait appuyer et creuser l'écart.
- ❏ Tu n'as pas remarqué qu'il n'était pas dans son assiette.
- ❏ Etc.

À quoi sert une analyse de match, sinon à tenter de comprendre l'origine de quelques gestes, comportements ou choix déterminants ? La pertinence de l'analyse dépend de sa brièveté et de la capacité à faire ressortir les points clés.

Ceux qui « sentent le match » et qui racontent le mieux une course, une épreuve ou un combat ne sont pas toujours des spécialistes de la discipline. Trop de technicité ou trop de théorie embrouillent parfois l'analyse et empêchent de bien voir. Certains observateurs candides, qui ont par ailleurs une bonne expérience de l'humain (par exemple des parents qui connaissent bien leurs enfants), sont parfois les plus à même de saisir les causes d'une victoire ou d'une défaite qu'un spécialiste. Quant au *coach*, plus il aura complexifié sa pensée, plus il aura poussé loin la connaissance de son métier, de l'individu et des nombreuses qualités en jeu, plus il saura aller à l'essentiel et être simple. Plus on en sait, plus on est capable d'en dire peu. Plus le *coach* est bon, moins il en dit. Certains commentateurs sportifs devraient aussi s'intéresser davantage au match mental des champions, au pourquoi qui se cache derrière le comment, et à l'histoire du match. Ils trouveraient souvent matière à des affrontements passionnants où prendraient forme de nouveaux personnages, moins mécaniques, moins parfaits qu'ils en ont l'air, plus humains, plus spirituels, laissant entrevoir derrière les armures des âmes de « princes imperturbables », de « sales gosses au toupet génial », de « parfaits robots sans imagination », d'« hypnotiseurs », d'« ours blessés »…

Un match raconte une histoire, la rencontre entre de fortes personnalités. Bien analyser un match (ou bien le préparer) passe par la compréhension de deux identités, de deux cultures différentes, de deux ego tentant de se dominer l'un l'autre, se renvoyant aussi sûrement que des balles par-dessus un filet des regards, des grimaces, des cris, des silences, des signes d'intimidation ou d'indifférence, comme autant de messages codés de leur force intérieure. Prenons l'habitude de regarder aussi autour avant le match, pendant les pauses. Pour entrer dans l'histoire, entrons aussi dans le corps, dans la démarche des combattants (voir *Région 19*, p. 274). Autant que les beaux gestes techniques, observons leurs rituels ; notons les changements d'attitude, les sursauts d'orgueil, les signes de frustration, de peur, de panique. Tous ces signes permettent à celui qui sait les interpréter de mieux comprendre ce qui se joue dans la tête des combattants et d'entrer dans une autre dimension du sport.

Là, le sport cesse d'être simplement le sport, une histoire de passes, de coups droits, de courses, pour nous montrer ce qu'un homme, une femme ou un enfant poussé à l'extrême limite de lui-même est capable d'accomplir, comment chacun réagit dans une situation critique. Le sport est prétexte à quelque chose de plus grand que lui-même. N'y a-t-il pas dans l'affrontement sportif, par exemple dans une rencontre acharnée entre deux équipes n'arrivant pas à se départager, tous les ingrédients de la tragédie humaine ? Au cours d'un match plein de rebondissements, ne voit-on pas défiler toute la gamme des sentiments humains, exacerbés, sublimés par l'enjeu, condensés dans l'événement comme dans une vie ? Don de soi, bravoure, ruse, doute, dignité, impuissance ; tous les grands thèmes y sont, et derrière ces gestes et ces courses s'écrivent des histoires d'hommes et de femmes qui se battent pour échapper à leur condition, avec une passion et une exaltation qui font si souvent défaut à la vie quotidienne. En marge de l'événement purement sportif, ce que tout le monde recherche et attend dans les stades, ce sont ces moments de vérité, cette lutte, admirable ou pathétique, contre l'adversité.

Grâce à cette vision romanesque et surtout à l'analyse du match mental, tout observateur possédera certainement une meilleure approche de l'histoire d'un match et de ses acteurs, et pointera avec plus de pertinence les causes du succès ou de l'échec. Enfin, pour bien connaître un athlète, il convient de cerner les forces et les faiblesses de sa personnalité, comme on le fait sur le plan technique, de s'interroger sur son aura, son identité, mais aussi sur sa façon de se comporter dans les moments difficiles, son scénario favori... Quelle est la personnalité des champions ? Quels scénarios payent ? C'est ce que nous verrons maintenant.

Les champions sont champions par leur personnalité

Les façons de gagner sont multiples. Chaque gagneur, pour s'imposer, a son propre scénario. Les uns, comme les rock stars, chauffent l'arène par des colères maîtrisées, une attitude arrogante ou un besoin fauve de l'«odeur du combat». Ils envahissent l'univers de leurs adversaires, impuissants devant une telle démonstration. Chez d'autres, la domination s'installe dans le calme, leur sang-froid devenant progressivement insupportable, leur silence ayant le don de faire autant de bruit dans les têtes des adversaires que des cris de conquêtes. D'autres encore, plus flamboyants, irradient le terrain de leur joie de jouer et de leur audace, provoquant un élan impossible à contrer. L'arme mentale, chez certains compétiteurs plus effacés, mais non moins redoutables, peut prendre la forme d'une nonchalance trompeuse, d'un apparent détachement face au score, masquant une présence aiguë de chaque instant.

Un compétiteur gentil et honnête – qu'on a la mauvaise habitude dans le sport de qualifier de «trop gentil» – peut tout à fait s'imposer en restant fidèle à son caractère, à condition que sa gentillesse résiste aux provocations d'adversaires hostiles ou de tricheurs. Même la prétendue faiblesse du «trop gentil» peut devenir une force pour qui sait l'assumer et l'utiliser. C'est le cas de Sébastien Grosjean, numéro un du tennis français en 2003 : «J'aime bien être *fair-play*, ça me fait du bien de reconnaître que l'adversaire joue bien. Ça m'aide à me concentrer encore plus sur le point suivant[27].»

Un autre champion de tennis, le Thaïlandais Paradorn Srichaphan[28], n'avait pas peur d'être lui-même et poussait son caractère jovial et son sens du partage jusqu'au bout : sur les points importants, il riait! S'amuser, afficher sa bonne humeur, faire rire l'adversaire, voilà comment ce jeune homme de 23 ans existait sur le court et comment il faisait pour jouer plus libéré. «Gagner n'est pas le plus important, affirme-t-il. Pour moi, la

---

27. Déclaration après sa victoire à St. Petersburg, parue dans *L'Équipe*, 28 octobre 2002.
28. En novembre 2002, il fut nommé ambassadeur culturel de son pays.

manière compte davantage. » Quand il rit, cela ne veut pas dire qu'il se déconcentre. Chez lui, cela peut être le signal qu'il va servir un ace !

C'est dans ces divers traits de personnalité, dont ils ont su tirer parti pour se forger une identité, une réputation et une aura, qu'il faut voir les points forts des champions ou des futurs champions. Les plus talentueux ne sont pas forcément les plus techniques ni les plus « faciles », nous l'avons dit : il manque souvent à ceux qui ont des facilités naturelles la force de caractère de les exploiter. Pourquoi au fond ne pas considérer qu'avoir une grande force de caractère est le meilleur talent à avoir pour gagner ? Nous proposons des compléments au « talent » : pouvoir de concentration, esprit conquérant, amoureux de la pression, calme face aux difficultés, science du bluff, don d'ignorer la hiérarchie et les classements, bonne folie de se voir en vainqueur quand cela semble impossible, capacité à trouver des solutions, génie d'inventer de nouveaux chemins, etc.

Gagner quand cela semble impossible ? Inventer de nouveaux chemins ? Comment ne pas penser au « miracle Björn Borg » à Wimbledon ? Borg l'emporte à Roland-Garros à 18 ans, en 1975, et récidive l'année suivante. À l'époque, tous les experts sont formels : le nouveau champion a le jeu idéal pour gagner sur la terre battue, une surface lente, mais son style, sa tactique, son manque de naturel à la volée, l'absence de service-volée, et surtout ses larges préparations, ses boucles et ses *swings* interminables adaptés aux balles hautes et *liftées* le handicaperont sur une surface rapide, à plus forte raison sur le gazon de Wimbledon, où le rebond est si bas et rasant que le tennis se transforme en une curieuse course contre le temps. Ce qui partout ailleurs se construit avec la science du joueur d'échec se gagne ou se perd à Wimbledon en deux coups de raquette. Il est inconcevable de se sortir de cette table à roulette de tennis sans gestes épurés, sans une technique tournée vers l'avant, et surtout sans la volée, qui permet justement de « voler du temps ». Autrement dit, tout tend à faire de Borg l'anti-joueur de gazon.

Lorsque, en 1976, il se présente à Wimbledon, qui pouvait croire en ses chances ? Lui et lui seul. Borg inventera sa technique de jeu sur gazon, mais aussi une manière de gagner : un mélange fait de patience et de contre-attaque. La volée était le seul chemin possible ? Il le contournera par la qualité de son *passing shot* et bien d'autres atouts, dont sa force de concentration, une constance et un sang-froid capables d'user les plus brillants attaquants. Le titre de Wimbledon était réservé à la famille royale des attaquants purs ? Il n'essayera pas de devenir un autre joueur. Son scénario de défenseur sera plus fort que le scénario des attaquants, voilà tout.

La légende « Iceborg » était née. Il remportera son premier Wimbledon sans perdre un set, et finalement il le gagnera cinq fois de suite, ce qu'aucun joueur de gazon ou volleyeur de génie n'a jamais réussi, ce qui constitue probablement le plus beau record de l'histoire du tennis (en 1980) ! Cet exemple devrait suffire à convaincre que le talent principal des gagneurs, souvent, n'est pas d'ordre technique. Borg a su trouver les solutions. C'est bien de cela qu'il est question dans le sport de haut niveau (où les écarts de performance sont infimes) : s'imposer au lieu de subir la loi des autres et, à l'exemple de Borg, faire fi des théories, des critiques et des pronostics des « spécialistes » ; sous les regards étonnés qui ne tarderont pas à devenir admiratifs, marcher la tête haute, comme un prince, et imposer sa personnalité.

Les trucs des champions

Comme nous venons de le voir, les champions ont su cultiver et exploiter certaines qualités, à partir desquelles ils ont construit une singularité, une identité forte – cette fameuse aura qu'il est si difficile de définir et qui semble parfois les entourer comme une auréole. Chaque champion a son scénario, sa méthode pour gagner. En un mot, chacun a son truc. Il est question au début de ce livre du combat contre ses démons, l'ennemi interne qui génère le doute, les pertes de concentration et les actes manqués (voir la première partie). Dans le match mental, s'il y a des démons, on peut y voir aussi des anges gardiens. Certains champions donnent l'impression d'avoir le petit plus qui fait la différence dans les moments critiques, d'avoir leur truc pour faire pencher le sort de leur côté. Afin d'illustrer concrètement ces trucs et d'en démontrer la variété, nous avons choisi une famille de champions dans un même sport, à une certaine époque.

Les grandes personnalités de la famille du tennis masculin des années 1980

Les descriptions sont en partie de John McEnroe. Les citations tirées de ses interviews et de son livre, *You Cannot Be Serious*, sont en italiques.

- ❑ John McEnroe, le *Rebelle*; son truc était de *se mettre en colère*.
- ❑ Jimmy Connors, *Le gars qui travaillait la foule*, faisait volontairement monter l'adrénaline et ne donnait son meilleur qu'une fois la tension rendue à son comble.
- ❑ Björn Borg, surnommé Iceborg, *ne changeait jamais d'expression et cela devenait une arme*. Yannick Noah dit de Borg: « Tout glissait sur lui, il vous glaçait l'atmosphère. »
- ❑ Ivan Lendl, le Dictateur, *le robot à l'allure effrayante qui jouait au tennis comme s'il bougeait des meubles.*
- ❑ Boris Becker, *le Grand Gaillard avec le gros service*; il marchait sur le court avec la poitrine gonflée comme s'il voulait dire: Vous avez de la chance qu'on n'ait pas gagné la Seconde Guerre mondiale.

- Yannick Noah, la Rock Star[29], dit à propos de lui-même : « J'avais l'image du tombeur qui avait de belles bagnoles, qui passait ses nuits à boire du gin dans les boîtes à la mode et contre lequel on n'avait pas le droit de perdre. C'était ma force et j'en jouais. »
- Guillermo Vilas, le Taureau argentin ; son truc était de décourager l'adversaire en lui imposant la vision d'une masse musculaire et d'un bras trois fois plus gros que l'autre, conçu pour casser les pierres, comme une invitation à un combat interminable dont la simple perspective effrayait.
- Ilie Nastase, le Voyou charmeur ou le Robin-des-Bois des courts ; son toucher de balle, son imagination, sa ruse et sa fantaisie semblaient n'avoir pour but que de donner du plaisir au public et de bousculer la bienséance au royaume de la chemise blanche.
- Michael Chang, le Missionnaire ; le petit soldat affichait sa fierté de ne pas jouer pour lui mais pour Dieu, et ce don de soi se traduisait par le sentiment d'une force impénétrable et par le fait qu'il ne donnait jamais le moindre point à l'adversaire.
- Stefan Edberg, le Monsieur-propre du tennis, incarnation du beau jeu ennuyeux. Son absence de fantaisie et sa capacité à répéter à l'infini le même schéma de jeu offensif finissaient par faire craquer l'adversaire.
- Henri Leconte dit le Vengeur masqué – mais le Pistolero ou l'Homme au bras d'or seraient aussi de bons surnoms. Un bras si talentueux et si explosif qu'il ne suivait aucune logique. Le bras précédait la pensée. Son truc : briser le rythme en jouant des coups inattendus.

---

29. Les surnoms qui ne sont pas en italiques sont attribuables à François Ducasse.

❏ Brad Gilbert, le Négatif, *avait un nuage noir au-dessus de la tête et ne semblait jamais satisfait, jusqu'au moment où il vous rendait aussi sombre et mélancolique.*

Qui l'emporterait ? Le Dictateur ou le Rebelle ? Le brûlant Connors ou le froid Borg ? Le Fantaisiste ou le Négatif ? Le Taureau ou la Rock Star ? Le Voyou ou le Missionnaire ? Qui imposerait sa loi à l'autre ?

L'ennui d'Edberg aurait-il raison du sens de la fête de Noah, le *Showman* ? Le Robot Lendl parviendrait-il à maîtriser la folie du bras de Leconte (sa bête noire) ? Qui gagnerait ? Celui qui imposait le rythme ou celui qui savait si bien casser le rythme ?

Qui se laisserait prendre dans le scénario de l'autre ? Qui serait le Dominateur ?

Qui montrerait trop de respect pour l'adversaire et se laisserait séduire par son aura ?

Qui serait cette fois le *bon élève* ? Voilà les histoires qui se jouaient sur le terrain à cette époque.

La foi en ses capacités

Le but n'est pas d'imiter tel champion ni de copier tel scénario ou de jouer tel rôle. Jouer les provocateurs quand on est timide, par exemple, ne marcherait pas. La plupart des jeunes s'identifient à une idole, à un champion. Les dieux du stade font rêver, et il est naturel de vouloir leur ressembler, de vouloir s'habiller, jouer, marcher comme eux et se prendre pour eux. Le principe est suffisamment classique pour vous empêcher de voir l'erreur qu'il renferme, car derrière l'admiration, l'identification à tel ou tel champion, on peut aussi voir le refus de se prendre soi-même au sérieux.

Il y a mieux à faire que rêver : prendre son rêve au sérieux. Et mieux à faire que copier des qualités ou un style : il faut partir de ses propres qualités pour trouver son propre style. Se prendre suffisamment au sérieux pour avoir envie de découvrir ce qui dans sa personnalité est authentique, fort, intéressant et original est un enjeu plus intéressant que d'admirer des idoles. Ceux qui se prennent au sérieux peuvent déplacer des montagnes. La réussite n'est pas autant hors de portée et irréelle qu'on le croit. Finalement, c'est assez banal de réussir, cela tient souvent à peu de chose. Ceux qui réussissent n'ont pas toujours des qualités si extraordinaires ; ce qui est extraordinaire, c'est qu'ils ont pris leurs qualités au sérieux.

Hélas, la majorité des gens ne se prennent pas au sérieux, sans doute parce qu'on ne les a jamais pris au sérieux. Se prendre au sérieux n'implique pas l'arrogance, mais le courage de résister au jugement de ceux qui n'osent pas se prendre eux-mêmes au sérieux et donc qui voient d'un mauvais œil ceux qui le font. Au fond, le premier pas pour s'autoriser à faire des choses dans la vie est de ne plus avoir peur de la peur des autres. Oser croire en soi, humblement, est la meilleure réponse à leur donner, le meilleur moyen de progresser et de s'imposer. Curieusement, l'humilité témoigne d'une confiance supplémentaire. Et non pas jouer la vedette, ce qui cantonnerait encore dans un faux rôle.

Et si on vous demande pour qui vous vous prenez, osez vous prendre pour quelqu'un, osez vous donner des moyens ambitieux, n'ayez pas honte d'agir comme si vous alliez réussir. Il faut partir de soi, et c'est peut-être ça le plus difficile, car on n'a pas toujours une bonne image de soi-même. Ou bien on a une image floue, confuse ; on ne sait pas trop qui on est. Pour pouvoir se prendre au sérieux, il faut d'abord se poser la question sur qui on est réellement.

Définir son identité de combattant

Savoir qui on est, est-ce si simple ? N'est-ce pas le but de toute une vie ? Il s'agit d'une recherche, d'un chemin comme sur la carte du mental. Le travail n'est jamais fini, mais au moins peut-on essayer de définir son identité dans sa discipline. On peut se poser ces questions : Quelle est mon identité de combattant ? Quel type de compétiteur je voudrais être ? Dans le monde du spectacle, cette recherche d'identité s'appelle « trouver son clown ». À l'origine, au cirque, cela consistait pour chaque acteur à se demander quel type de clown il incarnerait : le clown triste, le clown gai...

Pour imposer sa personnalité en compétition, on doit aussi se créer un personnage. Trouver son scénario, son truc, une attitude à adopter sous la pression, tels sont les ingrédients qui manquent à ceux qui doutent et qui hésitent aux moments cruciaux, car ils ne savent pas qui ils sont.

Pourquoi ne pas se donner un nom d'artiste, un nom de scène ? Poker Face : « Dans les moments critiques on ne sait jamais ce que je pense. » Le Samouraï : « Plus il y a de pression, plus je suis calme. » Le Fou : « Je cultive mon talent à tenter dans les moments critiques des coups inattendus. » Et pourquoi pas un nom d'animal ? La Guêpe : l'escrimeuse Laura Flessel, réputée pour ses « piqûres » éclairs sur le pied de l'adversaire. L'Albatros : le nageur Michael Gross, en raison de sa grande envergure. Le Renard des surfaces : Rudi Völler, attaquant de l'équipe de football d'Allemagne, incarnant la ruse. Le Lévrier : Johan Cruyff, capitaine de la grande équipe de football hollandaise pour sa façon de se déplacer et l'élégance de ses gestes, ou les Lions indomptables du Cameroun, etc. Et dans d'autres domaines : Le King (Elvis Presley) ; The Voice (Franck Sinatra) ; le Bulldog (Winston Churchill) en raison de son physique et de son opiniâtreté ; Richard Cœur de Lion, connu pour son courage et sa franchise, etc. Les Indiens aussi se donnaient des noms de scène : Little Big Man, Crazy Horse...

Cette identité secrète ou publique peut servir de fil conducteur à chacun pour, en certaines circonstances, lui dicter son attitude, ses choix et ses gestes. Dans la vie comme dans le sport, dans le combat comme dans les conflits professionnels ou familiaux, ceux qui affichent une identité forte, qui savent qui ils sont (même si ce n'est jamais définitif), et qui semblent dire aux autres « Je sais ce que je veux et vous n'y pourrez rien », finissent toujours par se faire respecter. Lorsqu'on a fait son choix, on a tout intérêt à donner l'impression de savoir ce qu'on fait et que rien ne pourra nous arrêter, car il est difficile d'attaquer ceux qui savent qui ils sont.

Se concentrer sur son scénario plutôt que sur celui de l'adversaire

En compétition, beaucoup d'athlètes gagneraient à se préoccuper de leur identité et de leur scénario au lieu de trop s'intéresser au jeu de l'adversaire et de trop vouloir s'y adapter. La tendance à jouer en fonction de l'adversaire (ou de la personne que l'on a en face de soi), souvent vue comme une qualité, peut traduire un manque de considération pour ses propres atouts. Trop s'adapter au scénario de l'adversaire, c'est le meilleur moyen d'oublier le sien, de se déliter, de perdre son fil conducteur et sa concentration.

Un nageur français, Stéphane Perrot, avoue n'avoir compris qu'à ses premiers Jeux (Atlanta, en 1996) l'importance de faire abstraction des facteurs extérieurs pour rester centré sur sa performance :

> Pour moi, la natation, c'était mathématique. On devait logiquement répéter en compétition les performances réussies à l'entraînement. À Atlanta, j'ai été le mec qui subissait, qui regardait tout ce qui se passait autour. Dans la chambre d'appel, j'ai à peine entendu mon nom. En sortant, c'est tout juste si je ne criais pas USA! USA! avec les 15 000 spectateurs. J'intellectualisais trop. Je me

posais trop de questions sur mes adversaires, sur moi. Je me liquéfiais, j'avais l'impression de me vider de toute ma puissance, de toute ma technique. Résultat : je me battais avec l'eau au lieu de retrouver le plaisir de la glisse que j'éprouvais à l'entraînement[30].

Alex Dupont, entraîneur de football professionnel, mise tout sur le scénario de son équipe et a choisi d'ériger en principe l'effort porté sur soi-même : « Je suis obnubilé par le jeu de mon équipe, par le fait de lui donner une tradition de jeu. » Il dit ne pas se préoccuper du jeu de l'adversaire pour avoir connu, à l'époque où il était joueur, un entraîneur qui leur faisait subir sur cassettes le jeu de l'adversaire : « J'avais l'impression qu'on jouait tous les samedis contre les champions du monde[31] ! » À la veille de leur affrontement en demi-finale de la coupe d'Europe 2003, Marcello Lippi, le célèbre entraîneur du Juventus de Turin, dit de son équipe et du Real de Madrid :

> Le Real et la Juve sont deux grandes équipes et le fait d'évoluer chez soi ou à l'extérieur ne change pas grand-chose, car l'une comme l'autre jouent toujours en fonction de leurs propres caractéristiques et sur leurs points forts[32].

Si les gagneurs ont leurs méthodes pour déjouer les plans de l'adversaire, l'intimider ou le déstabiliser se fait souvent de façon indirecte. S'ils dominent les débats, ceux qu'on qualifie de guerriers ou de dominateurs et auxquels on attribue un peu vite l'« instinct du tueur » sont avant tout des dominateurs d'eux-mêmes. Leurs scénarios leur servent avant tout à mieux

---
30. *Le Monde*, 19 mars 2000.
31. *L'Équipe*, 25 décembre 2002.
32. *L'Équipe*, 14 mai 2003.

se concentrer et à faire abstraction de l'aura de l'autre. Ils dominent parce qu'ils ont suffisamment confiance en eux pour se contenter de faire « leur job », de suivre la procédure, et de ne pas en dévier, même quand la situation devient tendue. Subtile domination que celle qui consiste à ne pas se préoccuper de l'adversaire, à ne pas changer d'attitude en sachant que c'est précisément cela qui forcera l'autre à changer, à être dérouté.

Stéphane Diagana résume merveilleusement bien la situation:

> On a d'abord besoin du regard sur soi-même, alors le moindre coup d'œil sur le voisin, c'est déjà moins d'attention sur ce que l'on fait. La performance se fait dans son couloir[33]. »

L'affirmation de son autorité personnelle

L'aura du gagneur et tous les points exposés dans ce chapitre ne sont pas réservés au cadre de la compétition. L'autorité qu'on affiche en compétition vient aussi de l'autorité dont on peut faire preuve hors du terrain. Un mental de champion, c'est aussi la classe, la manière de signer des autographes, de s'habiller, de traiter ses fans, de s'exprimer, de s'adresser à la presse; c'est savoir quand se prendre au sérieux, quand être modeste et quand s'amuser. De petits gestes participent aussi à l'image et à la réputation du compétiteur. Ils sont souvent révélateurs de ce qu'on est sur le terrain. La façon d'aborder une difficulté, par exemple de gérer un conflit, donne une idée de ce qui se passera en compétition dans une situation critique.

L'image qu'on renvoie aux autres en compétition dépend de l'image qu'on a de soi-même. Bien sûr, on ne peut pas faire ce qu'on veut de cette image. Il ne s'agit pas d'avoir recours à l'autosuggestion, de se répéter sans cesse « Je suis le meilleur », mais rien n'empêche, dans l'environnement de la compétition,

---

33. Communication personnelle entre Stéphane Diagana et François Ducasse.

de saisir des occasions pour faire preuve d'autorité, montrer aux autres sa détermination, assumer son originalité. Il ne faut pas confondre l'autorité personnelle avec le désir de dominer. Quelqu'un qui a de l'autorité peut être discret et modeste. Le but est de se faire respecter. Avouer des faiblesses peut être un signe de force, comme nous l'avons vu. Mais ces moments de sincérité doivent être bien choisis, de même que les personnes auxquelles nous confions nos doutes. La plupart des gens n'apprécient pas la faiblesse des autres. Ce n'est pas leur faire un cadeau que de leur confier nos doutes et ce n'est malheureusement pas le meilleur moyen de se faire respecter que d'être toujours sincère.

Comme le dit l'actrice Isabelle Adjani, on peut jouer avec son image et se prouver à soi-même qu'on peut dépasser ses craintes, sa timidité, un trop grand respect. Là, elle fait allusion à la fameuse et intimidante montée des marches au festival de Cannes :

> Autant le prendre pour un jeu. N'est-ce pas le mot racine de mon métier ? Il faut avoir un peu de bravoure et beaucoup de plaisir à jouer le rôle de son image[34].

Ce n'est pas mentir que de jouer avec ses doutes ou avec son autorité personnelle. Ce jeu se traduirait par de petits défis à se lancer. Par exemple :
- ❏ assumer le fait de ne pas être habillé comme tout le monde ;
- ❏ ne pas vouloir à tout prix se faire connaître ou se faire aimer ;
- ❏ susciter la curiosité et laisser les autres venir à soi ;
- ❏ ne pas se montrer « trop content d'être là » (trop impressionné, obséquieux) ;

---

34. Interview parue dans *Le Figaro*, 20 mai 2003.

❑ savoir dissimuler ses faiblesses et ses doutes au moment opportun.

Pour tout être humain, l'ennemi peut être le doute. Nous avons tendance à penser que les autres sont plus sûrs ou plus forts que nous. Le comble, c'est qu'ils ont les mêmes craintes ! Qui ne montre jamais de timidité ? Qui ne manque pas d'assurance à l'occasion ? Qui est vraiment fort ? Certains savent mieux « jouer » que d'autres. Et si les autres pensent qu'on a confiance, c'est que c'est vrai !

CHAPITRE 2
Le mauvais élève

Dans un groupe, le meilleur à l'arrivée sera celui qui saura, chaque jour un peu, se signaler, se distinguer, voir autrement, être créatif, penser plus loin, aller là où les autres ne vont pas. Pour se démarquer, il faut savoir sortir du cadre, des modèles standardisés, et cela ne va pas sans heurts ni risques.

De la vigilance à l'égard de la dynamique du groupe

Un groupe qui aurait la chance de compter dans ses rangs un élément exceptionnel aurait tout avantage à encourager sa différence et à l'utiliser pour se hisser vers l'excellence avec lui. L'idéal dans un groupe serait de prôner le respect de la différence dans le respect du groupe, et de parfois tolérer la « folie » d'un seul contre la vérité de tous. Mais ce n'est pas toujours possible. Beaucoup de champions, pour pouvoir se réaliser, ont été écartés des structures établies – souvent compétentes et disposant de grands moyens – pour se diriger vers des organisations plus confidentielles et personnalisées. La « différence » du jeune champion (instinctif, inventif, exigeant, parfois fantasque, disparate, imprévisible, voire insaisissable, caractériel, rebelle) peut mettre le groupe en danger, comme le groupe peut le mettre lui-même en danger. Il faut être soi, et quand on est soi-même, ce n'est pas toujours bien pour les autres. « Ce que les autres te reprochent, cultive-le, car c'est toi[35]. »

Toute institution, pour fonctionner, doit reposer sur des règles collectives et tend à mettre au pas les fortes têtes, à refréner les élans personnels, les désirs incontrôlables, les excès, les intuitions parfois géniales du « mauvais élève ». Devenir champion ne se fait jamais dans l'approbation générale. C'est un acte de résistance. « La force d'un grand caractère réside dans ses refus[36] », notamment le refus de se laisser aspirer par le groupe dont la loi conduit implicitement chacun à vouloir ressembler aux autres. Il est difficile pour des entraîneurs de jouer la carte de la singularité en même temps que la carte du groupe, quand on mise sur la cohésion du groupe et qu'on s'efforce de lui donner une tradition, une philosophie. Encourager l'individualisme, pour une institution (une fédération, un club, une école, une entreprise), équivaut un peu à se nier elle-même. Cela reviendrait à dire : « Faites comme les autres et ne faites pas comme les autres. » Dans certains cas, le groupe est une force. Une structure peut aussi générer beaucoup d'exigence, et la moyenne d'excellence peut être très élevée. Mais la « mission » du champion n'est-elle pas en grande partie solitaire ? Le champion ne devient-il pas champion parce que, à un moment ou à un autre, il est sorti du rang pour explorer seul d'autres chemins, parce qu'il a su « voir ce qu'on ne lui a pas appris à voir[37] » ?

Prenons l'exemple de deux *tennismen* de 18 ans en passe de devenir professionnels. L'un est entraîné à la fédération, l'autre se débrouille tout seul. Le premier bénéficie des meilleures conditions d'entraînement possibles (installations, programmes, entraîneurs). Pour le second, tout pose problème :

---

35. Jean Cocteau.
36. Cioran.
37. Sigmund Freud.

trouver des partenaires, des courts pour s'entraîner, corder ses raquettes. Il doit voyager à ses frais, acheter ses balles. Le premier doit suivre les consignes de ses entraîneurs, le second est obligé d'aller glaner à droite et à gauche des avis sur son jeu. L'un reçoit, l'autre demande.

L'idée n'est pas de souhaiter au joueur choyé de vivre la galère de l'artisan solitaire, mais tout de même, n'est-ce pas la recherche individuelle qui trempe le caractère, qui rend l'homme plus responsable et le compétiteur plus fort ? Les artisans réussissent parfois mieux que l'élite, car ils font face constamment à des problèmes imprévus et sont obligés de chercher par eux-mêmes, de faire preuve d'inventivité, de maturité, de faculté d'adaptation. À la fin, qui sera le mieux préparé au combat, sinon celui qui est déjà formé à trouver des solutions aussi rapidement que le jeu l'exige ? C'est bien de cela qu'il s'agit en compétition, sur le terrain, quand c'est difficile : être seul, trouver la solution, et faire vite !

Une structure trop bien organisée, trop « parfaite », peut donc aussi avoir des effets pervers. Il est difficile de préserver la curiosité et le goût de la recherche quand tout est prévu et qu'il n'y a qu'à suivre pour avoir sa place. Ainsi, un groupe d'entraînement (ou une école) pourrait proposer de temps en temps des séances « désorganisées », ou des temps libres, où les élèves décideraient de ce qui est bien pour eux, où ils seraient libres de choisir ce qu'ils veulent travailler et comment. Cela aurait le mérite de renvoyer chaque individu à son propre désir, à ses responsabilités, de lui rappeler qu'il n'est pas le groupe, que le groupe ne peut pas tout pour lui. De telles ruptures dans le programme et les habitudes permettent de tester les liens. Quand tout est acquis, on finit par oublier à quoi l'on tient. L'élève momentanément livré à lui-même appréciera peut-être davantage l'aide qu'il reçoit et respectera peut-être davantage ses maîtres.

Ce chapitre n'est pas une critique de la vie en groupe : cela serait inadéquat à une époque comme la nôtre, où nous avons tant besoin de repères et où le sentiment d'appartenance à une famille – qu'elle soit spirituelle, politique ou sportive – est si nécessaire. Il s'agit simplement d'appeler à la vigilance pour empêcher l'individu de se fondre dans le groupe et de perdre le goût de la recherche personnelle et de l'expérimentation sur soi-même. Rester soi-même dans le groupe requiert aussi de la prudence. Quand le groupe fait son œuvre, quand il uniformise ou qu'il tire vers le bas, il faut un courage certain pour ne pas se laisser formater et pour agir selon ses propres exigences ; pour parfois simplement oser faire plus d'efforts que les autres, au risque de passer pour un prétentieux, pour celui qui se prend au sérieux (« Pour qui te prends-tu ? »). La meilleure récompense sera de voir le groupe s'habituer à notre différence et de se faire adopter par lui. Voilà ce qui peut être tenté : quand on est contestataire ou désigné rebelle, donner envie aux autres, les entraîner.

Un caractère fort est par définition difficile à gérer ; un leader, à la poursuite d'une étoile visible de lui seul, est difficile à suivre, à moins que tout à coup ses défauts ne soient perçus comme des qualités. Être difficile à gérer ou être un peu fou, un bon signe. Avoir sa loi, une preuve de courage. L'excès serait générosité.

Cette folie et ce courage sont ce qui fait souvent défaut aux bons élèves. Le mauvais élève ne serait alors pas celui qu'on croit. L'ennemi public numéro un – dans le domaine de la création et de la performance – serait au contraire le bon élève, celui qui attend qu'on lui dise quoi faire, qui jamais ne se rebiffe et jamais ne surprend, qui est toujours d'accord – ce qui n'est pas stimulant pour ses partenaires ou ses maîtres –, qui est trop académique, qui idéalise les méthodes, respecte les théories établies au détriment de sa propre imagination et trouve dans le conformisme une sécurité qui immanquablement le tient éloigné de toute créativité.

Ce qui nous intéresse dans le concept du mauvais élève, ce n'est bien sûr pas le refus total et stérile, mais plutôt le potentiel créatif. De même, être rebelle ne veut pas dire s'opposer à tout ! Rebelle signifie : se déterminer par rapport à soi. Il y a création (un parcours de champion, une entreprise, un projet exceptionnel) lorsque apparaît quelque chose qui n'a encore jamais existé, quelque chose qu'on ne connaît pas, qui va surprendre, déranger peut-être, bousculer les équilibres fragiles sur lesquels reposent nos vies. « Créer, c'est renoncer au savoir. Il y a dans l'acte de création quelque chose de dangereux et c'est pourquoi les vrais actes de création sont si rares dans nos vies[38]. » Les mauvais élèves sont souvent les plus créatifs, et ils ont des parcours exceptionnels parce qu'ils ont la « bonne folie » de ne pas toujours obéir pour suivre leurs intuitions et leurs convictions intimes, ouvrir des voies nouvelles, avancer en terrain inconnu, résister aux conseils et aux jugements extérieurs qui ne sont pas toujours destinés à les encourager et à leur donner confiance.

Ceux qui ont suivi de tels chemins tiennent à peu près tous ce discours : « Au départ, personne ne croyait en moi, tout le monde disait que j'étais fou, que je n'y arriverais jamais, que j'avais tort de renoncer à ce que j'avais... » Que ceux qui veulent réussir n'écoutent personne ! Qu'ils soient, à certains moments de leur vie, de mauvais élèves ! Qu'ils s'écoutent eux-mêmes, et s'ils ont une bonne idée, qu'ils arrêtent de passer leur temps à demander aux autres comment faire. « Impose ta chance, serre ton bonheur et va vers ton risque. À te regarder, ils s'habitueront[39]. » Faut-il du courage pour cela ? Le mauvais élève n'est pas plus courageux que les autres simplement parce qu'il tente l'exception. Peut-être le fait-il parce qu'il a la lâcheté de ne pas

---

38. *Psychologies*, mars 2000.
39. René Char.

pouvoir faire comme tout le monde. Peut-être parce qu'il a « plus peur de n'être rien que d'avoir mal[40] ». Certains ont aussi peur d'être en sécurité que d'autres ont peur de courir des risques.

Ainsi, si la présence d'un mauvais élève peut représenter un danger pour la sérénité du groupe à cause de sa différence, de ses refus ou de ses excès, elle peut être aussi un bon moyen d'inciter chacun, les élèves comme les maîtres, à se remettre en question et à sortir des certitudes sécurisantes. La vigueur du groupe dépendra de sa capacité à entretenir ce type de danger. La solution au problème d'un groupe serait de faire jouer un rôle au mauvais élève. À lui, en échange, de jouer le jeu, d'imposer son nouveau rôle, de troquer la place du rebelle, de l'incompris, du solitaire, avec celle du leader ; à lui de donner l'exemple aux bons élèves, sans arrogance, sans mépris pour le groupe, de leur montrer le chemin de l'audace et de l'intuition.

Les groupes qui réussissent sont peut-être ceux où le mauvais élève devient un bon exemple. Il serait toutefois illusoire d'en faire une règle, et le succès dépend aussi de la personnalité des maîtres. Pour tolérer et former de mauvais élèves, ne faut-il pas être soi-même, un peu, un « mauvais maître » ? Un maître capable d'être lui-même différent, d'être étonnant et d'avoir des méthodes audacieuses, et ainsi de montrer l'exemple ?

Maître, apprends-moi à ne pas t'obéir

Nous naissons tous esclaves, impuissants, dépendants. Il nous faut apprendre à devenir autonomes. Jadis, l'esclave devenait affranchi quand son maître décidait d'enlever ses chaînes. La quête du champion passe par un paradoxe : il doit apprendre de ses maîtres, mais en même temps il doit devenir insoumis. Pour se démarquer, développer sa personnalité, et pour mieux résister à son adversaire en pleine compétition, le champion doit

---

40. Slogan publicitaire.

aussi savoir parfois résister à des formes d'autorité externe. Ce paradoxe peut s'exprimer ainsi : « Maître, apprends-moi à ne pas t'obéir ! »

L'insoumission, cela s'apprend. Par exemple, si votre entourage est trop exigeant, trop descendant, autoritaire ou incapable de gratification, vous devez résister. Une autre tactique consisterait à faire semblant de se soumettre tout en résistant secrètement. Il est quelquefois difficile d'asseoir son identité ! L'entourage du sportif devrait parfois se garder d'imposer ses normes et de suggérer des solutions qui peuvent engendrer de nouveaux problèmes. Dans sa bonne volonté d'aider, l'entourage peut parfois en faire trop et à certains moments, le maître aussi peut peser. Qu'il s'efface de temps en temps, cela montrera qu'il peut faire confiance à celui qui s'est confié à lui.

Être champion, c'est justement refuser d'être « une non-personne ou un robot social[41] », et le rôle du *coach*, c'est aussi d'apprendre à l'élève qu'ils peuvent se passer l'un de l'autre, mais qu'ils doivent le faire à des moments précis, en toute loyauté. La confiance, c'est le cadeau du maître le plus propre à faire baisser la tension avant l'épreuve sportive. Ainsi, convenir que le *coach* s'absente pendant une ou plusieurs heures avant le match décisif peut permettre au sportif de sentir cette confiance et de bien profiter de la solitude, pour s'habituer à décider par lui-même de ce qu'il conviendra de faire au moment du combat.

Le maître Touretski et l'élève Popov : « Ne pas façonner mon élève à mon image. »

Pour illustrer cette étrange double mission de l'entraîneur, former des athlètes tout en leur « apprenant à ne pas obéir », il n'est sans doute pas d'exemple plus éloquent que celui de Guennadi Touretski (détenteur de 40 records du monde en

---

41. Carl Whitaker (traduction de Michel Horet), dans *Génération 1998*, numéro 14.

natation), entraîneur d'Alexandre Popov, le *recordman* du 100 mètres nage libre, quatre fois champion olympique en 1992 et en 1996[42].

Leur rencontre remonte à 1988. Touretski est pressenti par la Fédération soviétique pour instaurer en quatre ans un nouveau programme capable de mettre fin à la domination des Américains dans le sprint. C'est à cette époque que Touretski découvre Popov, encore cadet, et décide de l'ajouter sur sa liste. Pourtant, Popov n'intègre le groupe que deux ans plus tard, car, explique-t-il : « Dans le système soviétique, on faisait très attention à ce que les jeunes s'épanouissent d'abord dans leur catégorie d'âge avant de les précipiter dans le grand bain. Les pousser trop tôt, trop loin, c'est hypothéquer leur avenir. »

Mais deux ans après et quelques milliers de kilomètres de bassin plus tard, cette fois sous l'œil de son nouvel entraîneur, Popov devient l'artisan de la conquête de l'espace aquatique et les Américains sont battus ! Mission accomplie ! Le nageur avoue : « Loin du bassin, je me sens nul et paresseux, dans l'eau, j'ai l'impression de renaître. » Il raconte les souvenirs de ses premiers contacts avec Touretski[43] :

> Il faut savoir que, en tant qu'athlète de l'élite soviétique, nous étions habitués à travailler très dur. Nos entraîneurs étaient très exigeants. Avec Guennadi, j'ai tout de suite remarqué que l'approche était différente. D'abord, nous nagions peu par rapport aux autres groupes. En revanche, nous faisions beaucoup de balades en montagne et bénéficiions de beaucoup de liberté. Il n'était pas toujours présent aux entraînements. L'échauffement

---

42. La carrière de Popov aux côtés de Touretski est également remarquable quant à sa longévité. Quand il reconquiert le titre de champion du monde du 100 mètres en 2003, il a 31 ans.
43. Les extraits qui suivent sont tirés d'une interview d'Alexandre Popov dans *Sport et vie*, hors série numéro 17, 2003.

aussi était libre. On se faisait des passes avec un ballon! Tout cela était très déroutant pour moi.

Popov décrit leurs rapports sur le plan humain :

C'était difficile. Dès que je cherchais à aborder un problème technique lié à l'entraînement, il changeait de sujet et orientait la conversation sur la littérature ou la musique. Je n'ai compris que beaucoup plus tard qu'en agissant ainsi il cherchait en fait à m'affranchir de la formation relativement autoritaire que j'avais reçue et à m'inciter à cultiver mon indépendance. Au début, son problème n'était pas de m'entraîner, mais de développer ma personnalité! Si je commençais à exécuter ses ordres comme un robot, notre collaboration serait vouée à l'échec!

Il croyait qu'un sportif ne peut s'épanouir qu'en toute liberté, et non sous la contrainte. Aussi, il faisait tout pour ne pas trop m'influencer. Pour Guennadi, le vrai danger aurait été qu'on soit trop proches l'un de l'autre, qu'il me façonne à son image et que s'installe une forme de dépendance entre nous. D'ailleurs, il faisait attention à ne pas me consacrer trop d'attention, à peine un tiers de son temps, et il encourageait toutes mes initiatives personnelles.

Au début d'une relation, Guennadi s'attarde toujours plus sur les caractéristiques psychologiques de ses athlètes que sur leurs qualités physiques. Par exemple, moi, il me range dans la catégorie des « poteaux ». Pour lui, ce sont des athlètes redoutables qui fonctionnent de façon très cérébrale. Ils analysent tout jusqu'à l'obsession. Et lorsqu'ils sont un peu dérangés, on les prend pour des génies! En fait, sa principale préoccupation est d'ordre intellectuel.

Puis Popov raconte ses premières compétitions sous la direction de Touretski :

> Le jour de la course, Guennadi trouve toujours le moyen de s'éclipser. Impossible de le trouver. Il n'est jamais dans les parages ! Et ce n'est pas de la superstition. Sa conviction profonde est que, de toute façon, les dés sont jetés et il ne peut plus rien apporter à l'athlète. Il ne veut même pas qu'on pense à lui. Un jour, il m'a dit que si quelque chose lui arrivait sur le chemin de la compétition et qu'il se retrouvait en prison, cela ne devait pas influencer mon comportement. Il craint toujours d'être un poids pour l'athlète.

Leur collaboration se prolongea même après l'engagement de Touretski par la Fédération australienne, alors qu'ils étaient devenus des adversaires.

> Qui d'autre que lui aurait pu trouver les mots justes ? Il jouissait aussi d'une autorité qui lui permettait de me protéger des conseils trop zélés des autres entraîneurs de l'équipe russe.

Ce type de coaching ou de management demande une étonnante sagesse et beaucoup d'audace. Si Touretski se taisait ou ne répondait pas à certaines questions, ce n'était certainement pas faute d'avoir quelque chose à dire, ni faute de connaissances de la part de ce véritable « puits » de sciences, qui sait absolument tout sur la natation, qui a étudié la biomécanique, la physiologie, la diététique, la psychologie, lu quantité de livres sur les poissons et passé d'innombrables heures à les observer afin d'améliorer la glisse de ses nageurs[44].

---

44. Extrait de *100 champions pour un siècle de sport*, Éditions SNC L'Équipe, 2000.

Savoir de temps en temps s'effacer, pour encourager l'initiative individuelle et développer la personnalité, est peut-être l'étape ultime qu'il faut franchir pour devenir un bon maître. Comme dit Donald Winnicot, un grand thérapeute familial, qui est un peu comme un entraîneur :

> Le moment important dans une thérapie, ce n'est pas le moment où je fais une brillante interprétation, c'est le moment où l'enfant se surprend lui-même.

Achevons l'éloge de ce développeur de talents, apôtre de l'autonomie, par un contre-exemple qui illustre une des causes les plus courantes d'échec dans les relations entraîneur-entraîné : le refus de l'athlète de prendre ses responsabilités. Guennadi Touretski cite l'exemple de Michael Klim, grand nageur australien qu'il entraîna. Contrairement à Popov, Klim ne pouvait s'empêcher de solliciter continuellement son mentor avant une course. « J'essayais chaque fois de trouver les mots clés », dit Touretski. Lors des Jeux olympiques de Sydney, Touretski est tombé en panne d'arguments. Résultat : Klim n'a décroché aucun titre individuel.

> Avant le départ d'une course, explique Touretski, Michael éprouve le besoin de mettre du poids sur vos épaules. Il s'appuie sur vous, c'est une manière de fuir ses responsabilités et de faire porter le chapeau à l'entraîneur en cas de contre-performance[45].

Dans un tel contexte, les relations s'usent vite. Depuis le départ de Touretski, Michael Klim a changé trois fois d'entraîneur en une année !

---

45. *Sport et vie*, hors série numéro 17, 2003.

Le temps de construire la confiance

Le maître doit apprendre à « laisser faire » lui aussi, en certaines circonstances, ce qui n'est pas sans évoquer le processus de création que nous décrivions au début de ce livre. Cela exige de l'entraîneur beaucoup de confiance en soi de se retenir d'imposer ses vues ou de montrer à quel point il est indispensable. Ne pas être présent à tous les entraînements, s'effacer lors des compétitions, tout cela n'est possible qu'à la condition de gagner la confiance de l'élève, ce qui demande du temps.

Le temps ! Le temps de construire la confiance, c'est malheureusement aussi ce qui manque souvent à l'entraîneur et à l'athlète. Les relations qui durent sont rares dans un monde en proie à l'angoisse du prochain match, où l'hystérie du succès et des résultats provoque une surenchère permanente entre athlètes, entraîneurs, parents et managers, spécialement dans les sports médiatisés. « Ça va mal ? Changeons d'entraîneur et ça ira mieux », voilà qui résume à peu près les mœurs sportives. Cette situation permet il est vrai d'éviter les vrais bilans, de ne pas avoir à trop regarder en soi-même, de fuir ses responsabilités, et reflète la superficialité relationnelle de certains couples entraîneur-entraîné, soudés par le seul ciment du résultat.

Les collaborations reposent rarement sur un contrat moral, « d'homme à homme », où en cas de difficulté chacun doit faire preuve de cette honnêteté qui préserve de la tentation de tout mettre sur le dos de l'autre. Ce n'est que lorsque le respect et les gens passent avant les résultats qu'on peut surmonter les crises et se donner l'occasion d'éprouver pleinement les qualités que les uns peuvent apporter aux autres. Les grandes collaborations ont su atteindre ce niveau, cette qualité de confiance où il devient possible de travailler dur dans la sérénité, de surmonter les problèmes dans le calme, d'envisager un bagage technique payant à long terme, de prendre certains risques, de construire un vrai plan avec des objectifs et des valeurs longuement mûries qui, une fois partagées, scelleront une complicité plus forte que toutes les pressions du monde.

L'efficacité dépend de ce type d'entente où, si l'on a appris à se connaître, on peut parfois se passer des mots et même se passer l'un de l'autre ; où *coachs* et athlètes peuvent avoir des échanges sur d'autres sujets que leur sport et où l'affection finit par présider la relation et dépasser les enjeux. Quand l'enjeu devient la relation elle-même, l'athlète tout comme l'entraîneur, ayant le droit d'exister ailleurs que sur un tableau d'affichage, ayant le droit de se tromper ou de perdre sans pour cela risquer de perdre dans le regard de l'autre, peuvent alors jouir de la confiance et de la solidarité propres aux grandes réalisations.

Un exemple de mauvais élève : Mister *Dash or Crash* (Monsieur Brille-ou-Casse)

Bode Miller est une superstar du ski, double champion du monde de géant et de combiné en 2003, champion olympique à Salt Lake City en 2002.

> « La désobéissance est la plus grande des qualités humaines. Dans les périodes troublées, ou sous des régimes iniques, quand il s'agit à tout prix de ne pas se tromper de camp, on en a eu mille fois la preuve ; pour des choses plus futiles, comme la réalisation de soi à travers une œuvre ou une vocation, Bode Miller apporte à son tour sa pierre à l'édifice.
>
> On s'est bien moqué du skieur américain, durant toutes ces années où il « explosait en vol ». Notamment en slalom, où il voulait aller plus vite que la musique, sentant en lui cette vitesse exceptionnelle, mais ne voulant pas attendre de posséder les acquis techniques qui lui permettraient de la libérer sans la désintégrer.

Aux États-Unis, les roulés-boulés permanents de Miller furent même comptabilisés : du 26 février 1999 au 25 novembre 2001, il ne figura dans aucun classement des 17 slaloms auxquels il participa, tombant 11 fois ! Un jour, *Doctor DNF (Do Not Finish) and Mister DNQ (Do Not Qualify)* inspira à un chroniqueur cette appréciation goûteuse : « Pour trouver trace de Bode dans les classements de la coupe du monde, il faut se munir d'un système GPS. » D'autres lui trouvèrent le surnom de *Dash or Crash*, tandis que, partout, on évoquait sa *sky's the limit mentality*, littéralement : le ciel est ta seule limite.

À force de vouloir skier aux frontières du possible, à force de répéter qu'il voulait « vivre libre ou mourir », à force de persévérer dans ce qu'il croyait juste pour lui, à force d'agacer des générations d'entraîneurs par sa vision individualiste et originale des choses, à force de désobéir, donc, Miller a fini par avoir raison. Car il n'y a que le résultat qui compte, en sport plus qu'ailleurs. « Je me fiche qu'une faute me fasse perdre du temps si elle peut me faire gagner la course. » Ainsi justifie-t-il ses trajectoires radicales et sa mise en danger permanente.

Ni Chip Cochrane, son entraîneur quand il était encore tout môme (« Bode a toujours eu son propre plan »), ni Jesse Hunt, il y a quelques années directeur alpin de la US Ski Team, mais qui fut auparavant son *coach* (« Il y a des types qui veulent qu'on leur donne des directives, d'autres qui préfèrent apprendre à la dure, Bode était de ceux-là »), ni Phil McNichol, directeur des équipes masculines (« Bode est spécial, alors il fait des choses spéciales »), ne regretteront d'avoir lâché un peu la bride à ce pur-sang déguisé en âne[46]. »

---

46. Tiré d'un article de Nathalie Vion paru dans *L'Équipe* en février 2003 à l'occasion des championnats du monde de Saint-Moritz.

Bode Miller, à Saint-Moritz, dans le géant des mondiaux 2003, «grâce à toutes ces années où il fit des expérimentations *in vivo* sur lui-même, savait sans doute mieux que les autres jusqu'où risquer, jusqu'où se pousser». Il tenta donc un véritable miracle dans la deuxième manche : rattraper 87 centièmes de retard sur le premier, avec un mauvais dossard, sur une neige où s'étaient formés de méchants trous.

«Il n'y en avait qu'un pour surfer sur l'impossible. Et, désobéir encore. Refuser une histoire qui partait dans le mauvais sens pour une sombre affaire de neige trop creusée, ou trop froide, ou les deux. Bode Miller allait savoir faire. Vivre libre ou mourir. Passer ou casser. *Dash or crash.* »

Une minute vingt-six secondes et trente centièmes plus tard (1:26,30), Bode Miller était champion du monde.

CHAPITRE 3
La force émotionnelle

La pression est-elle bonne ou mauvaise ? On entend parfois dire qu'il en faut pour bien jouer, parfois qu'elle fait perdre. La pression, il faut la « gérer », « s'en libérer », la « supporter », la « vaincre », la « subir », etc. Que cachent ces expressions ? Quand on parle de pression, parle-t-on de l'enjeu d'une finale ? De l'obligation de résultat ? De la pression qu'exercent sur nous les autres (l'entourage, le public, son pays), de la pression qu'on se met soi-même sur les épaules ou de celle qui monte soudainement dans les moments décisifs ? Selon les situations, on pourrait remplacer le mot pression par tension, anxiété, stress, enjeu, danger. En bref, la pression est partout, comme un petit diable qui jouerait à se déguiser, mais derrière les masques c'est toujours le même qui sévit : la peur. La pression engendre la peur d'être regardé, de décevoir, de ne pas être à la hauteur, d'être ridicule, de rater. Que faire de cette peur ? Que font les champions avec la peur ?

Les amoureux de la pression, cette peur nécessaire
Le plus étonnant, c'est que la peur chez certains galvanise l'énergie et le talent, tandis que chez d'autres elle a un effet paralysant. La peur peut vous donner des ailes ou vous les couper. Il serait faux de penser que les champions – et tous ceux

qui sont capables de donner le meilleur d'eux-mêmes sous la pression – n'ont pas peur. C'est même exactement le contraire : ils ont besoin de se faire peur. Ils entretiennent avec la peur une relation intime, presque charnelle. Elle les excite, elle stimule leurs capacités. Les champions ont peur, mais ils aiment ça ! L'aventurier de l'extrême, par exemple, lorsqu'il se trouve sur la montagne, l'océan ou la banquise, est obsédé par le désir de triompher de la mort. « Être vivant, c'est aller à la rencontre de la mort », disait Gérard D'Aboville[47].

Le champion sportif affronte la peur de la défaite comme l'alpiniste affronte la mort : pour n'avoir plus à la craindre. De cette obsession naît le désir de surmonter l'échec, de l'exorciser. Tous deux tentent de s'approcher de la peur pour l'apprivoiser. Curieusement, côtoyer la peur, la braver, est leur moyen de se mettre à l'abri d'elle. C'est une curieuse manie qu'ont certains hommes de vivre avec le risque pour découvrir une « sécurité intérieure ». Tandis que la peur fait barrage chez la plupart des gens normaux, les champions n'ont pas peur d'avoir peur[48].

Ce chapitre n'a pas pour but de dire comment gérer la pression. Pour cela, il existe des techniques ou des procédures à suivre (voir *Région 27*, p. 283 et *Région 28*, p. 284). Le but ici est de mieux comprendre la psychologie de ceux que nous avons appelés les gagneurs et leur attitude face à la pression. Les techniques ne seront pas efficaces si on ne comprend pas que les champions gèrent mieux la pression parce qu'ils aiment flirter avec la peur, ce qui leur donne le pouvoir de transformer la tension en relâchement, en capacité à jouer. En cela, on peut les appeler des « amoureux de la pression ». Parmi eux, on peut ranger les aventuriers de l'extrême et les grands sportifs, mais

---

47. Le premier homme à avoir traversé à la rame et en solitaire l'Atlantique, et ensuite le Pacifique.
48. Épictète, le philosophe stoïcien, a écrit : « Il ne faut pas avoir peur ni de la pauvreté, ni de l'exil, ni de la prison, ni de la mort. Mais il faut avoir peur de la peur. » Livre 2e, xxxix.

aussi les acteurs, les entrepreneurs, tous les créateurs et les *performers* qui ont besoin de constamment s'imposer des défis, de se mettre en danger, de recréer ces états de survie et de tension extrême d'où ils espèrent voir l'inspiration une fois de plus voler à leur secours.

Tous ces compétiteurs vivent avec la pression, la recherchent autant qu'ils la redoutent. Ils attendent ce moment d'être en contact avec la violence de leurs instincts primitifs, de ressentir « cette fragilité de la vie face au gigantisme des éléments[49] ». Comme s'il n'y avait que lorsqu'ils sont dans le combat ou sur la scène, sur la corde raide, parvenus au point de non-retour, tels des funambules, pris entre le vide et les applaudissements, dans le couloir du faux pas, qu'ils se sentent vivants.

Les amoureux de la pression aiment danser au bord du vide. Pourquoi ? Pour échapper à l'ennui, plaire, gagner leur estime de soi, se faire remarquer ? Ou simplement jouir de l'éveil total des sens, dans la zone, « cet état de conscience particulier faisant appel à des ressources insoupçonnées » ? Excitation, extase, tension, lucidité dans le chaos, sentiment d'échapper au temps, vertige. Voilà les sensations que recherchent les amoureux de la pression. Comment ne pas voir l'avantage que ces compétiteurs ont sur leurs adversaires ? Quelle différence ! Les uns subissent, souffrent, paniquent ; les autres jouissent !

Sans pression, les champions ont même du mal à se motiver, à se concentrer. Ils n'aiment pas jouer dans des stades vides. « Je préfère jouer avec 5000 personnes contre moi que de jouer devant personne », avouait John McEnroe lors de la finale de la coupe Davis contre la France, à Grenoble en 1982. La peur ajoute du piment à leur jeu. Elle est la compagne nécessaire à l'exploit. Un champion qui n'a pas peur ne sort jamais le grand jeu, il

---

49. Éric Escofier, as du parapente. Extrait du dossier « Que cache le goût du risque » *Psychologies*, juillet-août 2000.

peut même lui arriver de s'endormir. Aussi, les grands champions sont-ils plus vulnérables au commencement des compétitions, deviennent « prenables » dans les petits tournois, sur un petit stade, un court secondaire.

J'ai le choix : la pression paralysante ou la pression transcendante

La solution n'est donc pas de se libérer de la pression, mais bien de s'en servir. Il serait vain de nier la pression ou de vouloir la faire disparaître – nos démons intérieurs ayant ce talent de nous rappeler précisément ce qu'on veut oublier. La pression sera là de toute façon, alors autant essayer de vivre avec elle et de l'utiliser pour progresser. Et il n'y a pas que les grands champions qui savent jouir de la pression.

La pression n'est ni bonne ni mauvaise en soi. Certes, elle oppresse, car elle implique l'obligation de résultat, et on se sent un peu prisonnier d'elle, mais on a toujours le choix d'en faire quelque chose de stimulant. Là se situe notre marge de liberté. C'est nous qui transformons la pression en une chose bonne ou mauvaise. Tout est dans la relation qu'on entretient avec elle et tout dépend comment on veut la voir.

Pour conclure, résumons deux approches possibles :
- ❑ La pression paralysante : je la subis. Je vois surtout ce que j'ai à perdre. Elle me fait trop penser à l'enjeu. Sous son influence, je me préoccupe de choses que je ne peux pas contrôler : le résultat final, ce que les autres vont penser, etc. La pression devient lourde, je suis fébrile, indécis, maladroit.
- ❑ La pression transcendante : je m'en sers. J'ai envie de me retrouver dans une situation critique, car j'y vois l'occasion de montrer ce que je vaux. Cette pression-là me fait penser au jeu. Je suis dans le présent pur.

La première approche est défensive, la seconde est conquérante. Dans un cas, je défends un résultat, je joue pour ne pas perdre ; dans l'autre, je vais chercher le résultat, je joue pour gagner. Ce qui est stressant devient excitant. Le feu rouge passe au vert.

> Il y a quelque chose que je demande toujours à mes nageurs. Quand tu es sur le bloc de départ avant une course importante, en pleine concentration, est-ce que tu serais capable de sourire ? Si oui, alors tout va bien[50].

Voilà une dernière idée à retenir : au moment critique, songez à sourire intérieurement. Devenez un amoureux de la pression. Souriez-lui, elle vous sourira.

Le contrôle de la force

Les gagneurs savent jouer avec la peur, donc ils savent se dominer, garder leur sang-froid dans les moments critiques, supporter le stress, transformer l'émotivité ou l'agressivité en énergie positive, revenir au calme dès qu'il le faut, presque instantanément. Ils ont en commun cette capacité rare qui consiste à rester une « bombe dormante » dans le feu de l'action. Le mode d'emploi de cette qualité est simple, tout marche à l'envers : plus ça bouge, plus ils sont équilibrés ; plus ça chauffe, plus ils paraissent froids ; plus la situation est tendue, plus ils sont relâchés !

> Les champions sont ceux qui gardent le contrôle de leurs nerfs dans les situations les plus tendues, et c'est pour ça qu'ils gagnent[51].

---

50. Interview de Guennadi Touretski parue dans *L'Équipe*, 26 juillet 2003.
51. Serena Williams, peu avant de devenir numéro un mondial.

S'il existe une force mentale, c'est bien celle de contrôler son émotivité. Quelle que soit la force de son désir, ses talents, sa capacité de concentration, le compétiteur trop émotif et fébrile perdra ses moyens. C'est le plus grave défaut d'un combattant. La force, il ne suffit pas de la posséder, encore faut-il la contrôler. Cette force qui assure un équilibre psychique remarquable dans l'action, nous l'avons appelée « force émotionnelle ».

Citons les paroles de quelques champions sportifs célèbres :

Plus l'enjeu monte, plus j'ai l'impression d'être calme.
WAYNE GRETZKY, HOCKEY

J'étais à l'aise parce que je sentais que les autres étaient nerveux.
REGGIE JACKSON, BASEBALL

Tôt ou tard, l'adversaire va changer quelque chose, forcer, se précipiter et faire une erreur. Et je ne vais pas le faire.
REGGIE JACKSON, BASEBALL

Ce que j'aime dans un match, c'est la sensation du combat.
PATRICK RAFTER, TENNIS

C'était intense, c'était dramatique. On ressentait littéralement de l'électricité dans l'air.
PETE SAMPRAS, TENNIS

C'est pour ces moments-là que nous jouons.
ANDRÉ AGASSI, TENNIS

Ce qui caractérise les grands champions, c'est qu'ils atteignent leur « meilleur » dans les grandes occasions, mais aussi qu'ils élèvent leur niveau quand c'est nécessaire : tel basketteur marque un panier de trois points dans la dernière seconde de la finale ; tel coureur bat le record du monde le jour de la finale olympique ; tel hockeyeur marque un but en période supplémentaire ; etc. Ces champions ont le pouvoir d'aborder la pression avec un esprit de conquête, avec audace, ce qui leur permet de réussir les gestes les plus difficiles, mais l'audace suprême, dans les moments critiques, ce peut être parfois de ne pas trop en faire. Quand il serait normal d'être nerveux, d'être poussé à croire qu'il faut absolument faire quelque chose de plus ou de différent, être plus agressif ou plus prudent, les grands, eux, ont la force de ne pas changer, de rester eux-mêmes.

Ne pas changer en sachant que l'autre risque de changer

On dit que les champions sont ceux qui arrivent à mieux jouer dans les moments importants. En y regardant de plus près, on voit que, en fait, c'est souvent l'inverse : ce sont les autres qui jouent plus mal. L'adversaire finit par changer quelque chose, s'emballer, se précipiter ou, au contraire, retenir ses coups, ne serait-ce qu'un seul. Les grands le savent et ont ainsi une bonne raison de ne pas changer leur jeu. Cela leur donne la confiance et le cran de faire les coups qu'ils ont l'habitude de réussir en temps normal, et ces coups nous paraissent exceptionnels. Comme ils ne cherchent pas à trop en faire, ils possèdent une marge de progression, d'accélération qu'ils utilisent à bon escient.

Le meilleur moyen de bien jouer les points importants, c'est, tactiquement, de les jouer comme les autres points (à fond et de façon posée), et, psychiquement, de rester le même (concentré et en souplesse).

Les dominateurs utilisent la fébrilité de l'autre à leur avantage

Reportons-nous au chapitre sur la « zone ». Nous vous encouragions à vous faire assez confiance pour ne pas surjouer, à vous appliquer à bien réaliser vos gestes et vos coups de base, à vous attendre à être dans votre bon niveau de performance. C'est à partir de cette plate-forme rassurante où vous gardez vos repères que, de temps en temps, vous décollerez.

Nous citions deux des plus grands dominateurs de l'histoire du sport, Tiger Woods et Pete Sampras. Pour Tiger Woods, les exploits et les prouesses sont inversement proportionnels à la simplicité des objectifs qu'il se fixe dans l'action. « Ne pas chercher à faire quelque chose de grand, de spécial [...] quand je sais que les autres ont un bon coup à jouer, juste poser ma balle sur le *green*. » Et Pete Sampras, le plus coté et le plus spectaculaire, si redoutable dans les fins de match, affirme ne rechercher qu'à « faire son job et rien de plus » ! Ajoutons cette anecdote du nageur Alexandre Popov :

> Mon entraîneur m'avait demandé d'observer la manière dont Biondi, alors *recordman* du monde du 100 mètres libre, préparait ses courses. C'était la première fois que je l'apercevais. Il était assis seul dans son coin, à la piscine, un bouquin à la main, et s'étirait les jambes. Serein, relâché. La course n'occupait pas encore ses pensées. Il m'a donné l'impression de n'y penser réellement que lorsqu'il est monté sur le bloc de départ. À l'arrivée, il gagna en quarante-sept secondes huit (47,8). Quelle initiation[52] !

---

52. *Sciences et vie*, numéro spécial, numéro 17.

La force des grands, la force émotionnelle, est bien cette qualité qui fait que personne ne peut les détourner de leur but. Si derrière les masques, les guerriers ont une âme d'exubérants ou d'introvertis, de passionnés ou de calculateurs, si tous combattent pour des raisons différentes, avec des armes et des talents différents, une seule loi compte quand vient le moment fatidique : ne rien laisser paraître, se vider de tout sentiment humain.

La question, ici, n'est pas de prôner l'anesthésie des émotions – ce qui équivaudrait à une forme de folie –, mais bien plutôt de savoir les gérer, ce qui fait la marque des champions. La qualité la plus extraordinaire de ces compétiteurs, c'est leur incroyable équilibre psychique face au danger.

Ils ne sont peut-être pas tous des hommes équilibrés dans leur vie, mais ce qui est sûr, ils sont des hommes d'action équilibrés. Quand la maison brûle, ils sont ceux qui connaissent les gestes qui sauvent.

Le point de rupture

Dans le match mental, chacun teste la force de l'autre. Il n'est jamais écrit qui la maîtrise le mieux, et les apparences sont parfois trompeuses : les données peuvent s'inverser, parfois de façon spectaculaire. Tout dominateur reste dominateur tant qu'on ne l'a pas forcé à atteindre son point de rupture : les limites de sa résistance psychique. L'adversaire peut se montrer efficace et sûr de lui jusqu'à ce point sensible au-delà duquel il peut montrer un tout autre visage. Jusqu'alors, tout va bien, l'athlète semble en contrôle, puis subitement tout peut changer. Passé ce point, rien ne va plus : la concentration cède, des émotions remontent à la surface, le corps n'est plus capable de les contenir ; puis la confiance peut s'effondrer, l'assurance se transformer en désarroi, la fébrilité gagner même les gestes les plus simples. Passé ce point, toutes les faiblesses semblent apparaître une à une comme de petits diables échappés d'une boîte.

Reste à atteindre ce point, à créer la fissure dans la carapace de l'adversaire, et cela dépend du bras de fer psychologique que nous avons longuement décrit, où chacun doit influencer le match avec la force de sa personnalité, ne rien lâcher, rester compact, maintenir la pression sur l'adversaire par sa concentration. Derrière le point de rupture, on découvrirait un autre compétiteur, qu'on n'imaginait pas avant, vulnérable comme tout le monde. Ce qui fait la valeur d'un compétiteur, c'est la distance qui le sépare de son point de vulnérabilité, la distance entre le combattant qui ne cède rien et celui qui redevient humain (qui se relâche, doute, se désunit, regarde autour de lui, perd son calme, fait des cadeaux).

Plus cette distance est grande, c'est-à-dire plus le point de rupture est éloigné, plus le compétiteur est difficile à battre. Le numéro un dans sa discipline est celui que personne n'arrive à déloger de sa zone de sérénité. Il est le meilleur parce que personne ne peut atteindre son point de rupture, personne n'arrive à le pousser jusqu'au point où il redeviendrait humain (derrière le mur où se cache sa vulnérabilité). Cette distance peut sembler constituer, aux yeux des autres compétiteurs, une montagne psychologiquement infranchissable, mais parfois il suffit que l'un d'eux parvienne à battre une fois le champion pour que les autres commencent à croire en leurs chances. Une fois qu'ils ont pris conscience de faiblesses jusqu'alors inconnues, une fois qu'ils ont vu des signes de faiblesse, aussitôt les prétendants au trône perdent leur respect et s'autorisent à se lancer à l'assaut du point de rupture du champion, enfin identifié, donc démystifié.

Un exemple : au début des années 2000, Serena Williams est déjà l'une des meilleures joueuses de tennis. Elle gagne tout, collectionne les tournois du Grand Chelem. Sa puissance et sa confiance sont indestructibles, elle semble jouer à un jeu que les autres ne connaissent pas ou contre lequel il n'y a pas de riposte possible. La simple vision de sa masse musculaire, de cette carrure presque irréelle pour une joueuse de tennis, contribue à décourager la plupart de ses adversaires qui partent déjà perdantes. Le tennis féminin est victime de cette image, il est vrai, difficile à occulter. Par exemple, quand on la croise au changement de côté et qu'elle semble dire : « Vous voulez m'attaquer, moi, mais regardez mes épaules, mes bras, mes cuisses ! » En bref, Serena est imbattable, tout le monde le dit, tout le monde le pense.

Or, au printemps 2003, Amélie Mauresmo, classée cinquième, bat pour la première fois Serena en demi-finale du tournoi de Rome, à l'issue d'un match intense, d'une manière qui ne laisse aucun doute sur la domination de la Française et sur son mérite à avoir poussé la championne dans ses derniers retranchements, jusqu'au point où elle était redevenue une joueuse normale. Cette victoire provoque un déclic dans les esprits : oui, c'est possible, on peut battre Serena à son propre jeu, en puissance, pour peu qu'on s'autorise à la défier sur son propre terrain, sans complexe, avec en tête l'idée de la bousculer pour gagner et non de craindre les représailles.

Une brèche est faite dans la carapace de Williams. Il ne faudra pas attendre longtemps pour voir d'autres joueuses l'exploiter et s'y engouffrer. Quinze jours plus tard, en demi-finale à Roland-Garros, la frêle et non moins agressive Justine Hénin, quatrième au monde, se lance à l'assaut de la championne aux bras d'ébène et bat Serena à son tour pour la première fois, 7-5 au troisième set[53]. Mauresmo lui avait ouvert la voie, Justine peut lui dire merci.

---

53. Justine Hénin gagnera Roland-Garros cette année-là, son premier Grand Chelem.

En conclusion, l'entraînement sert en grande partie à allonger la distance qui mène à ce point de rupture. Pour beaucoup, le travail se limite aux réglages techniques, à la mise en place des schémas tactiques. Or, l'entraînement sert avant tout à s'entraîner à se concentrer et à développer sa résistance psychique, c'est-à-dire :
- ❑ à traiter chaque entraînement comme un match ;
- ❑ à avoir des moments d'intense concentration plus longs ;
- ❑ à se ressaisir vite quand on a été déconcentré ;
- ❑ à ne pas se disperser, à faire abstraction de ce qui se passe autour de soi ;
- ❑ à ne pas s'énerver et à travailler son langage du corps ;
- ❑ à ne pas se désunir dans la fatigue.

La valeur d'un entraînement dépend de l'intensité de ce travail. Cette qualité est garante non seulement des progrès, mais aussi d'aptitudes essentielles en compétition pour être efficace, c'est-à-dire la capacité :
- ❑ de rentrer dans le match ;
- ❑ de rester dans le match ;
- ❑ de ne pas lâcher ;
- ❑ de bien jouer même quand on joue mal ;
- ❑ d'éviter les passages à vide ou de bien les gérer ;
- ❑ d'exercer une pression sur l'adversaire par la constance de sa concentration ;
- ❑ de rester présent mentalement.

La résistance psychique

La résistance psychique est plus difficile à acquérir que la résistance physique. Il est plus facile de faire des tractions ou des tours de piste, même quand on est fatigué, que de se concentrer sur un exercice difficile, de « rentrer » dans l'exercice quand on a « la tête ailleurs ». Il est plus facile de pousser le corps d'un athlète que de pousser sa tête. La sueur s'écoule plus facilement que l'influx nerveux. Le conditionnement physique sert souvent d'échappatoire pour ne pas avoir à affronter le difficile travail psychique des entraînements. Beaucoup d'athlètes passent par là à un moment de leur carrière, pensant tout résoudre grâce à un nouveau programme physique draconien, énumérant fièrement la liste de tous les sacrifices auxquels ils sont prêts à consentir. Il serait parfois indiqué de faire comprendre à ces jeunes athlètes qu'ils se focalisent sur le physique parce que c'est un alibi pour éviter la question de la qualité de l'entraînement et qu'il leur permet, par exemple, d'oublier leurs problèmes de concentration.

Je me « désentraîne »

Un athlète doué, qui prend l'habitude de s'entraîner sans intensité de concentration, ne progressera pas aussi vite que ses moyens pourraient le lui permettre, puis il stagnera de plus en plus souvent, de plus en plus longtemps, avec le sentiment d'être pris au piège, sans savoir comment réagir, comme si des portes invisibles s'étaient fermées devant lui. Une heure d'entraînement intense vaut mieux que trois heures médiocres, et si l'on perd l'envie de nager, de courir, de jouer, de bouger, l'entraînement ne sert à rien. Tout le monde le sait, et cela est si évident qu'on l'oublie souvent.

En fait, lorsqu'on s'entraîne sans intensité, on se « désentraîne ». On finit par perdre ce qu'on a acquis, non pas le geste, mais la qualité du geste. On devient lent avec son coup d'œil. Le corps prend de mauvaises habitudes de lenteur et d'imprécision qu'il sera difficile de défaire. Les sensations sont approximatives, le temps de réaction est long, le *timing* irrégulier. Les limites que rencontrera plus tard un athlète se dessinent dans ces entraînements où rien ne se passe, et à la longue les limites deviennent indélébiles.

Même si on connaît le classement de son adversaire, on ne connaît pas sa valeur le jour de l'épreuve ou du match. Or, il n'y a que la valeur du jour qui compte. Lorsque vous affrontez un athlète bien classé, dites-vous que ce n'est pas son classement que vous affrontez, mais ce qu'il est capable de faire ce jour-là. D'où l'importance d'essayer de le pousser jusqu'à son point de rupture. C'est le seul moyen de savoir à qui on a affaire, de connaître la valeur réelle de son adversaire. Chez les plus jeunes, le point de rupture peut se dévoiler à une vitesse surprenante. Il n'est pas rare de voir, en compétition, un jeune vigoureux et conquérant s'effondrer tout d'un coup. Au tennis, par exemple, cela arrive parfois à 3-0 au premier set. Naturellement, les professionnels savent se maintenir plus longtemps loin de leur point de rupture. Les grands matchs sont ceux où aucun des adversaires ne cède. La décision se joue alors dans les derniers moments, parfois pour un geste, un point...

Cette résistance psychique, fruit de la force émotionnelle et d'une capacité de concentration exceptionnelle, est un atout aussi essentiel que la résistance physique. Dans les deux cas, le même principe s'applique : en compétition, on ne peut compter sur sa résistance que si on l'a éprouvée à la puissance dix à l'entraînement. Les fameuses limites que les champions n'ont cessé de tester tout au long de leur parcours, celles qu'ils ont mis tant d'énergie, d'entêtement, de savoir-faire à faire reculer au-delà du possible ne concernent pas que le corps, la capacité respiratoire et ce que les muscles peuvent endurer. N'oublions pas que « repousser ses limites » vaut aussi pour la force émotionnelle.

CHAPITRE 4
Les champions s'accordent-ils le droit de perdre ?

Avant une compétition, la logique voudrait qu'on s'accorde le droit de perdre. Pourquoi ? Le compétiteur qui accepterait l'idée de la défaite serait plus léger, soulagé d'une partie de la pression. En envisageant le pire (perdre), il se détache de l'enjeu (ce n'est pas si grave de perdre) et se donne le droit à l'erreur (j'ai le droit de ne pas être parfait). Un tel détachement permet de tranquilliser son esprit, de neutraliser la partie en soi qui « pense trop ». Lorsque le Maître envisage la défaite, il se rassure et accepte plus facilement de « se lâcher ». C'est logique. Mais est-ce aussi simple, pour se libérer, de se dire : « Si je perds, je n'en mourrai pas » ?

Et si, au contraire, les plus grands exploits, les plus grandes réalisations – dans la vie comme dans le sport – se produisaient lorsqu'on a l'impression que sa vie en dépend ? N'est-ce pas quand on est forcé de réussir qu'on réussit le mieux et qu'on est amené à puiser en soi des ressources insoupçonnées ? Parce qu'on n'a pas le droit à l'erreur ? N'est-ce pas parce que les champions se comportent comme s'ils jouaient leur vie et qu'ils se sentent *obligés de gagner* qu'ils atteignent de tels niveaux de performance ? La question est posée.

Le sens de la victoire

Winning, this is what it's all about – Gagner, il ne s'agit que de cela. Voilà une phrase simple, trop simple sans doute, pour définir le sport de compétition, mais qui dans certains pays (aux États-Unis par exemple) fait figure de principe d'éducation. Il faut reconnaître l'importance que gagner revêt pour tous ceux qui font de la compétition de haut niveau. Gagner représente bien plus que le but du jeu. Quel jeu, d'ailleurs ? Peut-on encore parler de jeu ? Cela aurait-il un sens de dire à un jeune qui s'apprête à disputer sa première grande finale : « Ne t'inquiète pas, ce n'est qu'un jeu » ?

Gagner, pour beaucoup, est le moyen de se faire reconnaître, d'exister, de gagner le respect, à commencer par le respect de soi. Gagner est souvent lourd de sens, chargé d'histoire, synonyme de réparation. Ceux qui éprouvent le besoin de se dépasser ont des raisons qu'ils n'ont pas toujours envie de dévoiler. Une carence, une maladie, un complexe qu'ils tentent de compenser en s'investissant à fond. « En gagnant, je prends ma revanche sur la vie, je me lave de mes humiliations. » Voilà le type de raisonnement inconscient qu'on entendrait souvent derrière l'ambition grandiose des « fous de compétition ». Gagner est pour eux plus qu'une récompense : c'est un élixir de vie.

Gagner et perdre. Mourir et renaître. Telle est la loi du sport pour ces chevaliers des temps modernes. Le trophée qu'ils rêvent tous de brandir, la coupe du vainqueur, n'est pas sans rappeler le Graal auquel nous avons fait référence précédemment. Une coupe mythique que jadis les plus valeureux chevaliers ne pouvaient espérer trouver qu'au prix d'une quête solitaire où le don de soi devait être total. Le Graal avait le pouvoir de sauver la Terre d'une malédiction, de redonner l'harmonie au monde, voire de ressusciter les guerriers morts au combat. Se racheter une nouvelle vie, n'est-ce pas ce que les champions cherchent dans la victoire ? dans la coupe ?

Je chassais mon rêve. Si je n'avais pas gagné la coupe de Roland-Garros, je serais encore en train de courir après[54]...

Il existe plusieurs chemins pour gagner, c'est ce que nous tentons de démontrer dans ce livre : en s'appuyant sur le beau jeu ; en imposant sa personnalité, son scénario ; en combattant pour l'amour du combat et non dans la haine de l'autre ; en misant sur une parfaite maîtrise de soi. Il existe des chemins plus créatifs que d'autres, certes, mais gagner reste le remède à un sentiment de manque que nulle autre gratification ou satisfaction ne pourrait combler.

Michael Johnson, champion olympique du 400 mètres à Sydney en 2000, commente la « défaite » (médaille d'argent) de Marion Jones aux Jeux olympiques de Sydney :

> Marion s'est montrée particulièrement gracieuse et bonne perdante. C'est tout à son honneur, mais je pense qu'une fois dans sa chambre d'hôtel elle a dû fracasser de rage tout ce qui se trouvait sur son chemin : une grande championne ne peut se satisfaire que d'une seule place, la première.

Ceux qui prétendent le contraire et croient que gagner n'est pas si important, ou qu'on peut être heureux même quand on perd, nient la réalité du monde des gagneurs. Tiger Woods disait : « Si vous croisez un vaincu qui tombe dans vos bras en disant « c'était formidable, on s'est bien battus », celui-là ferait mieux de changer de métier. »

---

54. Yannick Noah, quinze ans après son sacre.

L'*addiction* des gagneurs

La plupart des sportifs, quand ils gagnent, ont l'air surpris d'avoir gagné. Pas les gagneurs : ils s'attendent à gagner. « Pour ne pas être étonné d'obtenir des victoires, il ne faut pas songer qu'à des défaites », écrivait Napoléon. Chez les plus grands, la satisfaction de l'accomplissement dure rarement longtemps. Les gagneurs ont du mal à savourer leurs victoires, tandis que leurs défaites peuvent les obséder : « Il n'y a aucun équilibre dans leurs sensations : ils s'attendent à gagner et ils gagnent souvent, donc la vibration de la victoire n'est plus aussi forte qu'avant. Mais quand ils perdent, les profondeurs de la défaite sont si grandes[55]. » Chez les champions, gagner est une *addiction* (comme une dépendance à une drogue). Perdre est une asphyxie. Le niveau de stimulation nécessaire est de plus en plus élevé, et l'attente sans cesse plus grande. La nécessité d'augmenter les doses pour revivre l'extase d'une nouvelle victoire, le « *shoot* d'adrénaline », les entraîne dans une spirale d'insatisfaction sans fin.

Gagner ou rien. Est-ce la force des grands gagneurs ? Une obsession ? Une forme d'aveuglement ? Un « état limite » permanent créé par eux-mêmes, où on gagne parce qu'on n'a pas le choix ? Une fureur de vaincre inhumaine née de la peur, serait-ce cela qui conduit au sommet ?

Ne tombons pas dans la caricature : le champion cherche à plaire à tout prix pour combler le vide qui l'habite. Ou encore le champion ne s'aime pas, donc il n'a rien à perdre, d'où la prise de risque, d'où la création, d'où les exploits. Osons toutefois faire un lien entre un sentiment d'impuissance (ou de fragilité) et un ego surdimensionné, un « soi grandiose » ; entre une souffrance psychique et l'explosion du don ; entre l'angoisse de la défaite et la nécessité d'accumuler les exploits. Osons appeler leur désir de vaincre « fureur ».

---

55. John Madden, entraîneur de football américain et commentateur de télévision.

Le dramaturge Daniel Emilfork raconte comment un jour il osa demander à sa mère : « Maman, est-ce vrai que je suis laid ? Et cette femme merveilleuse qui ne m'a jamais menti, m'a dit : "Oui, Daniel, tu es laid." Ce jour-là, j'ai décidé de conquérir le monde ! » Les plus grandes performances adviennent donc le plus souvent dans un état de tension extrême, quand le champion se sent investi d'une mission, quand il est question pour lui (symboliquement) de vie ou de mort et qu'il ne se donne pas le droit de perdre.

Pourquoi un être heureux devrait-il se faire du mal, repousser encore ses limites ? Voyons quelques cas extrêmes. Premièrement, John McEnroe s'exprimant sur sa carrière vingt ans après sa retraite :

> Tout tournait autour du fait que je devais gagner, et durant quatre ans j'ai été le plus grand gagneur du tennis.

Mais pourtant il paraissait incapable de jouir de ses accomplissements : « Si je suis le meilleur joueur de tennis du monde, se disait-il à l'époque, pourquoi suis-je si vide à l'intérieur ? »

> Derrière mes attitudes de façade se trouvaient des zones sombres. Il y avait un démon en moi, contre lequel je devais me battre. Et ce démon, c'était la peur de l'échec. Je faisais des choses dont je n'étais pas fier. J'agissais comme un petit con, j'ai blessé des gens. J'étais dément, j'avais peur. Je cachais ma peur derrière la bravade. J'avais déjà tant de mal à avoir du respect pour moi-même.

Jérôme Thomas, champion du monde de boxe amateur :

> Je suis né avec des malformations (bras gauche plus court ; main gauche plus petite que la droite ; absence de

muscles pectoraux gauches, ce qui exposait mon cœur aux coups). C'est pour ça que je me suis révolté contre le sort. Aujourd'hui, on a beau me répéter que je suis champion du monde, je n'arrive pas à passer le cap. Je cache toujours ma main gauche dans ma poche et je ne me montre jamais torse nu. J'ai peur qu'on ne voie pas le sportif en moi, mais plutôt l'être handicapé.

Parions que Jérôme Thomas, quand il montait sur le ring pour disputer le titre mondial, ne s'accordait pas le droit de perdre.

Comme le dit le psychanalyste Franck Chaumont : « Il y a des gens qui font des choses magnifiques avec leurs symptômes et il y a des gens qui font des choses affreuses avec leur normalité. » Ces constats risqueraient d'apparaître décevants à ceux qui attendaient une recette plus humaine, plus constructive – du genre « comment être heureux et gagner » –, à un savant dosage « réussite/bien-être » à s'administrer soi-même pour renforcer son mental. Chacun fonctionne différemment : l'un veut gagner pour sa mère, l'autre à cause de son frère, l'autre parce qu'il est trop petit, et encore, c'est ce qu'on peut se dire consciemment. Mais au fond, sait-on vraiment pourquoi et pour qui on gagne ? Quoi qu'il en soit, ce mental-là – de gagneurs « tourmentés » – n'est pas à imiter. Il vient de la vie. C'est un peu ce qu'exprime cet autre boxeur, Leon Spinks, lui aussi champion du monde, quand il dit : « Et la boxe, c'est peut-être moins dur que la vie. »

Il existe toutefois une autre approche de la compétition. Après celle des jeunes champions *obligés de gagner*, voyons celle des champions philosophes.

Les champions philosophes

Il y a d'abord le champion en fin de carrière. Avec le temps, il a acquis une philosophie du combat et de la vie. Tentons d'établir son profil psychologique. Ce champion a réalisé une partie des accomplissements dont il rêvait et cela l'a apaisé. Ou bien, il accepte mieux les déceptions et les échecs de sa carrière. Il n'est plus dans la toute-puissance. S'il veut continuer, c'est davantage pour jouir de son talent, sans l'aveuglement des débuts qui l'empêchait de considérer sa chance, de sentir son plaisir, de goûter l'instant présent. Il est devenu conscient de ce qui lui manquait. Les choses qu'il vivra sur le terrain et qu'il réalisera viendront en prime. Le résultat n'est plus mis devant, le résultat est désormais ce qui suit, en vertu d'une logique nouvelle : « Si je fais ce qu'il faut, si mon plan est juste et si je fais les bons choix, le reste suivra. »

Il peut s'ouvrir aux autres, qu'il ne voyait pas avant. Il peut concéder une partie de l'énergie qu'il s'efforçait auparavant de ne pas disperser au prix d'un enfermement souvent interprété comme le fameux égoïsme du champion. Il peut recevoir. Les autres lui procurent une énergie nouvelle. Son désir a évolué. Il veut autre chose, cherche autre chose. Il se sent mieux, la fureur est moins grande. S'il est moins compétitif et hargneux, il est plus créatif. Il peut gagner d'un côté ce qu'il perd de l'autre.

Les fins de carrière conduites sous de tels auspices (plus saines, plus équilibrées, plus détachées) réservent parfois de bonnes surprises. Parmi les champions philosophes, citons aussi l'ancien champion qui, sa carrière terminée, se penche sur son parcours. Il a besoin de partager son savoir et souhaite éviter aux autres les erreurs de jeunesse qu'il a commises. Que disent ces champions qui ont pris du recul par rapport à l'enjeu, qui ne sont plus obsédés par la défaite, ces hommes et ces femmes qui se sont *détachés* ?

> « *Depuis mon titre, en fait, le reste est du bonus. Maintenant, je cours pour me faire plaisir.* »
>
> Muriel Hurtis, athlétisme

« J'ai maintenant le plaisir de jouer pour jouer, pas pour gagner. »

Yannick Noah, tennis

« Je suis arrivé avec un désir immense de goûter chaque instant de tout mon être. Je voulais que ces dix derniers jours de ma carrière soient du bonheur pur. Dans ma tête, je ne pensais pas au résultat, non : je voulais toucher, sentir, profiter, m'imprégner... Parce que c'était la fin. »

David Douillet, judo (aux Jeux de Sydney où il remporte sa 2e médaille d'or)

« Peu importent les chronos, je ne me sens plus comme une idiote dans un bassin. Mon but, ce n'est plus vraiment les titres, les records, ce sont les sensations. Je profite. Tant que je suis heureuse là-dedans, je continue. »

Franziska Van Almsick, natation (à 24 ans, après avoir été star à 14 ans)

« À une époque, ma motivation était la colère. Cet état d'esprit m'était nécessaire pour être performant. J'ai également eu des périodes où ce fut l'argent, ou la jalousie. Des motivations de ce genre permettent peut-être de gagner, mais elles ne sont pas saines, car elles génèrent un processus destructeur. Ma motivation aujourd'hui [au moment de préparer les Jeux de Sydney] est de progresser, de me dépasser, d'essayer de faire mieux chaque fois. Et pour entretenir cette motivation-là, j'ai choisi le plaisir comme carburant. Me faire plaisir devient le but d'une épreuve. Si j'ai fait un beau parcours, je suis satisfait, même si je ne gagne pas. »

Michel Robert, équitation

« Le chemin compte plus que la destination » pourrait résumer la philosophie de ces champions. Le chemin, c'est la manière d'arriver au résultat, la longue période de recherche qui prépare un résultat (voir la première partie). Or, à quel moment devient-on capable de se concentrer sur sa recherche, sur son chemin, plutôt que sur le but ? Le plus souvent, à l'arrivée. Ne faut-il pas être arrivé quelque part, ou en tout cas avoir accompli un bon bout de chemin, pour se rendre compte de l'importance du chemin ? Ne faut-il pas être devenu riche pour se rendre compte que la richesse n'est pas tout ? Ne faut-il pas avoir le trophée dans les mains pour se rendre compte qu'il n'est pas si important ? Il faut du temps pour arriver à détourner le regard du résultat et pour se dire, à l'instar des champions philosophes : je veux me faire plaisir ; ce n'est plus la performance avant tout ; je ne vais pas sacrifier ma vie à mon sport ; je gagne si j'apprends quelque chose, etc. On ne s'accorde le droit de perdre que lorsqu'on a gagné suffisamment pour se le permettre.

Certaines découvertes ne peuvent avoir lieu qu'à certains stades de la vie, et il est pratiquement impossible d'appliquer des idées ou des principes « philosophiques » sans passer d'abord par l'expérience de vie qui les rend compréhensibles et nécessaires. Et, à chaque étape, on regrettera de ne pas avoir bénéficié plus tôt de ce savoir – « Ah ! Si j'avais su ! » Vouloir accélérer le processus de mûrissement des jeunes est souvent inutile. Les entraîneurs sont souvent frustrés de ne pas parvenir à faire passer leurs messages, ces fameux principes dont ils savent l'importance, mais que leurs élèves ne semblent pas pouvoir entendre. Il est des choses qu'il ne suffit pas d'expliquer, des choses qui doivent être vécues pour être comprises. On ne peut reconnaître le bon chemin que lorsqu'on en a soi-même pris un mauvais. Il ne faut donc pas aller trop vite. C'est au contraire quand l'entraîneur renoncera à accélérer, qu'il acceptera de laisser aller son élève – tout en l'accompagnant, quitte à le laisser faire des erreurs –, que le jeune aura l'espace pour accélérer lui-même et pour mûrir.

En conclusion, les grands exploits sportifs se produisent en général quand l'athlète a 20 ans et non 30, quand pourtant il maîtrise mieux son mental. Il faut croire que les exploits dépendent davantage de la force du désir et de l'inconscience propres à la jeunesse que de la sagesse. La force de la jeunesse est précisément la tempête qui l'anime et l'aveugle parfois. Il est des choses qu'il vaut mieux ne pas comprendre si on veut les accomplir. Il est des souffrances qu'on ne supporterait pas si on avait le choix, des obstacles qu'on n'oserait jamais affronter s'ils n'étaient imposés. Alors ? Dans quel état d'esprit est-il préférable de se présenter aux épreuves sportives qui s'annoncent redoutables ? On ne peut répondre simplement à cette question ; aucune attitude standard ne s'impose. On peut retenir qu'il y a un âge pour tout. Et vouloir mettre un esprit de philosophe dans une tête de jeune lion est illusoire. Ce serait la « bonne mesure » rêvée, mais, nous l'avons montré, la plupart des gagneurs puisent précisément leur force dans la démesure.

Les mots qui donnent la vie

Reste le rôle que chacun peut jouer. S'il n'existe pas de recette magique pour programmer la rage de vaincre, on peut toujours aider un athlète en le poussant vers plus de sérénité, de relâchement, de lucidité. Quel que soit son âge, chacun devrait pouvoir se dire avant une compétition : « Je vais tout faire pour gagner, mais j'accepte qu'il y ait un risque que je perde quand même. »

Il est du devoir de tout entraîneur de donner à ses élèves le droit de faire des erreurs ou de perdre, surtout lorsque ceux-ci ne désirent rien plus que réussir. Un entraîneur avisé, en plus des mises au point tactiques et du plan de match, pourrait dire avant une finale, par exemple :

- « Apprécie ce moment et vis à fond ta finale. »
- « Commence par bien faire les choses simples. »
- « Tu n'es pas là pour espérer, mais pour te battre. »
- « Si tu joues contre la situation (finale de Roland-Garros), tu te mets face à un gros problème, si tu joues contre Nadal, tu te mets face à un gros problème ; si tu joues au tennis, tu as une chance. »
- « Focalise-toi sur ce que tu contrôles. Tu ne contrôles pas l'autre joueur, les conditions du terrain, le futur. Ce que tu peux contrôler, c'est ton attitude, ton dialogue intérieur, ta stratégie, ton niveau moyen de performance. »
- « La vie se joue sur quelques centimètres… Les centimètres dont on a besoin sont partout autour de nous, dans chaque occasion de jeu, à chaque minute, à chaque seconde… Dans cette équipe on se bat pour ce centimètre… On se déchire pour ce centimètre… On s'agrippe avec nos ongles pour atteindre ce centimètre… Parce qu'on sait que quand on ajoutera tous ces centimètres, c'est ce qui fera la différence entre gagner et perdre ! Entre vivre et mourir ! » (Discours d'avant match [Super Bowl], d'un *coach* de football américain joué par Al Pacino dans le film *Any Given Sunday*)
- « Dans le feu de l'action, n'oublie pas de te nourrir et de t'hydrater. »
- « Quand tu as peur, frappe encore plus fort. »
- « Au moment de conclure, autorise-toi à gagner. »
- « Joue de belle manière, concentre-toi là-dessus, et les comptes, tu les feras après. »
- « Plus l'enjeu est grand, plus il est essentiel de revenir aux bases. »
- Etc.

Il s'agit de trouver les bons mots au bon moment (juste avant le match ou une heure avant), les mots qui libèrent, les mots qui donnent des ailes. Pour certains, « Pense au jeu, pas à l'enjeu » peut marcher ; pour d'autres cela peut être : « Fais-lui sentir que c'est toi qui as le plus envie, et impose ta volonté. » À chacun de trouver ses mots : « N'oublie pas qui tu es... » ; « Rappelle-toi ta devise : l'aigle n'espère pas, il vole », etc. Les mots qui donnent des ailes ça peut être aussi un geste ou un regard, qui reflètent la sérénité ou la confiance. Tout doit aller dans ce sens : aider le compétiteur à détourner son esprit de la victoire ou de la défaite pour l'orienter vers la confrontation avec soi-même et sa propre performance. À l'exemple de Guennadi Touretski encore, s'adressant à Alexandre Popov, qui allait gagner les championnats du monde de 2003 : « Avant la finale, je lui ai répété ce que j'attendais de lui. « Je me fous de ta place, premier, deuxième ou cinquième. Ce qui m'intéresse, c'est que tu améliores ton chrono de la demi-finale. » C'est le seul secret de la réussite[56]. »

De telles idées, de tels mots peuvent faire du bien, calmer les tempéraments impétueux qui risquent à tout moment de déborder. Canaliser la fureur. Gérer un peu la peur qui conduit l'athlète à se dépasser, mais qui peut aussi le faire craquer. L'idée de s'accorder le droit de perdre avant le combat pourra dans certains cas procurer une force supplémentaire. Alors que se réfugier dans la toute-puissance (je ne peux pas perdre, je suis le plus fort, il ne peut rien m'arriver) est le piège qui guette les adeptes de l'autosuggestion et de la pensée positive et pourra, le jour « J », leur interdire de se libérer. Les mots rassurants de l'entraîneur, un jeune lion les entendra-t-il ? Un jeune champion peut-il entendre les mots de la raison au moment de disputer sa première grande finale ? Ce qu'il en fera lui appartient.

---

56. Interview parue dans L'Équipe, 26 juillet 2003.

Demain je jouerai ma vie…

Comment savoir, par exemple, ce que Yannick Noah avait dans la tête au printemps 1983, le jour où il disputait la finale de Roland-Garros, le tournoi de ses rêves ? L'anecdote à elle seule comprend tous les ingrédients de ce chapitre : La veille du match contre Mats Wilander – sa première et unique finale disputée en tournoi du Grand Chelem –, dans quel état d'esprit se trouve Noah ?

> J'ai la hargne. Une envie incroyable de tout bouffer. Je ne sais d'où ça vient, mais je sens qu'il le faut. Je suis comme un animal. Je suis terrifiant. Demain je jouerai ma vie en un peu plus d'une heure, je serai jugé pour ce que je vaux.

Dans la nuit, il rêve le match. Et il perd. « Le match a duré huit heures et je n'en peux plus. J'ai mal. Je meurs, je meurs… » Et puis son père le réveille. Quel jour sommes-nous ? Lundi ? Non, dimanche matin. La finale reste à jouer !

> Je connais le goût de l'échec et je sais qu'en aucun cas je ne pourrais le supporter. J'ai vu le match. Je me sens libéré, comme un candidat à un examen qui connaîtrait le sujet à l'avance[57].

Libéré peut-être, mais certainement pas détaché de l'enjeu, si l'on en juge par les pensées qui l'habitent juste avant la finale :

> Je me revois mettre le pied sur le court avec cette pensée – et c'est la seule fois de ma vie que j'ai pensé ça : je gagne ou je meurs. Je ne sortirai pas de ce court perdant. Pour

---

57. Yannick Noah. *Secrets, etc.* Éditions Plon, 1997.

que ce type me batte, il va lui falloir me marcher sur le corps[58].

Ce jour-là, il gagnait à Roland-Garros. Noah a-t-il gagné parce qu'il s'était vu perdre en rêve, parce que sans le vouloir il s'était accordé le droit de perdre, ou bien parce que, au moment de mettre le pied sur le court, il ne se voyait pas « sortir du court perdant » ? Parions que, ce jour-là, le lion a pris le dessus sur le rêveur...

---

58. *Inside Tennis*, mai 1997.

TROISIÈME PARTIE
Les beaux champions

Si tu peux rencontrer triomphe et défaite,
et recevoir ces deux imposteurs d'un même front,
Si tu peux conserver ton courage et ta tête
Quand tous les autres les perdront,
[...]
Tu seras un homme, mon fils.

Rudyard Kipling

CHAPITRE 1
Les valeurs du sport

« Le sport peut changer le monde », disait l'ancien président de l'Afrique du Sud, Nelson Mandela[59]. On parle de plus en plus des « valeurs du sport ». « Le sport fait partie de la culture... Le sport, véritable instrument d'insertion... Le sport, école de la tolérance... », entend-on dans les beaux discours, les programmes de divers ministères ou d'organisations humanitaires de plus en plus tournées vers le sport.

Devenu un fait social majeur, un des nouveaux substituts de la religion, de la politique (et des guerres), le sport brille de tous ses feux, comme une enseigne lumineuse où on lirait : « Ici, on rêve encore ! »

Qui prenait le sport au sérieux hier encore ? Et pourtant, en quelques décennies il est devenu incontournable. C'est aujourd'hui un véritable empire sur lequel le soleil ne se couche jamais et que l'on courtise comme s'il n'y avait que lui pour faire passer des messages de respect, de civisme, de solidarité, sans risquer d'être « zappé » trop vite.

Les responsables politiques, les chefs d'entreprise ou les publicitaires sont de plus en plus tentés de faire appel aux valeurs du sport et bien sûr à ses champions, comme

---

59. Lors de l'inauguration des Laureus Awards en 2000.

porte-parole pour éduquer, motiver, vendre. Il n'y a qu'à voir toutes ces publicités mettant en vedette les Roger Federer et Rafael Nadal de ce monde pour le confirmer !

Mais le sport, c'est aussi un monde d'illusion, qui promet des merveilles. Hier, le sport était une invitation à l'excellence par le jeu, aujourd'hui, il est pour beaucoup une obligation de réussite. Et la pression du résultat a tué en partie le jeu. Si le sport se pratique encore avec simplicité sur de nombreux terrains, dans l'imaginaire il a beaucoup changé. Le sport évoque désormais la gloire, les médias, le spectacle et l'argent au moins autant que le dépassement de soi, l'humilité ou le courage.

Le sport peut transmettre des valeurs, oui, mais lesquelles ?
Il n'y a pas de « valeurs du sport », il y a de bonnes et de mauvaises valeurs. Redéfinissons-les, car elles ne vont plus de soi. Quand on fait du sport de compétition, on ne rencontre pas forcément des valeurs éducatives.

Les compétitions de jeunes
Pour se construire, l'individu a besoin de se mesurer à l'autre. La compétition sportive met en scène, de façon codifiée, ce besoin d'affrontement. Elle est censée fournir le cadre et les limites nécessaires pour nous rappeler jusqu'où on peut aller pour gagner. Le sport est plus qu'un simple exutoire où l'on viendrait évacuer notre mauvais double. La compétition est une épreuve de vérité qui suppose l'honnêteté envers soi-même et un certain niveau d'exigence personnelle. La compétition est d'abord un rapport à soi : celui qui triche avec les règles se triche lui-même. En ne respectant ni l'adversaire ni le règlement, en choisissant la voie de la gagne à tout prix, immédiate, en choisissant le « côté obscur de la Force[60] », celui qui triche se coupe

---

60. La tentation du mal, à laquelle le chevalier Jedi doit résister pour garder la pureté de son esprit et contrôler la Force, dans le film *La Guerre des étoiles*.

d'une partie fondamentale de sa recherche et risque de ne jamais atteindre son plein potentiel.

Le sport n'est pas le seul fait de la performance physique, mais relève tout autant d'une performance morale. Il ne peut se concevoir sans cet équilibre : il suppose de la justice dans la force. Le combat ne peut se légitimer qu'au nom d'une éthique. Et pourtant, dans certaines disciplines, particulièrement à faible niveau et chez les jeunes, le sport véhicule sournoisement l'idée que les règles de conduite et le *fair-play* peuvent être relégués au second plan, du moment qu'on gagne.

À l'abri des regards, les coups bas font presque partie du jeu. On entend des parents dire : « S'il triche, tu n'as qu'à tricher aussi », ou bien (comme disait Mme Woods à son fils Tiger) : « Tue-les, le *fair-play*, on verra après ! » Des entraîneurs vont même jusqu'à affirmer : « Tu n'as pas assez la haine pour gagner. » Les « coulisses » du sport (l'ascension et les compétitions de jeunes) sont plus impitoyables que la « scène » (le haut niveau), exposée au vu de tous et où il existe souvent, malgré une concurrence acharnée et des enjeux énormes, un respect entre champions.

Chez les jeunes, les traditions les plus élémentaires se perdent. Dire à un adversaire qu'il a bien joué, offrir un verre au vaincu, faire connaissance avant ou après la compétition, cela ne se fait plus guère. Ces traditions font sourire quand on essaie timidement de les rappeler. Elles semblent sorties d'un grenier poussiéreux. On laisse souvent aller les choses, le cadre a implosé sous la pression de l'avidité. Et quand il n'y a plus de cadre moral, les agresseurs se lâchent, brandissent le poing, lancent des regards de haine. Des parents dénués de culture sportive surenchérissent et utilisent leur progéniture pour racheter leur propre passé peu glorieux. On continue à clamer que le sport de compétition est une école de vie qui contribue au développement personnel de l'individu. Mais le bilan, quant aux jeunes espoirs, est plus nuancé. Au lieu de prendre le temps d'entretenir les passions, le milieu pousse les jeunes au rythme des sélections, des sanctions et d'autres exigences de résultats. Le sportif, le *performer* potentiel, prend le pas sur la personne en devenir. La pression n'est pas toujours saine. Le plaisir est souvent absent. La pratique sportive qu'on s'imagine ludique et libre est devenue si sérieuse que, très souvent, sur le terrain, les « espoirs » sont tristes. Pour certains, la liberté, c'est quand ils quittent le terrain.

Tolérance zéro

On forme les jeunes à réussir, rarement à échouer ou à simplement accepter la défaite.

« Tolérance zéro », c'est le leitmotiv de certains entraîneurs pour qui l'athlète n'a plus le droit à l'erreur une fois qu'il porte les couleurs de son club ou de son pays.

Voici un exemple radical. Céline Lebrun, championne du monde de judo en 2001, reconnue pour ses qualités morales exemplaires, a eu le malheur de connaître un écart lors d'un tournoi à La Havane. Face à une adversaire qui la frappait illégalement au visage, y allant de « petits coups de poing vicieux aux pommettes ou au menton lors des tentatives d'étranglement », ou encore de « coups de pied mesquins lors des simulacres de balayage » pendant les prises, « l'icône nationale est suffisamment secouée et agacée par le style frénétique de son adversaire pour décider d'abandonner le combat, en larmes, et de s'asseoir en plein milieu du tatami[61] ».

Réaction des responsables de la fédération : trois mois de suspension « au nom de l'esprit du sport » !

> Il fallait sans conteste marquer le coup. Au nom de la collectivité et de l'esprit du sport, on ne pouvait pas pas-

---

61. *L'Équipe*, 7 octobre 2002.

ser l'éponge sur cette affaire. Le haut niveau, c'est aussi souffrir. La Cubaine lui a fait mal, et alors ? Pauvre petite chérie ! Je veux bien qu'elle traverse une passe délicate, je veux bien admettre qu'elle ait des soucis, mais je n'accepte pas cette façon de faire. Elle aurait dû serrer les dents et laisser couler ses larmes sous la douche[62].

On veut des guerriers. Ceux qui se posent trop de questions, qui ont besoin d'un psy, il faut qu'ils fassent autre chose[63].

Il est tellement dur de réussir, de survivre, à ce niveau-là, que les rapports humains peuvent être aussi durs. Aucune faiblesse possible pour les guerriers ! Ce monde-là a parfois un côté impitoyable. Ces valeurs du sport de haut niveau peuvent même conduire au dopage, comme l'explique très bien le docteur Lagarde, spécialiste de la médecine sportive :

> Il y a un lien entre la folie du dopage et l'inaptitude de beaucoup de sportifs à accepter la défaite. C'est tabou de dire cela dans une société de gagnants, mais j'insiste : savoir perdre est une vertu et non un défaut de *loser*. Un grand champion sait rester debout même quand il ne remporte pas la médaille d'or ou le maillot jaune. L'horreur panique de la défaite précipite les sportifs dans l'engrenage du dopage. Réapprendre à dédramatiser les contre-performances et à s'insérer dans une bonne dynamique de groupe les en libérera[64].

---

62. Propos de Stéphane Traineau, patron des équipes de judo de France, parus dans *L'Équipe*, 7 octobre 2002.
63. Propos d'un autre responsable de la fédération de judo, recueillis par un entraîneur sous le couvert de l'anonymat.
64. Docteur Jean-Marie Lagarde, spécialiste de la médecine sportive, responsable de l'équipe de France de cyclisme sur piste ; extrait du dossier « Le culte de la performance » du *Figaro*.

Notre société a le sport qui lui ressemble. Cela devrait inciter les acteurs du sport à résister, à montrer l'exemple. Des modèles positifs ne peuvent venir que des éducateurs. Saluons ceux qui savent enseigner que l'on peut avoir perdu et pourtant avoir gagné quelque chose du même coup. Saluons les éducateurs qui travaillent aux fondations de l'individu autant qu'à sa performance, qui lui enseignent aussi des valeurs morales et des principes de vie.

Et finissons ce chapitre sur ce bel hommage à l'adversaire :

> Tu es mon adversaire, pas mon ennemi
> Ta combativité me donne de la force
> Ta volonté me donne du courage
> Ton défi m'inspire
> Que je gagne ou que je perde
> Je te rendrai hommage
> Parce que c'est toi qui me grandis

CHAPITRE 2
Les grandes performances sont esthétiques

Le sport aime les extrêmes. Dans nul autre domaine le désir de gagner n'est aussi ouvertement exprimé, l'importance du résultat aussi clairement affichée. Sur un terrain, sur une piste, sur un court, tout est mis en œuvre pour gagner. Ailleurs, où voit-on une préparation de plusieurs années se jouer sur un match, une balle, un geste, une seconde? Où voit-on «l'intérêt personnel» défendu avec autant d'énergie, de passion, de savoir-faire, de méthode, de stratégie? Or, le sport devient exemplaire lorsque le combat, aussi acharné soit-il, laisse entrevoir des étincelles d'humanité, d'honnêteté, d'élégance, de beauté, et nous rappelle qu'une victoire ne justifie pas tout, qu'il y aura toujours quelque chose de plus précieux que le résultat d'un match; qu'un homme doit redouter la honte plus que la défaite. Au fond, la plus belle des victoires, c'est de vaincre sa propre médiocrité.

Les champions et l'idéal de perfection

Il est généralement admis que, pour être un gagneur, il faut être un tueur. La confusion se traduit par toute une série de clichés qui ont la couenne dure : « Il n'est pas assez méchant pour gagner. » En politique ou dans les affaires, ces clichés font figure de maximes : « Pour réussir, il ne faut pas avoir de

scrupules »; « S'il a si bien réussi, c'est qu'il n'est pas honnête. »
En vérité, les joueurs élégants, amoureux du beau jeu, esthètes (ça va souvent ensemble) vont souvent plus loin, ils deviennent souvent plus efficaces, plus remarquables, plus grands !

> Le *fair-play* ne suppose en aucune façon un renoncement au désir de victoire ni une baisse de la combativité. Il suppose seulement de la justice dans la force. Bien loin d'exiger je ne sais quelle faiblesse ou mollesse sentimentale, il exige au contraire un supplément de force morale et même souvent physique[65].

Les plus grands, qu'ont-ils en commun ? Ils sont presque tous de beaux champions et des champions esthétiques.

Les exemples parlent d'eux-mêmes :

- Pelé, l'artiste du football, l'incarnation du plaisir de jouer, de la générosité, du beau geste. Conséquences du plaisir et des beaux gestes : plus de 1000 buts marqués et trois victoires en coupe du monde entre 1958 et 1970.
- Muhammad Ali, ce magnifique styliste, pour qui la boxe devenait un ballet, où « il était obscène de recevoir des coups » (voir *Portrait*, troisième partie).
- Pete Sampras et Martina Navratilova, les deux plus belles techniques et les plus beaux jeux de volée de leur époque, au comportement toujours irréprochable. Résultat : deux des meilleurs palmarès de l'histoire (respectivement 13 et 18 victoires en Grand Chelem).
- Michael Jordan, surnommé le « guerrier souriant », incapable du moindre écart de conduite ou de langage. Rarement un champion ne domina son sport (le basket)

---

[65]. Extrait d'un discours de Jean d'Ormesson, de l'Académie française, prononcé à l'occasion de la cérémonie annuelle du *fair-play*, au siège de l'Unesco en 1978, publié dans *L'Équipe*, 18 novembre 1978.

comme le fit cet athlète spectaculaire, dont le détachement naturel donnait l'impression qu'il échappait même aux lois de la pesanteur. Il disait de lui-même : « On dit que je mange comme un oiseau, et c'est vrai : je mange juste ce qu'il faut pour pouvoir voler. »
- Nadia Comaneci et ses sept notes parfaites en gymnastique aux Jeux olympiques de Montréal en 1976, alors qu'elle n'avait que 15 ans. Son premier 10 bloqua le système informatique et mit longtemps à apparaître au tableau, où l'on afficha : 1.00 ! Les ordinateurs, sceptiques sur les capacités de l'humain à atteindre la perfection, hésitaient. Commentaire de la championne : « C'était bien, mais pas parfait. »
- Peter Blake, victorieux à toutes les épreuves nautiques envisageables, des régates classiques aux grandes batailles océaniques (coupe America, trophée Jules-Verne, Whitbread Round the World), qui avait fait sienne la devise paternelle : « Si tu donnes le meilleur de toi-même, tu pourras gagner sans être forcément le premier. »
- Jonathan Edwards, dit le « goéland », gentleman du triple saut, chouchou du public, aussi léger dans ses légendaires envolées que dans la défaite.
- Tiger Woods, le « messie noir » du golf, dont l'affolante sérénité et la seule présence sur les verts hypnotisent les foules et transforment les adversaires… en spectateurs (voir la troisième partie).

On pourrait en nommer beaucoup d'autres. La seule évocation de ces légendes suffit à comprendre que l'élégance et l'esthétisme vont de pair avec les grandes performances. Même s'ils sont devenus des monstres d'efficacité, ces champions sont davantage des artistes que de simples techniciens de la performance. Pour eux, le vrai combat est ailleurs. Dans l'exploit, ils visent l'absolu. Ce qui les a poussés vers les sommets n'est pas différent de ce qui anime le peintre devant sa toile ou le musicien devant sa partition : une aspiration à la perfection qui les fait rechercher la beauté du geste.

Voilà la leçon à retenir, le message qu'ils nous adressent : mettez votre talent au service d'un idéal de style et de belle technique, non au service du résultat, et les résultats suivront. Cette approche est difficile à défendre, et il n'est certes pas donné à tout le monde de l'adopter. En effet, elle implique de voir loin, de dépasser les enjeux immédiats. Elle requiert un sens de l'exceptionnel, et probablement même, du moins pour certains champions, le sens de sa destinée. « Il n'est pas question de victoire, il est question de perfection », enseigne-t-on dans les arts martiaux, disciplines où existe un art du combat et où on l'enseigne ! Mais partout cette philosophie peut s'appliquer :

> Le résultat est devenu beaucoup plus important que le jeu. Pour moi, ça doit être l'inverse. Un match de foot, c'est une fête, un spectacle, pas des funérailles[66].

Qui parle ainsi ? De fête, en semblant ignorer la pression d'un match de football professionnel ? Quand on sait qui parle, on peut s'interroger. Il s'agit de Johan Cruyff, le meilleur footballeur des années 1970, un des joueurs les plus spectaculaires et les plus populaires, devenu ensuite entraîneur de la grande équipe du Barça, auquel il a transmis sa philosophie.

La voie du beau jeu peut également contribuer à rendre plus détaché et plus libre de s'exprimer. Les jeunes qui prendront cette voie se sentiront admirés, respectés, fiers – autant de raisons de se sentir plus forts et de surmonter plus aisément les difficultés.

---

66. *L'Équipe*, 25 février 2003.

Concluons ce chapitre en citant Stéphane Diagana, l'un des champions qui a su le mieux théoriser sur son parcours d'excellence, et qui en parle le mieux :

> Longtemps, j'ai entendu : « Il n'a pas assez la haine de ses adversaires pour gagner. » Cette sentence incroyable m'a motivé pour devenir champion du monde. Sans haine et sans tricherie. Pour moi, le sport est un endroit où l'on a encore envie d'idéal, je dirais : de morale. Dans le *business*, la morale, franchement, je ne vois pas trop où elle est ! De grands intellectuels refusent, dans le sport, l'idée d'affrontement, de lutte, de classement, de hiérarchie. Mais le sport est d'abord une confrontation à soi-même ! On est face à un miroir : comment vais-je faire ? Comment vais-je considérer l'autre ? Comment vais-je me situer par rapport à ma morale, mon éthique, ma pratique, pour parvenir à vaincre ? À mes yeux, l'adversaire est le meilleur prétexte pour me pousser à l'excellence, à l'existence. Je remercie mes adversaires. Ils m'ont permis de me construire. Le sport est un outil de développement personnel formidable. Comme tous les outils, il n'est pas mauvais en soi. C'est notre rapport au sport qui peut l'être[67].

Dans le propos de Stéphane Diagana, il est question d'élégance morale. Voici des mots de Zinedine Zidane, qui, pour sa part, était très concerné par l'élégance des gestes, et par le beau :

> Mon geste préféré, c'est le « passement de jambes », c'est mon geste et je le trouve très moderne, très beau également, élégant et simple. Le « contrôle aérien », c'est le contrôle que je préfère. C'est beau à voir. Moi, j'aime bien quand c'est agréable à regarder.

---

67. Interview parue dans *L'Équipe*, mardi 19 août 2003.

Il a raison. Les grandes performances sont belles à regarder. Les plus grands champions sont presque toujours esthétiques.

Des actes chevaleresques célèbres de l'histoire du sport

Rappelons maintenant quelques beaux gestes célèbres et leurs étonnants auteurs. Ces exemples illustreront quelques-unes des 12 valeurs chevaleresques de la carte du mental.

L'honnêteté
Mats Wilander, tennisman *suédois*

La scène se passe pendant la demi-finale de Roland-Garros en 1982, opposant José-Luis Clerc à Mats Wilander. Jacques Dorfman, juge-arbitre de ce tournoi à l'époque, a accepté de l'écrire lui-même. Témoin privilégié, il occupait ce jour-là la chaise d'arbitre.

Mats mène 2 sets à 1. José-Luis, peut-être agacé par l'arrosage du court, fait un mauvais début de 4e set. Il est mené, je crois, 5 jeux à 1, mais revient à 5 partout. Wilander gagne normalement son service. Sur le jeu suivant : 30-40, balle de match pour Mats.

Dans l'échange, la balle de Clerc flirte avec la ligne, à ma droite, de mon côté. Je laisse à Jean Guillon, un excellent juge de ligne, le temps d'annoncer la balle de José-Luis. Trois secondes plus tard, il fait le geste et « appelle » faute.

Je l'ai vue comme lui, à tort ou à raison, j'annonce donc : « Jeu, set et match Wilander » et je descends de ma chaise. Non pour vérifier une trace (ce n'était pas mon genre) ni pour discuter avec les joueurs, mais pour faire comprendre au public, qui veut en avoir pour son argent, que la partie est vraiment terminée.

Je suis donc très surpris par l'attitude de José-Luis qui crie que sa balle est bonne, traverse le terrain et vient me montrer une trace. Mats n'a, à mon avis, rien vu. Il était à trois mètres de la balle. Jean-Paul Loth, qui commente, déclare à la télévision que je ne reviendrai pas sur ma décision, d'autant que le score a été annoncé.

Et pourtant! Mats (qui était âgé d'exactement 18 ans, n'était pas le favori de ce match et parvenait pour la première fois en demi-finale d'un Grand Chelem), sans aller jusqu'à me dire que la balle de Clerc était bonne, me déclare simplement : « Je ne veux pas gagner sur une balle contestée. »

J'ai passé toute ma vie à dire à mes arbitres que, lorsque les joueurs sont d'accord, il ne faut pas se mettre en travers. Je n'ai donc pas hésité à remonter sur ma chaise pour annoncer que, à la demande de Mats Wilander, le point serait rejoué.

José-Luis a gagné le point remis; Mats, le suivant. Et, à la suite d'un très long échange, Mats l'a emporté sur la nouvelle balle de match.

Je me suis fait « chambrer » pendant des années à propos de cette décision. Au début, je n'étais pas heureux d'entendre dire que je m'étais planté. Plus de vingt ans ont passé et je pense aujourd'hui qu'il importe peu de savoir comment était cette fameuse balle dont la trace est effacée depuis belle lurette, mais que, en revanche, il ne faut pas oublier la réaction de Mats qui lui aura, durant toute sa carrière, valu une immense popularité bien méritée à Roland-Garros et ailleurs.

Cette année-là, Mats Wilander gagnera la finale contre Guillermo Vilas, et remportera son premier Roland-Garros.

La loyauté
Jan Ullrich, cycliste allemand
Les spectateurs du Tour de France 2003 ne pouvaient rêver d'un plus beau centenaire. La fée du vélo était au rendez-vous pour réunir cet été-là tous les ingrédients qui firent la légende du Tour: panache, suspense, drames, champions superbes, démonstrations de grand caractère. Dès la première étape, Tyler

Hamilton se cassa la clavicule, mais il refusa d'abandonner. Incroyable image d'un guerrier blessé refusant de mettre pied à terre, se battant désormais contre des chimères, dans le seul but de finir le Tour. Dans les derniers jours, il réussira le miracle de gagner une des plus belles étapes au terme d'une échappée solitaire de plus de 100 kilomètres ! Et, bien sûr, le Tour de France 2003 fut marqué par le magnifique duel entre les deux plus grands cyclistes du moment, l'Américain Lance Armstrong et l'Allemand Jan Ullrich. Rappelons qu'Armstrong souhaitait remporter son cinquième Tour d'affilée. Tout était prêt pour l'affrontement, qui eut lieu au moment décisif.

Nous sommes dans les Pyrénées, le lundi 21 juillet, jour de la quinzième étape : Bagnères-de-Bigorres–Luz-Ardiden. La montée de Luz-Ardiden, dernière étape de montagne, sera le théâtre des plus folles émotions. Le duel est à son paroxysme. Armstrong et Ullrich savent que la montagne va bientôt s'effacer, et avec elle les opportunités de creuser l'écart, de gagner ces minutes qui ne se concéderont, sur la plaine, qu'au compte-gouttes. Ce jour-là, tout le monde sait que quelque chose va se jouer dans la montagne, au sommet de l'effort humain, où même les meilleurs peuvent craquer. Tous les regards sont tournés vers les deux premiers, collés au classement général (une minute d'écart) comme sur la route, roue dans roue depuis plusieurs jours.

À 10,3 kilomètres de l'arrivée, Armstrong coupe un virage au plus court et accroche son guidon dans le sac à main d'une spectatrice. C'est la chute ! Dans son sillage, Ullrich fait un écart pour l'éviter. L'épisode interrompt brutalement la bagarre qui vient à peine de s'enclencher. Ullrich aurait pu en profiter pour attaquer et augmenter l'écart, or il met immédiatement la pédale douce, il attend Armstrong ! La course reprend quelques centaines de mètres plus loin, sur un scénario absolument identique : les quelques coureurs de l'échappée de tête sont tous là, dans le même ordre, ont tous attendu le retour du maître et peuvent légitimement se mettre à le harceler de nouveau.

Mais voilà, en quelques secondes, Armstrong s'est vu perdre, et ce sentiment de fragilité lui est insupportable. Vexé par sa chute, conscient d'être passé à un doigt de la catastrophe, il grondera comme un ours blessé. Tout est là pour que s'allume dans la tête du champion cette ampoule mystérieuse qui donne le signal de l'exploit. Soudainement regonflé à bloc, tandis que les autres coureurs ont encore la scène de la chute en tête, le champion file comme une flèche et s'échappe seul dans les derniers kilomètres de montagne. Quant à Ullrich, connu pour ne pas supporter les changements de rythme, certainement pénalisé pour avoir interrompu son effort et s'être presque arrêté pour attendre son rival, il finira troisième à près d'une minute d'Armstrong.

Ullrich perdra le Tour quelques jours plus tard. Il sait qu'il aurait pu le gagner dans la montée de Luz-Ardiden, après la chute d'Armstrong, mais il ne voulait pas d'une victoire au rabais, au bout d'un Tour comme celui-là. Il dira simplement : « Ça se passe comme ça dans le cyclisme : j'ai vu qu'un spectateur était responsable de la chute de Lance et je ne vois pas pourquoi j'aurais dû attaquer. Lance était de toute façon le plus fort, et il n'y a qu'une chose à faire, c'est le féliciter[68]. » Il faut aussi rappeler que, deux ans auparavant, l'Allemand s'était retrouvé lui-même dans les pâquerettes, dans la descente de Peyresourde, et qu'Armstrong l'avait attendu.

Le respect des règles non écrites
L'équipe de football d'Arsenal (Londres, Angleterre)
et leur entraîneur Arsène Wenger (France)

Le 12 février 1999, le club d'Arsenal dispute un match de coupe d'Angleterre face à Sheffield. À un quart d'heure de la fin, les deux équipes sont à égalité, un but partout. Un joueur de

---

68. *L'Équipe*, 22 juillet 2003.

Sheffield étant blessé, son gardien dégage en touche. La tradition veut que l'équipe bénéficiant de la remise au jeu redonne le ballon à sa rivale. Ce que fait Arsenal.

À ce moment-là, un des remplaçants d'Arsenal vient tout juste de rentrer en jeu. Il n'a rien vu de l'incident et ne sait pas que le ballon est destiné à l'adversaire. Se trouvant par hasard sur ce ballon « à ne pas jouer », il déborde et offre un centre à un partenaire. But pour Arsenal ! Fureur des joueurs de Sheffield face à des Londoniens qui s'excusent. Protestations auprès d'un arbitre, obligé d'accorder ce but.

Aucune règle du foot ne précise en effet qu'il faille redonner un ballon mis en touche volontairement pour soigner un blessé. Seule une tradition bien installée garantit ce geste de bon sens. La rencontre se termine donc par la qualification de l'équipe d'Arsenal, plus embarrassée que joyeuse. L'entraîneur Arsène Wenger entre alors en scène : il présente les excuses de son club à Sheffield et propose tout simplement de rejouer le match !

La fédération accepte instantanément, pétrifiée par la suggestion du *frenchie*. Une première en cent vingt-sept ans de compétitions !

La générosité
Pedro Zaballa, le don Quichotte du football

Zaballa a, comme on dit, le but ouvert devant lui. Nous sommes le 2 novembre 1969, à la 50ᵉ minute d'un match de football opposant, en championnat d'Espagne, au stade Bernabeu de Madrid, le grand Real à la modeste équipe de Sabadell. Zaballa est ailier droit de Sabadell et les deux équipes sont encore à égalité 0-0. En possession de la balle, il s'avance vers le but adverse et voit s'effondrer ensemble, devant lui, le gardien de but du Real et un de ses arrières. Ils se sont heurtés si violemment qu'ils gisent tous deux à terre, inertes (le gardien a la mâchoire fracturée).

L'attaquant frappe alors le ballon à toute force, non point en direction du but vide, mais très loin, vers la ligne de touche...

« La foule madrilène, à la fin du match gagné 1-0 par le Real, fit une des plus vibrantes ovations qui soient jamais montées dans le ciel de Bernabeu », commenta dans la presse un journaliste de l'époque[69].

On imagine les discussions que souleva dans toute l'Espagne l'attitude du footballeur catalan. Certains le louangèrent, mais d'autres le vouèrent aux gémonies, arguant que « don Quichotte n'a pas sa place dans le sport moderne ». Et Zaballa, qu'en disait-il ? « J'ai agi instinctivement, naturellement. J'ai pensé qu'on ne pouvait pas gagner ainsi. » Quelque temps après, le joueur apprit l'importance qu'attachait l'Unesco à ces gestes « naturels », lorsqu'il reçut le Trophée international du *fair-play* à Paris, devant ministres et ambassadeurs, pour avoir su par son exemple, déclara le directeur général de l'Unesco, « renforcer notre foi dans l'homme et dans sa capacité de dompter ses passions et de sacrifier son intérêt et la victoire même à un idéal de dignité ». Zaballa, qui ne manquait pas non plus d'humour, confia à l'un des responsables de la cérémonie : « Si j'avais su que mon geste attirerait cette foule, ces personnalités, ce faste, j'aurais mis le ballon dans le but. »

La maîtrise de soi
Stan Smith, tennisman *américain*

Lors de la finale de la coupe Davis de 1972 à Bucarest, opposant les États-Unis à la Roumanie dans des circonstances particulièrement éprouvantes, face à un public fanatique et malgré une campagne organisée d'erreurs d'arbitrage, Stan Smith, chef de file de l'équipe américaine, fit preuve d'une extraordinaire maîtrise de soi qui « permit d'éviter de graves incidents qui auraient pu contribuer à discréditer le tennis et à compromettre l'entente

---

69. Jacques Ferran, dans *L'Équipe*, 15 mai 1970.

entre les deux nations en compétition[70] ». Ce sang-froid lui valut par la même occasion de remporter ses trois matchs.

Jeté aux lions dans l'arène du stade Progresul, devant 6000 spectateurs prêts à tout pour faire gagner leurs héros, encerclé par une cohorte d'arbitres louches, le grand Stan comprit vite qu'il n'y avait rien à faire que de jouer, jouer malgré tout, donner le meilleur de lui-même. Durant les trois jours de la compétition, il ne contesta aucune décision d'arbitrage, même quand ses balles, 10 centimètres à l'intérieur du court, étaient appelées « *Out* » ! Pour mieux apprécier la prouesse de Smith, voici une description du match le plus fou, faite par un journaliste[71] qui fut témoin de la finale. Nous sommes dans le second simple opposant Smith à Ion Tiriac, le troisième jour (à ce moment-là, les USA mènent par 2 à 1) :

> D'une attitude, d'un geste, d'un coup de moustache, Tiriac appelle le public et les juges de lignes à la rescousse. Il a mobilisé tout le monde et les conditions de jeu vont devenir insoutenables pour Stan Smith. Pendant près de trois heures, la foule hurle en saccades : « Ti-riac ! Ti-riac ! Ti-riac ! » Chaque fois qu'il marque un point, il faut attendre au moins une minute pour que cessent les applaudissements. Au changement de côté, Tiriac lance des injures à son adversaire. Chaque fois qu'une balle est limite, elle est jugée bonne pour Tiriac, mauvaise pour Smith. Tiriac multiplie les arrêts de jeu pour se reposer et joue les martyrs. Le calme de Smith dans cette parodie de tennis force l'admiration des observateurs. Entre le voyou et le gentleman, cette guerre des nerfs rappelle les meilleurs westerns. Mais à côté de cette attitude coupable, il y a la fureur inconce-

---

70. Extrait du compte rendu du Comité international du *fair-play*.
71. Christian Quidet, auteur de *La fabuleuse histoire du tennis*, O.D.I.L.

vable de Tiriac. Au cinquième set, les genoux en sang et la moustache collée par la poussière et la sueur, il renvoie toutes les balles comme il peut. Les juges de lignes n'ont plus de conscience et les fautes de Tiriac ne sont plus annoncées. Quant à Smith, il retourne jusqu'aux balles qui tombent dans le couloir du double. Sans foi ni loi, cette rencontre démentielle de la coupe Davis s'achève par la victoire de Stan Smith en cinq sets.

Ion Tiriac, suspendu pendant huit semaines après les incidents de Bucarest, déclara : « Pour les 20 millions de Roumains qui comptaient sur moi, j'aurais fait n'importe quoi pour gagner ce match ; j'aurais accepté qu'on me coupe une main. » Stan Smith, lui, fut décoré de la médaille du *fair-play* et restera l'un des plus beaux vainqueurs de la coupe Davis. Quant au Roumain Ilie Nastase, alors numéro un mondial, il perdit tous ses moyens lors de la finale : d'un caractère généreux et fantaisiste, il ne put exprimer son talent dans cette atmosphère de guerre froide et de guet-apens, où son équipier tenait le premier rôle. Écrasé par le poids des responsabilités, transformé pour l'occasion en soldat (les autorités avaient, paraît-il, posté des gardes à sa porte pour l'empêcher de sortir le soir !), l'artiste, qui ne pouvait se permettre la moindre fantaisie, joua contre sa nature. On avait voulu tout contrôler pour cette finale, comme on peut contrôler le destin d'un pays avec des sentinelles, mais il en coûta au champion la liberté de son coup de raquette.

CHAPITRE 3
Qualités et idéaux de champions dans la tête, d'hier à aujourd'hui

Des champions dans la tête

Ce chapitre a pour but d'illustrer par des exemples quelques-uns des thèmes du livre.

Il s'agit de portraits d'hommes et de femmes qui furent dans leur domaine des champions dans la tête. Chacun incarne une qualité ou une valeur de la carte du mental (le plaisir, la remise en question, le goût du défi, etc.). Tous sont de beaux champions.

Le choix des personnages n'a pas pour but d'être représentatif de toutes les civilisations. Si la plupart de ces héros sont issus de la culture occidentale, les qualités qu'ils incarnent sont universelles. Il n'est pas question ici d'analyser des consciences, mais de raconter des caractères et des faits étonnants.

Henri Guillaumet
Une pensée qui sauve

Rarement les limites humaines ont-elles été poussées aussi loin qu'au cours de l'aventure dramatique d'Henri Guillaumet. Guillaumet inspirera en partie à Saint-Exupéry son livre *Terre des Hommes*, dont quelques extraits seront repris ici. À l'époque – début des années 1930 –, le célèbre écrivain et Henri

Guillaumet, liés d'une amitié indéfectible comme en connaissent ceux qui partagent le sort aventureux, font partie des pionniers de l'Aéropostale, sur la ligne France-Amérique du Sud.

L'histoire se passe dans la cordillère des Andes. C'est là, en plein hiver, que Guillaumet, tout entier dévoué à la cause du courrier postal, pris dans une tempête, perdit le contrôle de son avion et disparut. Durant cinq jours, Saint-Exupéry participa lui-même aux recherches pour retrouver son compagnon, sans rien découvrir au milieu de l'amoncellement de rochers et de glaces : « Il nous semblait que cent escadrilles, naviguant pendant cent années, n'eussent pas achevé d'explorer cet énorme massif dont les crêtes s'élèvent jusqu'à sept mille mètres. »

Les caravanes de secours locales refusent de s'aventurer dans la montagne. « Les Andes, en hiver, ne rendent point les hommes, écrivit Saint-Exupéry. La nuit, là-haut, quand elle passe sur l'homme, elle le change en glace. » Au bout du septième jour, un homme poussa la porte et cria : « Guillaumet ! Vivant ! » Dix minutes plus tard, Saint-Exupéry et ses compagnons avaient décollé pour rejoindre leur ami. « Ce fut une belle rencontre, nous pleurions tous, et nous t'écrasions dans nos bras, vivant, ressuscité, auteur de ton propre miracle. » Guillaumet eut alors ces mots : « Ce que j'ai fait, je te le jure, jamais aucune bête ne l'aurait fait. »

Qu'a-t-il fait ? Comment Guillaumet a-t-il pu sortir vivant de l'enfer glacé ? Voici ce qu'il raconte à Saint-Exupéry : Son avion est couché sur les flancs du mont Maipu, à plus de 6000 mètres d'altitude. Parvenant à se dégager de la carlingue, Guillaumet, indemne, est aussitôt jeté à terre par la violence de la tempête. Incapable de se tenir debout, il se glisse sous l'appareil pour creuser un abri dans la neige et s'envelopper dans des sacs postaux. Dans cette position, il attend 48 heures. La tempête enfin apaisée, il marche cinq jours et quatre nuits sans piolet, sans corde, sans vivres, escaladant des cols de 4500 mètres, ou progressant le long de parois verticales, saignant des pieds, des genoux et des mains, à -40 °C.

Guillaumet sait à quoi tient sa vie : ne pas s'arrêter un seul instant, car il ne se relèverait pas de son lit de neige. « Quand tu glissais, tu devais vite te redresser, pour ne pas être changé en pierre, lui rappellera dans son livre Saint-Exupéry. Pour avoir goûté une minute de repos de trop, tu devais faire jouer, pour te relever, des muscles morts. » Pour quelles raisons continuer ? Pour s'obstiner ? Pour résister à l'envie de se coucher dans la neige, de fermer les yeux ? « Pour faire la paix dans le monde. Pour effacer du monde les rocs, les glaces et les neiges. » Guillaumet passe par plusieurs étapes psychologiques. Le second jour, sa situation est par trop désespérée. Son « plus gros travail » : ne pas penser pour avoir le courage de marcher.

Plus tard, il se dit que sa femme, si elle le croit vivant, doit s'imaginer qu'il marche, et ses camarades aussi. Ils ont confiance en lui, il serait un « salaud » s'il ne marchait pas. Il découpe chaque jour un peu plus l'échancrure de ses souliers pour que ses pieds qui gèlent et gonflent puissent y tenir. Il doit creuser des trous dans la neige pour y plonger les poings. Son cœur vacille, hésite, bat de travers, repart. Le marcheur est suspendu aux battements de son cœur comme le pilote aux bruits faiblissants de son moteur. Il lui dit : « Allons, un effort. Tâche de battre encore… » Petit à petit, il perd la mémoire. À chacune de ses haltes, il oublie quelque chose, ici un gant, là son canif, puis sa montre, sa boussole. « À chaque arrêt je m'appauvrissais. »

Enfin, la dernière étape semble atteinte. Après être tombé à plat ventre sur une forte pente de neige, il renonce à se relever. Les appels de sa femme et de ses compagnons ne l'atteignent plus, ou plutôt « se changent en appels de rêve » auxquels il répond par « une marche de rêve ». Et là, alors que tout semble fini, que plus rien au monde ne peut le faire se relever, là, dans les dernières secondes qu'il lui reste à vivre, le plus incroyable se produit : une pensée vole à son secours ! Il pense à sa femme et à son assurance vie dont la prime épargnerait à sa femme la misère ! Il ne voit plus que cela et se rend compte que sa femme ne touchera pas l'argent si son corps n'est pas retrouvé.

Ce détail l'obsède : il faut leur donner la preuve de sa mort, pour l'assurance ! Or, là où il se trouve, son corps, l'été venu, « roulerait avec cette boue vers une des mille crevasses des Andes ». Il aperçoit un rocher à 50 mètres devant lui. Le rocher ! C'est son objectif ; l'atteindre, pour caler son corps contre la pierre et pour mourir là-bas, dans l'espoir qu'on y retrouvera son corps. Il atteindra le rocher, puis un autre, et ainsi de suite. Il continuera ainsi, non plus pour sauver sa peau, mais pour atteindre le rocher suivant, plus près des hommes, de 50 mètres en 50 mètres, un peu moins loin de l'oubli. Mourir un pas plus loin résume la quête de l'homme qui, porté par la force d'une seule pensée, put puiser au fond de lui des forces insoupçonnées et faire ce qu'« aucune bête n'aurait jamais fait ».

Voilà comment Henri Guillaumet put s'arracher des griffes de l'enfer blanc, comment il survécut, en ne visant que l'objectif à quelques mètres de lui, sans penser à sa vie qui, elle, lui paraissait déjà perdue. « Ce qui sauve, expliquera-t-il, c'est de faire un pas. Encore un pas. C'est toujours le même pas que l'on recommence. »

Tiger Woods
La remise en question

« Que le messie finisse ses devoirs, il ira au golf après ! » Ainsi parlait la mère de Tiger Woods. « Tiger » est le surnom donné à Woods par son père en hommage au compagnon d'armes qui lui sauva la vie pendant la guerre du Vietnam, en pleine jungle, et ce surnom s'est transformé en prénom officiel. Il colle à merveille à cet enfant prodige, celui qu'on qualifie, dès ses débuts, de « Petit Jésus noir du golf ».

Né le 30 décembre 1975 à Long Beach en Californie, Woods est pour moitié Afro-Américain, pour un quart Chinois et pour un quart Apache par son père, Thaï, Chinois et Blanc caucasien par sa mère. À 9 mois, on observe son premier *swing*. À 18 mois, il frappe ses premières balles. Premiers attroupements ; premiers applaudissements. À 2 ans et demi, premier show télévisé. À 3 ans, il fait un parcours de 9 trous en 48 coups.

À 11 ans, il totalise 30 titres de champion cadet et junior. Il n'a jamais été battu. La légende naît et c'est le début des records. En dresser la liste serait fastidieux. Résumons le tout à l'aide de cette seule phrase du Tigre : « J'aime être unique. J'aime réussir ce qui n'a jamais été fait[72]. » Gagner, c'est être premier ; établir un record, c'est être seul. La quête de Tiger Woods, ce sont les records. La page « amateur » est tournée ; il a 20 ans, il est le plus grand amateur de tous les temps, tout simplement. Et que dire de ses débuts chez les professionnels ! Il gagne deux de ses cinq premiers tournois. Fulgurant !

Et puis, quelques mois plus tard, le 13 avril 1997, c'est la bombe du Masters. Ce jour-là, le Tigre ne se contente pas de gagner un des tournois majeurs, un de ces fameux Grands Chelems que les champions « chassent » toute leur vie pour entrer dans l'Histoire. L'événement est qualifié de « bombe », car Tiger y a ajouté le panache et a fait exploser tous les compteurs : record du plus jeune vainqueur, record du parcours et du plus grand écart avec le second (12 points !). « On l'a fait, Pop ! On l'a fait ! » murmure-t-il à l'oreille de son père, à la sortie du dernier trou, laissant échapper une larme de Tigre…

Que croyez-vous que Tiger décida de faire au lendemain de cette victoire ? Fêter avec ses amis ? Goûter son bonheur en sirotant durant quelques jours le doux cocktail de l'accomplissement ? Pas du tout. Dans les jours qui suivent on le retrouve

---

[72]. Les citations et la plupart des informations sont tirées de André-Jean Lafaurie. *Le mystère Tiger Woods*, Éditions Solar, 2001.

seul, enfermé dans sa chambre. Il regarde la télévision, des heures durant. Au programme : Tiger Woods ! En quittant le Masters, il a demandé les cassettes du tournoi. Les images repassent en boucle. Apparemment, il a décidé d'en revivre chaque instant, chaque geste. Mais certainement pas pour le plaisir. À l'évidence, il cherche quelque chose. Pendant que ses proches s'affairent, que ses adversaires s'entraînent, que le monde tourne, il est seul dans sa chambre, à chercher, à se poser des questions. Il sent que quelque chose ne va pas. Le *timing* est bon, le *putting* aussi. Mais le verdict finit par tomber, brutal, sans appel : c'est le *swing* !

« Ça ne va pas », lance-t-il au téléphone à son *coach*, qui n'en croit pas ses oreilles. « C'est le *swing*, il faut tout changer ! » Il y a quelques heures à peine, Woods gagnait le plus prestigieux tournoi du monde, et de la façon la plus éclatante possible, mais voilà que ça ne va pas ! Qu'est-ce qui le préoccupe ? Un petit grain de sable dans son *swing*, que lui seul peut voir.

Au fond, il se pose déjà une grave question : « Qu'est-ce que je cherche ? Faire une razzia chez les pros, continuer sans rien changer en espérant faire d'autres coups fumants comme celui-là ? Décrocher quelques majeurs et me retirer dans quelques années pour compter mes sous ? » Accepter de faire des compromis vis-à-vis d'un jeu aujourd'hui performant, mais imparfait ? Avant longtemps, l'usure, la lassitude, la concurrence auront vite fait de dévoiler ses limites. Se laissera-t-il bercer par le chant des sirènes et par les flatteries de l'opinion, alors qu'il connaît, lui, ses erreurs ? Ne voudra-t-il pas plutôt jouer l'aventure jusqu'au bout, ne rien s'épargner pour connaître un jour sa vraie valeur, pour gagner la place qui est la sienne ?

Il pose ses conditions : il veut reprendre le geste de zéro. Pas de compromis, quoi qu'il arrive, et il impose une clause à son entraîneur : « Tout reconstruire, à temps plein. Pas de conseils ici ou là, pas de passage express au *practice*. Matin et soir, nuit et jour, à ma disposition. Et l'entreprise devra se dérouler dans le secret absolu. » Le *coach* accepte, mais prévient son protégé : un tel changement peut prendre deux ans. Tiger raccroche le téléphone, il vient de prendre la décision la plus importante de sa vie. Effectivement, Woods ne gagnera pratiquement plus rien durant les deux saisons suivantes. La traversée du désert sera longue. Au début, le résultat est catastrophique. « Remettre à plat un tel *swing*, presque incrusté dans ses nerfs et ses muscles depuis au moins vingt ans, c'était comme démonter une montre. Tous les ressorts et les pièces sont là, étalés sur la table, mais plus rien ne fonctionne. »

Le problème ? Difficile à décrire. Le langage est pauvre pour décrypter les fins réglages du corps humain. Les sportifs de haut niveau parlent la langue des sensations. Tout le travail consiste à les rendre concrètes, à mettre des mots sur elles : éviter les compensations, gommer les gestes parasites, se focaliser sur les segments clés du *swing*, sur les quelques centimètres d'où va découler tout le reste, accepter de perdre en puissance ce qu'on gagne en précision, et puis, une fois le geste purifié, rechercher à nouveau la puissance... Trouver le parfait équilibre entre la force et la délicatesse, le juste milieu, ce couloir étroit où la puissance peut enfin se libérer sans empêcher le geste de maintenir son but essentiel : pouvoir se répéter cent fois de suite de la même façon.

Dans le cas de Tiger Woods, cette recherche doit s'accompagner d'un travail de musculation en profondeur. Attention à ne pas se tromper de muscles ! Certains doivent rester souples, d'autres devenir fermes. Personne ne sait rien du programme qui doit modifier le corps du jeune homme : les séances se déroulent quotidiennement dans une salle vide. Le secret est bien gardé. Pendant ce temps, l'image de Tiger Woods se détériore. La « bombe » du Masters n'était-elle qu'un feu de paille ? Les *sponsors* paniquent en regardant leurs investissements fondre comme neige au soleil. L'élu, le messie ne gagne plus : trahison ! Les médias le harcèlent. Quand on a été choisi pour faire rêver, a-t-on le droit de décevoir, le droit d'être humain ?

Tiger tient bon. Sa langue de bois, aussi millimétrée que ses coups d'approche, tient les loups à distance. Mais pour combien de temps encore ? Il a lui aussi ses moments de découragement. Il ne supporte plus d'entendre les mêmes questions, qu'on lui dise : « Mais pourtant, au Masters... » Il multiplie les contre-performances, glisse au classement : 12e, puis 25e, puis 33e. Lui qui avait contribué à faire flamber les droits de télévision du golf et porté sur ses jeunes épaules ce sport en pleine croissance ne passe même plus à la télévision. Les prestations des « déclassés » ont lieu quand les caméras sont éteintes.

Mais voilà qu'en 1998, Woods monte une fois sur le podium. Puis il obtient quelques résultats, çà et là, insignifiants aux yeux de ceux qui ont clamé sa chute, mais qui lui font entrevoir une lueur au bout du tunnel. Il continue, jamais satisfait, encore déterminé. Il ne sort pas, refuse les réceptions. Seules comptent les 700 balles qu'il frappe quotidiennement sur les *practices* du monde entier. Personne ne sait ce qu'il fabrique sur les terrains d'entraînement, ce monde parallèle devenu son monde à lui. Comment pouvait-on savoir que c'est sur ce terrain que Tiger était en train de gagner ?

Un soir, sur le terrain d'entraînement d'Isleworth, en Floride, près de son domicile, alors qu'il tape des balles, quelque chose se produit : une balle s'envole, comme tant d'autres allant se perdre au fond du cimetière des illusions de tout golfeur, mais l'impact résonne en lui comme un appel, une musique merveilleuse venue de nulle part. C'est une balle qui vaut de l'or. Il sent en lui un choc qui le transperce. La sensation de perfection, cette quête insensée, entreprise tant de mois auparavant et qu'il n'était pas certain de faire aboutir, il la perçoit! Là, à l'instant, il sent que tout est en place. Tout concorde. Mille muscles, quatre membres, vingt milliards de neurones et plus un seul doute. Le *swing* nouveau est redevenu comme l'ancien: absolument naturel, plus contrôlé, un swing pour durer. Il est parvenu à cette extase que connaissent les grands créateurs: il n'a plus un *swing*, il est son *swing*.

Bouleversé par la révélation, il rentre chez lui et se rue sur le téléphone, comme deux ans plus tôt, pour appeler son *coach*. Il ne prononce que trois mots: «Ça y est!»

On connaît la suite: l'envol vers la plus phénoménale période qu'un golfeur ait connue de tout temps. Le numéro deux mondial, terminant quatre fois deuxième derrière Woods, ne s'y trompe pas quand il affirme, en juin 1999: «Tiger Woods est de retour, les gars. Je l'ai vu dans ses yeux.»

C'est un déchaînement. De juin 1999 à décembre 2000, en dix-huit mois, il révolutionne le golf. Les statistiques séculaires explosent. Il dispute 33 tournois et en gagne 18. Les records sont tous «historiques»: plus bas score moyen de tous les tournois (68,43 coups par 18 trous; et pour la seule année 2000: 67,79!); des gains supérieurs de 100 p. 100 à ceux du numéro deux mondial; plus grande marge de points entre lui et le deuxième au Masters, à l'Open américain, à l'Open britannique. Il devient surtout le premier joueur de l'histoire à gagner les quatre tournois du Grand Chelem d'affilée. Tiger Woods dira: «On vit des hauts et des bas. Même les grands. Ce n'était rien d'autre, vous savez. Il suffit de continuer à travailler très dur. Je l'ai fait. Je le referai s'il le faut. Mais cette fois, ça durera moins longtemps parce que je suis déjà passé par là.» Et, plus tard: «Je sens une joie et une fierté immenses d'avoir été capable de travailler autant. Et sur tant d'aspects différents. Cela s'est fait par étapes. Pour le jeu, cela consiste à trouver un secret au *practice*.»

Bernard Moitessier
La victoire sur le dragon de la gloire

C'est l'histoire d'un navigateur pas comme les autres et d'une course pas comme les autres. Un navigateur qui voulait que la course ne finisse jamais. Nous sommes en 1968. Bernard Moitessier, à bord de son bateau fétiche, le *Joshua*, est parti, comme tout bon navigateur en quête d'absolu, pour le tour du monde. Le voilà lancé autour de la planète bleue, comme la Lune, comme une petite lune à voiles qui prendrait son temps pour en faire le tour, zigzagant de plaisir entre les continents, sans compter les jours et les nuits, libérée des lois de l'univers. Mais voilà, il s'agit d'abord et avant tout d'une course : la course autour du monde en solitaire et sans escale !

Alors commence la danse. Au début, c'est de cela qu'il s'agit : une danse plus qu'une course. Ne pas chercher la course, pas encore. D'abord aller chercher les sensations, entrer dans le mouvement, dans le rythme des vagues et des courants, entrer en harmonie avec la respiration de la mer, penser avec son corps, comme si le bois de la coque devenait une seconde peau, et les voiles, de grandes mains implorant le vent. Ainsi en est-il de la compétition océanique : les marins ne font la course qu'à des ombres, perdues dans l'immensité. Il n'y a pas d'adversaire en mer, si ce n'est la mer elle-même.

Durant deux mois, Moitessier ne fait que cela, surveiller la mer. Deux mois à tirer sur les voiles et sur la corde de la fatigue, à chercher sa trajectoire, à veiller au grain, à dormir comme les chats, une oreille toujours tendue. Deux mois sans parler. Sa pensée a remplacé les mots par des instincts : donner de la voile, manger, se coucher, réduire la voile...

Et voilà qu'au bout de ces longs mois, quand la fatalité a pris place à bord, quand s'est installé enfin le sentiment d'un nouveau mode de vie qui n'a plus aucune raison de prendre fin, une nouvelle vient troubler le ballet solitaire : Moitessier est en tête! Le but oublié rejaillit comme un flux d'adrénaline traversant l'échine jusqu'au cerveau pour rallumer les neurones de l'orgueil! La course reprend ses droits; Moitessier est en passe de gagner!

Lancé dans la dernière ligne droite – l'Atlantique Nord –, la victoire dans la poche de son ciré, il réalise toute la responsabilité de son nouveau statut. Lent comme la Lune, il n'en est pas moins le plus rapide des marins, celui que la mer a choisi entre tous pour l'emporter. Ce qui restait si abstrait, une «course», «gagner», «être le meilleur», devient tout d'un coup, pour lui, horriblement concret. Il voit déjà l'arrivée triomphante à Plymouth, les attroupements autour de la bête curieuse, les honneurs de la presse. Ce que d'aucuns recherchent et appellent la gloire lui apparaît à lui sous la forme d'un «dragon».

«Au déboulé de l'Atlantique, dit-il, après le passage du cap Horn, tous mes sens ont perçu l'odeur fétide du dragon. Une victoire ne m'apporterait que désillusions futures. Je me retrouverais pris dans un filet de contradictions tissées par ce dragon qui m'attendait à l'arrivée pour engager le combat sur son terrain, avec tous les coups fourrés dont il était capable.» Il hésite: «Le but est presque au bout de l'étrave. Mais tout s'effacerait si je m'en contentais. Rentrer déjà reviendrait à n'être jamais parti.»

Non, le dragon de la gloire éphémère et des futilités terrestres ne le dévorera pas. Alors qu'au-delà de l'horizon, si près, tout le monde l'attend pour le fêter en héros, Moitessier décide de faire demi-tour! Il décide de repartir pour un nouveau tour du monde, cette fois pour lui seul, sans course, sans ligne d'arrivée, sans vainqueur. Aller au bout de soi-même signifie bien plus qu'une victoire sur le monde: «Continuer quoi qu'il arrive et traverser le rêve, le dépasser enfin pour atteindre cet autre rivage aux vraies limites de soi-même, plus loin que le bout du monde! Voyant que je m'orientais vers le cap de Bonne-Espérance au lieu de faire sagement route au nord, le dragon est accouru à tire-d'aile. Déguisé en oiseau de bon conseil, il a essayé de me convaincre que jamais je ne retrouverais pareille chance de toute ma vie : « Non mais tu te rends compte, une foule t'attend là-bas avec micros et caméras de télé, ce sera le délire, la gloire et le fric à la pelle ! » »

Moitessier balance sur la passerelle d'un pétrolier un bref message au *Sunday Times*, son sponsor : « Je continue sans escale vers les îles du Pacifique, parce que je suis heureux en mer, et peut-être aussi pour sauver mon âme. »

Moitessier, au bout d'un tour du monde et demi, sentant que ses limites et celles de son bateau étaient atteintes, alla se cacher dans une île pour écrire l'histoire de sa course, qu'il considérait sans aucun doute comme la plus belle des victoires sur lui-même.

Muhammad Ali
L'aura du champion

Qui est Muhammad Ali ? Ali le « danseur » révolutionna la boxe poids lourds par son style, sa manière de se déplacer sur le ring. Maîtrisant l'art de l'esquive, de la feinte, du rythme, le boxeur tournait autour de son adversaire, cherchant ses failles, menace insaisissable et fascinante. Ses cent kilos de muscles semblaient faits pour exprimer la grâce dans un lieu habituellement réservé aux taureaux, vissés au sol, qui chargeaient tête baissée derrière des poings fixes comme des cornes. Ali, lui, ne se cachait pas derrière ses poings, mais les laissait se promener le long de son corps pour mieux les faire surgir de nulle part. Son œil exercé et sa vitesse de réaction étaient sa seule protection et il trouvait sa vraie jouissance, plus qu'à toucher, à ne pas être touché, à voir les taureaux frapper dans le vide, s'affaiblir, s'humilier. Il se battait la tête haute, lucide, trop digne pour accepter de prendre des coups. La devise d'Ali était : « Flotte comme le papillon, pique comme l'abeille. » Il était souple et rapide, il dansait et piquait.

Ali, rebelle, qui refusa d'aller se battre au Vietnam « contre des gens qui ne lui ont rien fait et qui, eux, ne l'ont jamais traité de nègre[73] ». Ali, politique, représentant d'une classe noire américaine en crise, dans une Amérique à deux vitesses. Ali fut le premier Noir américain à dire : « Je suis fier d'être Africain. » Symbolisant la revanche des siens et le combat pour la dignité des Noirs, il fut aussi adulé par des millions d'Africains auxquels il dit : « Relevez la tête. Soyez fiers de ce que vous êtes. »

Ses déclarations étaient aussi prisées que ses feintes sur le ring. On les guettait parce qu'il savait parler, faire rire l'auditoire, provoquer l'émotion. Par exemple : « Je suis méchant, j'abats des arbres. Je me suis battu avec un alligator, j'ai *catché* avec une baleine, mis des menottes aux éclairs, foutu la foudre en taule. Je suis pire qu'un mal incurable. Et je suis rapide, si rapide ! Hier soir, j'ai éteint la lumière et j'étais dans mon lit avant qu'il fasse noir… »

L'entourage d'Ali partageait avec lui l'amour de la rhétorique. Il y avait dans la voix de tous ces personnages l'accent et la faconde des futurs rappeurs. Même combat, même arrogance, même besoin de revivre par les mots. Songeons à Don King, dont la chevelure se dressait très droite, à 10 centimètres au-dessus de sa tête, comme s'il était dans un ascenseur en chute perpétuelle, citant au fil des interviews Freud ou Shakespeare qu'il avait lus durant ses quatre années de prison où, disait-il, il avait acquis son éducation.

Le bras droit d'Ali, Drew Brown, dit Bundini, l'« esprit des mots », ne savait ni lire ni écrire, mais ses collaborateurs notaient ses paroles. Pleurant chaque fois qu'Ali boxait avec splendeur,

---

73. Extrait du film *When We Were Kings* (Oscar du meilleur film documentaire en 1997).

Bundini se disait prêt à mourir pour lui. Ses mots étaient sa force. Lire et écrire, pour lui, c'était perdre la force des mots.

Le combat du siècle

Il faut connaître toutes ces facettes du personnage pour cerner la personnalité du champion le plus charismatique de l'histoire. Quand Ali boxait, il ne faisait pas que boxer. S'il rayonnait tant, c'est qu'une multitude d'hommes pouvaient se voir en lui et qu'il le savait. Il affirmait ne pas se battre pour lui, mais pour son peuple ; il ne pensait qu'à la libération de son peuple. Son combat devenait celui de tous. Chacun pouvait trouver chez Ali ce qui lui manquait dans sa lutte avec la vie, car Ali avait tout : le style, la simplicité, la bravade, la douceur, la confiance et le don d'improvisation, bref, une aura qui ne le quittait pas, une auréole qui le tiendra longtemps à l'écart des défaites et même – insolence suprême pour un boxeur – protégera son visage des meurtrissures.

Pour illustrer l'aura du champion, nous avons choisi l'événement phare de la vie d'Ali, le match qui restera dans l'histoire le « combat du siècle[74] ». Reportons-nous en 1974. Privé de sa licence à cause de ses opinions politiques, Ali n'a plus le droit de boxer sur le territoire américain. Son *manager* Don King décide d'organiser un combat contre George Foreman, champion du monde en titre, à Kinshasa, au Zaïre. L'événement déchaîna les passions. Jamais un combat ne fit couler autant d'encre, ne mobilisa autant d'énergie, de moyens, de personnes, de polémiques. Les observateurs venus du monde entier s'intéressèrent à la préparation des boxeurs, qui dura plusieurs mois, et à la guerre des nerfs entre les clans. L'extraordinaire médiatisation de l'événement tenait à sa dimension politique. C'était la rencontre des deux grands peuples noirs, le retour aux sources

---

74. Les extraits qui suivent sont tirés d'un ouvrage de Norman Mailer, *L'Amérique*, Éditions Plon, 1999.

d'Ali et, à travers lui, de tous les Afro-Américains en quête d'identité. L'accueil fait par les Zaïrois à Ali fut délirant. Véritable dieu vivant, il visitait la population : « Embrassait les bébés d'un geste lent, délibéré, comme s'il pouvait prédire lesquels grandiraient en bonne santé. » Il savait faire preuve d'une grande humilité quand il recevait des délégations africaines. Il leur disait : « Vous valez mieux que nous. » Ses entraînements quotidiens marquèrent les consciences. Image inoubliable du boxeur, courant sur les routes, poursuivi par des nuées d'enfants, tel un soleil entraînant dans son sillage mille petites étoiles, comme s'il les guidait vers un monde meilleur.

Le match devait avoir lieu à 4 h du matin au Zaïre, pour des raisons de retransmission télévisée. Le temps d'un match, l'Afrique et l'Amérique fusionnèrent autour d'un homme.

L'incroyable scène du vestiaire

Un épisode révélateur de la force de caractère d'Ali est l'incroyable scène du vestiaire. À une heure du combat, le champion est entouré de son *staff* et d'une dizaine de ses plus fidèles compagnons, tous pétrifiés de peur, soudain incapables de contenir l'expression de la défaite qui avait pris d'assaut les corps et les visages ! On aurait dit qu'on assistait à un départ sur l'échafaud. Avant de se lancer dans le combat de sa vie, le *champ* comprend qu'il doit remonter le moral de ses troupes. Avant de songer à vaincre Foreman, il devait d'abord terrasser le pire adversaire de tous les champions, le démon du doute qui cette fois avait eu l'insolence de venir se nicher dans son propre camp !

Il faut rappeler le contexte du combat : à 32 ans, Ali n'a pas boxé depuis plusieurs années, et le voilà sur le point d'affronter le meilleur boxeur du monde, encore invaincu après 38 combats (dont 35 victoires par knock-out), un phénomène, une force de la nature. « Le plus effrayant tueur à mains nues qui existe sur terre. » Parmi tous les connaisseurs, aucun ne voyait comment Ali pouvait gagner. Ali lui-même savait que tous avaient parié sur Foreman. Durant des semaines, on avait pu lire et entendre partout : « Ali n'est plus le même qu'il y a dix ans. » « Il faut dire adieu à Muhammad Ali. » « Il fait peut-être des miracles, mais contre Foreman si jeune, si puissant, si courageux, qui expédie ses adversaires l'un après l'autre en moins de trois reprises, on a peine à croire à ses chances[75]. »

La défaite planait. Seul Ali paraissait ne pas ressentir la même angoisse que ses proches. Il avait dit et répété : « Foreman ne m'attrapera jamais. Quand je le rencontrerai, je serai libre comme un oiseau. » Mais, à mesure qu'approchait le moment de vérité, même les plus fidèles ne pouvaient plus cacher leurs doutes, leur crainte de voir Ali se faire massacrer, car « avec son orgueil, il préférerait se faire tuer plutôt qu'abandonner[76] ».

Nous voici donc dans le vestiaire. La scène est rapportée par l'écrivain Norman Mailer, ami d'Ali[77] :

> C'était un vestiaire lugubre. Il ressemblait peut-être à des toilettes dans un métro de Moscou. Énorme, avec des piliers ronds carrelés de blanc. Même la tapisserie était blanche. Il évoquait aussi une salle d'opération. Dans cette morgue, tous les grognements étaient étouffés. Quel endroit pour se préparer ! Les hommes réunis n'étaient pas plus gais que le décor.
>
> « Qu'est-ce qui se passe ici ? demanda Ali en entrant. Pourquoi tout le monde a si peur ? Qu'est-ce qui vous prend ? »

---

75. Extrait du film *When We Were Kings*.
76. *Ibid.*
77. Ces descriptions sont tirées de *L'Amérique*, de Norman Mailer, qui reprend des extraits de son livre *The Fight*, Little Brown, 1975.

Il retira ses habits et, vêtu d'un simple slip de sport, il commença à caracoler dans la salle, boxant contre son ombre. « On va danser ! » criait-il en virevoltant, appréciant chaque collision évitée de justesse avec les piliers derrière lui. Tel un enfant, il sentait la présence des objets dans son dos, comme si le cercle de ses sensations ne s'arrêtait pas à sa peau. « Ah oui, criait-il, on va le coincer », et il lançait des directs dans l'air. Il était la seule présence joyeuse.

« Il n'y a pas de quoi avoir peur, dit le boxeur, c'est juste un jour de plus dans la vie dramatique de Muhammad Ali, juste un entraînement de plus en salle de gym. J'ai peur des films d'horreur et des orages. Les avions à réaction me terrifient. Mais il n'y a pas de raison d'avoir peur de quelque chose qu'on peut contrôler grâce à son talent. »

Il boxa contre son ombre encore un peu, taquinant quelques amis par des coups rapides qui s'arrêtaient à deux centimètres de leurs yeux. En passant près de Hassan, le petit Turc grassouillet, il lui pinça le derrière. Malgré ce bel effort, l'humeur de l'assistance ne s'améliora guère. On aurait dit un couloir d'hôpital où la famille attend des nouvelles de l'opération.

Vint le moment de s'habiller : les chaussures, le short, le peignoir. Bundini, son ange gardien, avait prévu un nouveau peignoir assorti à la veste qu'il porterait lui-même en entrant dans le stade. Il le tendit à Ali qui l'essaya, se regarda dans la glace et lui préféra l'ancien peignoir.

« Celui-ci est plus beau, déclara-t-il, il est vraiment plus joli que celui que tu as apporté. Jette un coup d'œil dans le miroir, Bundini, c'est vraiment mieux. » Mais Bundini ne s'exécuta pas et fixa Ali avec fureur. Une minute entière ils se fusillèrent du regard. « Écoute, lisait-on dans l'expression de Bundini, ne joue pas avec la sagesse de ton ami. J'ai apporté un peignoir assorti à ma veste. Ta force et la mienne sont liées. Affaiblis-moi et tu t'affaibliras toi-même. Porte les couleurs que j'ai choisies. » Ali le gifla. « Maintenant, regarde mon image dans la glace », ordonna-t-il. Comme Bundini s'y refusait toujours, Ali le gifla de nouveau. Cette seconde gifle fut si rituelle qu'on pouvait se demander s'il s'agissait d'une cérémonie parfaitement mise au point, d'un exorcisme même.

Après s'être fait masser et avoir remis de l'ordre dans sa chevelure, Ali se mit à parler tout seul, comme s'il n'y avait personne d'autre dans la pièce :

« Flotte tel un papillon, pique telle une abeille, tu ne peux pas frapper ce que tu ne vois pas… Il doit faire bien sombre quand tu te fais mettre K.-O. Eh bien, je n'ai jamais été mis K.-O. C'est étrange d'être interrompu ! Ouais, c'est un mauvais sentiment qui attend la nuit pour vous étrangler… Oui, préparons-nous au grondement de la jungle. »

Sur ce, il commença à appeler les gens dans la pièce : « Hé, Bundini, on va danser ? » Bundini ne répondit pas. Le chagrin planait dans la salle. « Quelqu'un m'entend ? cria Ali. On va au bal ? » « On va danser, encore et encore », dit tristement Gene Kilroy, un de ses gestionnaires. « On va danser, répéta Ali. On va dan-an-ser. »

Un des membres du clan Foreman, Doc Broadus, s'approcha du vestiaire pour espionner la scène.

Ali le regarda fixement et Broadus remua les pieds. Il était timide avec Ali. « Dis à ton type qu'il ferait mieux de se préparer à danser », dit Ali sur le ton de la confidence.

Ali revint vers Bundini, toujours aussi vexé et silencieux.

« Écoute, Bundini, on va danser ? » demanda Ali. Mais Bundini ne répondit pas. « Je t'ai demandé, est-ce qu'on va danser ? » Silence. « Pourquoi ne me parles-tu pas ? » demanda Ali d'une grosse voix, comme si l'exagération était le seul moyen de sortir Bundini de sa mauvaise humeur. « Bundini, on ne va pas danser ? » Puis, d'un ton curieusement tendre, il ajouta : « Tu sais que je ne peux pas danser sans toi. » « Tu n'as pas voulu de mon peignoir », répondit Bundini de sa voix la plus profonde, la plus rauque, la plus émotionnelle. « Oh, vieux, s'écria Ali, je suis le champion. Tu dois me permettre de faire quelque chose par moi-même. Tu dois m'accorder le droit de choisir mon peignoir, sinon comment serai-je jamais champion de nouveau ? Tu vas me dire ce que je dois manger ? Tu vas me dire comment me comporter ? Bundini, j'ai le cafard. Dans les moments comme celui-ci, c'est toujours toi qui me remontes le moral. »

Bundini résista, mais un sourire lui chatouillait les lèvres. « Bundini, est-ce qu'on va danser ? » demanda Ali. « Toute la nuit », répondit son ami. « Oui, on va danser, dit Ali, danser et danser encore. Qu'est-ce qu'on va faire ? » demanda Ali à Bundini, à Dundee et à Kilroy. « On va danser, déclara Gene Kilroy avec un triste sourire aimant, on va danser toute la nuit. »

Ils pleuraient tous, Ali les avait tellement chauffés qu'il avait réussi à leur remonter le moral.

« Oui, on va dan-an-ser », cria Ali, et il répéta à l'intention de Broadus : « Dis-lui de se tenir prêt. » « Je ne lui dirai rien du tout », marmonna celui-ci. « Dis-lui qu'il ferait mieux de savoir danser. » « Il danse pas, parvint à prononcer Broadus en manière d'avertissement, il a mieux à faire. » « Le type de George Foreman prétend que George ne sait pas danser, ricana Ali. George ne peut pas venir au ba-aal ! » « Cinq minutes ! » cria quelqu'un, et Youngblood tendit une bouteille de jus d'orange au boxeur. Ali en but une gorgée et considéra Broadus avec amusement : « Dis-lui de me frapper au ventre ! »

Les boxeurs se retrouvèrent au centre du ring pour recevoir les instructions. C'était pour chacun le moment d'inspirer à l'autre une dose de frayeur. Les deux têtes étaient à 30 centimètres l'une de l'autre. Le combat des yeux avait déjà commencé, les deux puissants regards poussant l'un contre l'autre, comme deux rayons lasers en collision, enflammés de tout leur pouvoir et de l'énergie de toute une vie qui avait attendu de se concentrer là, à cet instant. Chacun évitant de cligner des yeux, comme si ce dixième de seconde de relâchement pouvait le faire tomber à la renverse.

Ali dit alors à Foreman : « Tu as entendu parler de moi depuis ton jeune âge. Tu me suis depuis que tu es un petit garçon. Maintenant tu dois m'affronter, moi, ton maître ! » L'ironie du sort voulut qu'Ali, ce jour-là, ne dansa pas. Il boxa dans les cordes, volontairement, ce qui ne s'était jamais vu. Durant plusieurs rounds interminables, celui de qui on attendait qu'il « flotte comme un papillon » se laissa attraper, marteler, ballotter comme un sac, dos aux cordes, à la merci d'un adversaire furieux de ne pas comprendre ce qui se passait, dominateur certes, mais avec l'hésitation d'un aveugle, avec ce mauvais sentiment qu'Ali jouait encore un de ses tours, qu'il déciderait encore du destin.

C'était vrai : même acculé, Ali dominait, car il dictait le cours du combat. Le papillon qu'on croyait mort attendait son moment pour ressusciter en abeille et mettre K.-O., d'un coup, d'une piqûre, tous ceux qui avaient osé douter de Muhammad Ali.

Heinrich Schliemann
La poursuite d'un rêve

« L'enfance aime l'inaccessible. C'est pour cela que les songes d'enfants sont sans limites. Et puis la vie coule, les années passent. Nous oublions notre rêve. Ou bien, si nous y pensons, c'est avec cette sorte de nostalgie souriante dont se teintent les regrets. Nous sommes devenus adultes, voilà tout. Rarissimes sont les exceptions, mais il y en a. Par exemple Heinrich Schliemann. »

Tels sont les mots de l'historien Alain Decaux lorsque, au début de son émission[78] de télévision consacrée aux aventures humaines les plus extraordinaires, il présente l'homme qui découvrit Troie, la célèbre ville antique, disparue et ensevelie depuis des millénaires. Comment en effet parler de l'homme qui trouva Troie sans penser à l'enfant qui, cinquante ans plus tôt, s'écriait devant son père qu'il vouerait sa vie à la chercher ? Qu'aurait été la vie d'Heinrich Schliemann sans cet enfant, en lui, qui jamais ne cessa de rêver de Troie ? Troie, la cité aux fabuleuses murailles, théâtre de la grande guerre mythique entre Grecs et Troyens (sujet d'un des plus beaux livres jamais écrits, *L'Iliade* d'Homère), découverte par un commis épicier, autodidacte, doté de la bosse des affaires et terriblement doué pour les langues et la lecture des textes anciens !

---

78. *Alain Decaux raconte*, Presses Pocket, 1980. Ce récit en est directement inspiré.

Voici comment tout commence : Heinrich Schliemann naît en Allemagne en 1822. Son père, pasteur érudit, est féru d'histoire ancienne. Par ses longs récits, projetant sur les murs de l'imagination la vision splendide des grandes civilisations disparues, il sait insuffler sa passion à son fils. Un livre reçu pour Noël à l'âge de 7 ans, contenant une illustration de la ville de Troie en flammes, scelle la vocation du jeune Heinrich. Le pasteur apprend à son fils le latin, la première des dizaines de langues qu'Heinrich apprendra tout au long de sa vie. Tout avait bien commencé, mais la mort de sa mère entraîne la déchéance de la famille : faillite, dépression... À 14 ans, Heinrich quitte l'école et se fait commis dans une épicerie. Tous les jours, de 5 h du matin à 11 h du soir, il trime comme un diable.

Heinrich va vers ses 20 ans, il ne tient le coup que grâce aux répits que lui offrent ses rêveries. Qui aurait pu imaginer que le petit épicier, quand il balayait la boutique, voyait l'armée grecque s'élancer vers Troie, cent mille hommes passer la mer et assiéger la ville pour laver l'affront : l'enlèvement d'Hélène ? Ou quand il passait ses journées à broyer des pommes de terre, qu'il songeait à Agamemnon, à Ulysse et à Achille, le plus vaillant d'entre tous ? Heinrich décide de tenter le voyage. Les années qui suivent, d'aventures en aventures, de pays en pays, de petits boulots en petits boulots, n'ont comme but que de lui permettre d'étudier. Il consacre tout son temps libre à la lecture et à l'apprentissage de langues étrangères. C'est le sens de sa nouvelle vie.

Il écrira : « Ces études forcées et excessives fortifiaient ma mémoire à tel point que l'étude du hollandais, de l'espagnol, de l'italien et du portugais me parut des plus faciles, et je n'eus pas besoin de mettre plus de six semaines à chacune de ces langues pour les parler et les écrire couramment. » La maîtrise du russe lui vaudra une promotion, puis il devient responsable pour sa société des négociations avec la Russie. Il excelle tant dans ce rôle qu'il fonde sa propre entreprise. Il n'a que 24 ans. Deux ans plus tard, il a déjà fait fortune. De fait, les affaires, les voyages et l'étude des langues ne représentaient qu'un seul cheminement dont la finalité n'avait jamais changé : découvrir Troie. Tout ce temps, Schliemann n'avait fait que tourner autour de son rêve.

Comment en effet découvrir Troie sans posséder la science des langues, sans avoir une connaissance approfondie des grandes civilisations, sans pouvoir interpréter les textes à la perfection ? C'est au prix de cette longue recherche qu'il pourra un jour réveiller les paroles endormies, entendre murmurer à travers les pierres le chemin du passé. Il sait que c'est là, dans le texte, que se trouve la clé de la ville oubliée. La fortune aussi faisait partie de son plan. En effet, comment organiser d'immenses chantiers archéologiques sans disposer de moyens financiers colossaux ? « J'aimais l'argent, assurément, mais seulement comme le moyen de réaliser cette grande idée de ma vie. »

Schliemann consolide cette fortune dans le commerce du coton aux États-Unis et, comme prévu, il devient assez riche pour se retirer des affaires. Il n'a pas 50 ans et il est libre de se tourner vers sa seule et vraie passion. Il apprend le grec moderne en six semaines, le grec ancien en trois mois. Il peut enfin lire Homère dans le texte. *L'Iliade* et *L'Odyssée* qu'il connaît par cœur, il les récite maintenant à voix haute en grec.

Après la rencontre avec la langue de sa vie, plus rien ne s'oppose à son rêve. Destination : Athènes. Il va enfin rencontrer ses héros. Le pays le bouleverse, il est si près du but. Pour épouse, il choisit Sophia, la seule jeune fille d'un pensionnat qui sait réciter Homère sans hésiter. Ce visage où se lit « la beauté grecque des âges classiques », c'est elle ! Hélène, la reine de Troie ! Ils auront deux garçons, Agamemnon et Andromaque.

Cette fois, Schliemann est prêt pour la phase finale : les fouilles. Reste à savoir où commencer. Où creuser ? Selon la plupart des savants de l'époque, Troie n'appartenait qu'au mythe et n'avait vécu que dans l'imagination d'Homère. Aux yeux de l'ancien commis épicier, ils ne savaient pas lire Homère. Pour lui, les textes du poète antique ont valeur historique, sinon, pourquoi aurait-il donné tant de détails, tant d'indications géographiques, fait tant de descriptions minutieuses ?

Schliemann compare alors le texte avec la réalité du terrain. Homère parle de sources chaudes et froides autour de Troie : on cherche ces sources. Homère précise le temps qu'il faut à l'armée grecque pour se rendre aux pieds de la ville : neuf heures. On en déduit la distance qui sépare les remparts de la mer. Homère indique le temps qu'il faut à Achille et Hector pour faire le tour de la ville lors de leur mémorable combat, alors on fait des calculs autour des collines. Fort de ces indications, il faut parcourir le pays, à la recherche d'une colline pas comme les autres. Et un jour la colline apparaît, droit devant, comme une île nue, silencieuse mais pleine de l'histoire glorieuse de tout un peuple. On entend l'effervescence d'une ville fière, avide de grandeur, et le fracas des armes de la fameuse guerre de Troie. Ces bruits qui n'avaient jamais cessé de retentir dans sa tête, Schliemann peut enfin les entendre devant le tombeau de terre façonné par les siècles.

Une centaine d'ouvriers turcs se mettent à creuser la terre, selon les indications de Schliemann qui les dirige... en turc, bien sûr. On fouille durant de longues semaines, au mépris d'énormes difficultés et des sourires moqueurs de toute la communauté scientifique. Les coups de pioche frappent le sol tandis qu'on cherche à distinguer la roche vulgaire d'une pierre taillée. Soudain, le cri d'un ouvrier ne trompe pas : il a heurté quelque chose. Le coup a résonné comme si le choc avait secoué le squelette d'un monstre endormi. Il s'agit d'un mur, qui mène à d'autres murs. C'est la fameuse enceinte dont Homère parle si bien ! Et peu à peu apparaîtront des rues, des maisons, des monuments, des armes, des vases, des bijoux... Les preuves irréfutables d'une grande civilisation !

La ville ressuscite. La presse accourt. Le monde entier est en émoi, fête la ville de Troie et son génial découvreur dont on imagine l'émotion. Les fouilles dureront trois ans, de 1870 à 1873, au cours desquelles on découvrira neuf villes superposées, correspondant à plusieurs époques.

Telle est l'histoire extraordinaire d'Heinrich Schliemann et d'une des plus grandes découvertes archéologiques. La ville légendaire, à laquelle les plus grands savants refusaient de croire, un commis épicier en détermina l'emplacement grâce à ses lectures entreprises à la lueur d'une bougie, au fond d'une misérable garçonnière ! Il s'agit de l'histoire d'un rêveur qui construisit sa vie entière autour d'une conviction invraisemblable. Durant tout ce temps, chaque étape, chaque pas, chaque victoire sur le sort ne menèrent qu'à un but : trouver la ville de Troie.

Venus, Serena et Richard Williams
Le mauvais élève

L'histoire des sœurs Williams est invraisemblable. Si on avait inventé la famille Williams et imaginé le parcours de Vénus, Serena et Richard, le druide enchanteur, l'histoire ne serait pas plausible. Mais voilà, la réalité est parfois un conte de fées.

Il était une fois, dans une banlieue noire de Los Angeles, un père de famille comme tant d'autres, dont la passion pour le sport se traduisait tous les week-ends par une pratique intensive devant le téléviseur. Un dimanche de juin 1977, Richard Williams regarde la finale féminine du tournoi de Roland-Garros. Il est saisi par une image : celle d'une jeune joueuse de tennis, Virginia Ruzici, empochant le chèque de la gagnante. Un gros chèque aux yeux de ce chef de famille de la classe moyenne, une somme d'argent qui lui semble démesurée par rapport à l'effort fourni. L'image ne le lâche pas, se transforme en révélation. Pourquoi lui, Richard Williams, resterait-il simple spectateur alors qu'il paraît si facile d'atteindre le succès ? Une idée prend forme dans la tête de l'homme suffisamment révolté contre le monde pour avoir envie de le conquérir. Il lui reste à trouver les soldats pour mener campagne. Qu'à cela ne tienne, Richard invite son épouse à mettre au monde deux autres filles (ils ont déjà trois filles), deux bébés championnes, bien sûr !

De cette curieuse commande au destin naîtra Venus, suivie quelques mois plus tard de Serena. Mises au courant de leur mission dès la plus tendre enfance, les petites se mettent au travail sous la supervision d'un père cadre moyen, formé aux métiers de la finance, *tennisman* du dimanche, certain qu'il est le mieux placé pour former deux championnes et pour savoir ce qui est bien pour soi. Son rejet de la tradition, sa suspicion naturelle à l'égard des règles dictées par les Blancs pour les Blancs, ne pourront que l'aider à trouver le bon chemin. Durant deux décennies, le monde du tennis n'entend pas parler d'elles, ni de Richard Williams. Et pour cause : les sœurs ne disputent aucun tournoi junior ! Le père veut leur donner le temps de grandir, de parfaire leur jeu et leur personnalité, loin de l'atmosphère jugée néfaste des compétitions de jeunes. La priorité est donnée à l'éducation. Le leitmotiv de ces années passées en marge du système est : « Soyez équilibrées, bien dans votre peau, et au moment propice vous gagnerez tout ce que vous voudrez. »

Si cette décision touchait seulement la tradition ! C'est bien pire, c'est suicidaire. Autour d'eux, on ricane. Qu'est ce qu'ils croient ? Qu'ils vont réinventer le tennis ?

Lors de sa première apparition à un tournoi du Grand Chelem au US Open, Venus atteint pourtant la finale. Le temps d'apprendre les ficelles du métier et de combler les lacunes dues à leur inexpérience de la compétition, les sœurs prennent les commandes du jeu et commencent à s'échanger les titres de

Grand Chelem comme on se partage un gâteau d'anniversaire en famille.

À Roland-Garros, Venus, finaliste, photographie Serena, la gagnante. À Wimbledon, un mois plus tard, elles s'embrassent après leur finale. Le père, lui, est à la maison, devant le téléviseur, comme vingt ans plus tôt, comme ce dimanche de 1977 où il avait décidé, sur un coup de tête, de mettre son grain de sel dans l'engrenage du tennis mondial, sans se douter qu'il aurait un jour le pouvoir de bloquer la machine et de faire sauter la banque. Ce jour-là, quand il regarde la télé, Richard doit se dire qu'il a fait son travail. Numéro un mondial : Serena Williams ! Numéro deux : Venus Williams !

Il ne faut pas s'attendre avec Richard Williams à des recettes sur la façon de frapper un coup droit ou de conduire un match. Il affirme : « Si vous pouvez entraîner le mental de quelqu'un, peu importe ce que vous enseignez, même s'il n'a pas de bras, pas de jambes, pas d'yeux, il réussira. » Pour pallier ses lacunes techniques, il a su utiliser les connaissances de professionnels quand c'était nécessaire – un spécialiste pour les coups de fond de court, un autre pour le service ou la préparation physique (chaque leçon avec un nouvel entraîneur était filmée) – et modeler le jeu de ses filles à la manière d'un maître d'œuvre qui fait appel tantôt au charpentier, tantôt au plombier. Sa technique à lui, c'est l'art du contre-pied : former des athlètes de haut niveau sans les faire concourir durant toute leur enfance, écarter les agents, refuser leur argent, refuser d'engager un *coach*, ne pas regarder ce que font les meilleures... Écoutez les principes du « mauvais élève » du tennis et accrochez vos ceintures. Le père Williams a tant de choses à dire que ses interviews sont des monologues ininterrompus.

Le sens des responsabilités

« Les enfants qui viennent des meilleurs quartiers n'ont pas un grand sens des responsabilités et leur éthique de travail n'est pas terrible. En Amérique, il semble que plus les parents possèdent, moins les enfants ont de responsabilités. Donc, moi, je dis à mes filles : vous n'avez rien à craindre quand vous avez affaire à des enfants américains, parce qu'ils ont tout. L'opposition viendra de ceux venus de pays qu'on n'a jamais vus, dont on n'a pas entendu parler. »

« La plupart des gens ne sont pas reliés à un vrai travail et à l'action. Un plan fort ne faillira jamais. L'USTA (la fédération américaine de tennis), par exemple, n'a pas véritablement de plan. Leur plan se résume à : « Tu as bien fait aujourd'hui. » Ce qui ne veut rien dire. Pour réussir, tu dois avoir un plan à long terme, avec des fondations solides pour le supporter. Avec de bonnes fondations, avec un plan à long terme, ça n'a jamais échoué, jamais, pas même une seule fois[79]. »

Être bien dans sa peau

Oracene Williams, la maman, se souvient de l'époque où ils ont découvert l'impitoyable milieu des tournois juniors américains. « Je n'ai pas aimé ce que j'ai vu quand j'ai commencé à accompagner Venus dans les tournois. L'atmosphère était trop pénible. Nous en avons conclu que les filles avaient tout à gagner à s'entraîner ensemble, loin de tout cela[80]. »

Cette décision fut raillée durant de longues années. Richard Williams se sent-il revanchard envers ceux qui l'ont critiqué ? Se sent-il fier ? « Ni l'un ni l'autre, répond-il. C'était quelque chose qui devait arriver. Je pense que d'autres personnes, ici, en Amérique, pensaient que nous avions tort, parce qu'il y a une certaine tradition à respecter. Mais voilà justement le problème avec la tradition : ce qui fonctionne avec quelqu'un ne fonctionne pas pour toi. Nous, nous avons décidé, pour le bien de nos deux filles, de leur apprendre à se sentir en paix, bien dans

---

79. Entrevue tirée de *Inside Tennis*, mai 1998.
80. *Ibid.*, juillet 2002.

leur peau, au lieu de leur faire jouer des tournois. C'est seulement à cette condition que tu peux y aller et battre n'importe qui. Curieusement, la plupart des filles que je vois venir du programme de la fédération ne se sentent pas bien dans leur peau. Pourquoi ? Parce que la fédération et les *sponsors* mettent trop de pression sur les jeunes. Si elles n'ont pas un classement suffisant, on ne leur donnera ni vêtements ni chaussures. Les meilleurs joueurs ne jouent pas au tennis, pas du tout. »

Le grand sourire
« Ce qui m'enchante le plus, ce n'est pas quand mes filles frappent un coup gagnant, c'est quand je les vois sourire. C'est que, voyez-vous, avec la peur et le doute on ne peut pas réussir. Mes filles, elles, n'ont pas peur, n'ont pas de doute. C'est ce qui me donne le plus de satisfaction. Chaque fois que je les vois, là-bas, sur le terrain, et qu'elles sourient, je sais que j'ai fait mon *job*. Quand avez-vous vu une fille qui joue sur le circuit sourire vraiment ? Elles ne sourient jamais. Elles ont l'air malheureuses. »

« Je dis à mes filles : vous allez arrêter le tennis vers 25 ans, mais vous allez vivre jusqu'à 75 ans. Si vous n'avez pas une bonne éducation, vous passerez cinquante ans à vivre comme des idiotes. »

La famille
« Au lieu d'essayer d'apprendre de quelqu'un, je préfère trouver ce qui est le mieux pour ma famille. J'apprends à mes enfants que la famille est la plus vieille institution humaine, l'unité la plus basique de la société. Des civilisations entières ont survécu ou disparu selon que la vie de la famille était forte ou faible. Chacune de mes filles est faible. Tout le monde est faible. Mais si tu peux compter sur ta famille, tu es fort. On est tellement fort qu'on ne peut pas être pénétré. Mais si tu nous sépares, alors chacun d'entre nous devient faible. »

L'autonomie

« Quiconque a besoin d'un *coach* est un idiot. Ici, en Amérique, on nous enseigne à être indépendant. Et si on ne l'enseigne pas assez, moi je l'enseigne dans ma maison. On apprend à Venus et Serena que le meilleur *coach* qu'elles puissent avoir, c'est elles-mêmes. Je n'engagerai jamais de *coach* pour elles. Si je le faisais, ce serait une façon d'admettre qu'elles sont démentes. Si Venus, à 17 ans, n'en savait pas assez, elle n'aurait pas atteint la finale de l'US Open. Elles doivent pouvoir se prendre en charge. Il n'est pas question pour moi de les suivre dans tous les tournois. Je le ferai trois fois par année, c'est tout. Si elles ont besoin de quelqu'un là-bas, elles feraient mieux de quitter le tennis. Pourquoi les Américains ne réussissent-ils pas ? Parce qu'ils en font trop pour leurs enfants. »

La confiance en soi

Richard Williams explique la philosophie de la Venus Williams Tennis Academy, dont il est le créateur et l'animateur.

« La fédération devrait regarder ce que nous faisons. Une fois qu'ils auront compris l'idée et qu'ils seront revenus à des choses sensées, alors les États-Unis pourront dominer le tennis. La clé, pour nos élèves, c'est de croire en eux-mêmes. Deuxièmement, ils doivent aussi avoir de bons résultats à l'école. Et troisièmement, nous devons les aider à croire qu'ils sont les meilleurs, ici et maintenant. » Ailleurs, dit Richard Williams, on apprend aux enfants le doute. « Je suis allé dans une *academy*, en Caroline du Sud, où on disait aux enfants : « Regarde ce joueur, regarde ce qu'il fait. » Si tu apprends à un élève à regarder quelqu'un de meilleur que lui, tu ne fais rien de bon. Tu ne peux pas mettre le doute dans l'esprit d'un élève. À l'époque de Compton, Venus et Serena bâtissaient leur confiance en elles-mêmes. Je leur enseignais comment frapper pour décourager l'adversaire. Même si elles frappaient un lob gagnant, je leur expliquais que ce n'était pas la bonne solution. Je voulais un *passing* en force, même si c'est plus risqué, parce que ce *passing* va s'inscrire dans le cerveau de l'adversaire et miner sa confiance. C'est ce que je leur ai appris : l'engagement ; et comment être fier de soi, comment dérober la fierté de l'adversaire[81]. »

Sa confiance, le « mauvais élève » du tennis dit la tenir de sa mère, qui lui répétait : « Crois en toi, peu importe ce qui se passe autour de toi, peu importe ce que les gens pensent de toi, l'important c'est de croire en toi, d'écouter ton cœur et d'avoir la force et le courage d'aller où il te dit d'aller. » À son tour, Venus a retenu la leçon. « Un jour, Venus me dit après une défaite : "J'ai des problèmes dans ma classe de chimie." O.K., répondis-je, je vais engager un professeur particulier. « Non, me dit-elle, si le professeur vient, il va en savoir plus que moi. Allons plutôt à la librairie. » J'ai pensé que ça, c'était bien mieux que de gagner un tournoi. Une fois que son éducation sera en place, vous verrez quel tennis elle va jouer[82]. »

M. Williams rit du tour qu'il a joué à ses détracteurs, et son rire ne pardonne pas. Un rire aux intonations amères, le rire d'un homme qui dit « incarner la tragédie des Noirs en même temps que leur revanche », qui ne cache pas sa motivation : le combat racial contre l'intolérance et l'injustice. « J'ai choisi de faire cette guerre, celle qui n'a jamais dit son nom. » Beaucoup lui reprocheront ses discours de haine, mais cette haine-là, très souvent, ne demande qu'à recevoir un peu de respect pour s'apaiser.

« Oui, les gars, je suis un maître planificateur, je ne divaguais pas. Vous me traitiez de fou, j'avais tout planifié. Je suis un prophète. Oh, je suis forcément malade : j'ai dit à deux filles d'entrer dans le ghetto concret pour mieux sortir du ghetto mental où on veut vous cloîtrer. Allons de l'avant ! À l'époque,

---

81. Entrevue parue dans *L'Équipe*, 3 mai 2003.
82. Entrevue parue dans *Inside Tennis*.

les maîtres blancs du jeu m'ont dit : « Emmenez vos filles sur les tournois juniors, faites comme tout le monde, signez avec un agent, prenez l'argent des agents. » Moi, j'ai répondu : « Si tu dis à quelqu'un qu'il est le meilleur des juniors, il sera au mieux le meilleur des juniors. Moi, j'ai dit à mes filles qu'elles seraient les meilleures du monde. Elles ont eu raison de m'écouter. »

Zinedine Zidane
La quête des beaux gestes

Qui était l'idole des Français des années 2000 ? Un écrivain, un philosophe, une actrice de cinéma, un créateur de mode ? Plutôt un footballeur d'origine kabyle, dont le chef-d'œuvre est une finale de Coupe du monde contre le Brésil, un jour de juin 1998, où il marqua deux buts.

Ce héros, c'est Zinedine Zidane. Ce jour-là, « Zizou » a succédé à « Poupou » (toujours magnifique, toujours deuxième) dans le cœur des Français, aussi étonnés d'être champions du monde que de se retrouver soudain heureux à chanter dans les rues ! Ce qui définit le mieux Zidane, c'est sans aucun doute sa technique : légère, funambulesque, gracieuse, tantôt aérienne, tantôt fusante au ras de l'herbe, toujours précise, formidablement constante.

Zidane en action, c'est un ballet pour les yeux. Puisant dans toutes les partitions de gestes connus, variant les rythmes à l'envie. Sa technique, ce pur joyau, est au service d'un caractère réservé, soucieux de partager, de ne pas se mettre trop en avant. Cette technique a fait de lui le meilleur passeur du monde. Le talent de Zidane est là : il gagne, brille, séduit, marque, fait marquer, et il semble ne pas vraiment le vouloir. Derrière ce talent d'artiste, que trouve-t-on ? La rigueur des centres de formation ou des académies à champions ? Le parcours aride des sélections juniors ? « L'essentiel de ce que je sais aujourd'hui, je l'ai appris dans la rue », témoigne-t-il.

À l'origine des gestes décisifs du champion du monde, on trouve un petit garçon, avec son bout de chocolat, son ballon, descendant dans la cour de son immeuble, chaque jour après la sortie de l'école, pour retrouver sa bande de potes, « doués comme lui », unis par le plaisir du beau geste, difficile, maîtrisé. On trouve surtout un sens de l'esthétique étonnant, qui fait plus penser à des chorégraphies qu'à du football. Et beaucoup de plaisir, « du plaisir pur ». Écoutons Zidane raconter où sont nés ses gestes. Il raconte bien, car il s'y voit encore. Un petit envol en pensée et hop, le voilà plongé dans le bain de plaisir des débuts, dans cette cour de la banlieue nord de Marseille où, jour après jour, petit à petit, se sont forgés les gestes du champion, entraîné par le seul besoin d'épater les copains. Il y est, le plaisir lui remonte aux lèvres. Ah! S'il pouvait donner un coup de pied dans le temps, revenir à l'insouciance, à l'esprit de bravade des gosses, dans les rires, au concours de nouveaux gestes, sans autre regard pour l'apprécier que celui de leurs jeunes auteurs...

Zinedine Zidane par lui-même[83] :

Ma technique vient directement de mon quartier. Nous étions une dizaine de copains, nous avions entre 8 et 12 ans et nous nous entraînions à faire le geste qui sortait de l'ordinaire, celui qu'on montrerait aux autres quand il serait parfait. Et tant que nous n'y arrivions pas, nous ne lâchions pas. Ce n'est que lorsqu'il était réussi par l'ensemble du groupe que nous passions à un autre geste. C'était une sorte de concours entre nous, et c'est là que j'ai appris l'essentiel de ce que je sais aujourd'hui. Tous ces moments de liberté n'en étaient pas, en fait, car je faisais tellement de trucs avec un ballon.

---

83. Les extraits suivants sont tirés d'une entrevue de Zidane parue dans *France Football*, 24 avril 2001.

Il n'y avait pas de programme préétabli, du genre je fais ça un jour et le lendemain je fais autre chose. Non, c'était à l'inspiration.

Les gestes (dans les matchs) à la télé ne m'intéressaient pas trop non plus. C'étaient ceux de mon quartier qui monopolisaient mon attention. Ils étaient ma vie. Mon quotidien du midi et surtout du soir. Parce que, le matin, il fallait bien aller à l'école. Juste après les cours, je prenais mon bout de pain, mon morceau de chocolat, mon ballon, et je descendais en bas de chez moi.

Le musicien, quand il fait des gammes à longueur de journée, à un moment, il crée. Eh bien, nous, c'était pareil ! En plus, on était doués pour le foot, tout de même.

Zidane raconte chacun de ses gestes favoris comme s'ils avaient une histoire :

Ils sont devant mes yeux, je les vois encore. Ils sont inscrits là (il touche son front). Il y en a un qui me vient aussitôt, je l'adore. Il me fait quasiment craquer, car il est né chez moi. Mais il est difficile à faire sur un vrai terrain, à vitesse réelle, dans un match, c'est la « roulette » (il se lève pour mieux expliquer). C'est un geste que je ferai jusqu'à mon dernier souffle. Que je fais sans arrêt dès que j'ai un ballon dans les pieds. Il ne se passe pas un jour depuis quinze ans maintenant, même plus, sans que je le tente. C'est devenu un tic.

Il y a aussi la « roulette marseillaise », mais ce n'est pas de moi. C'est une roulette arrière en fait. Je bloque le ballon du droit, par exemple, je le fais glisser vers l'arrière et je repars en pivotant dans le sens inverse du jeu. En moi, il se passe quelque chose chaque fois que j'y parviens, car c'est tellement naturel. Celui-là, je le fais en match, mais je ne le réussis pas toujours complètement...

Zidane sort toute sa panoplie de gestes comme un père Noël les jouets de sa hotte :

Le « passement de jambes » : c'est MON geste et je le trouve très moderne, très beau également, élégant et simple. Le « contrôle aérien », c'est le contrôle que je préfère. C'est beau à voir. Moi, j'aime bien quand c'est agréable à regarder.

À propos du « râteau », il avoue :

Celui-là, c'est mon frère qui me l'a montré, et moi, je m'en suis inspiré. Il le tenait d'un de ses potes à qui il l'avait piqué. Mais je le réussis vraiment bien depuis sept ou huit ans, pas davantage. J'ai véritablement commencé à m'y mettre au centre de formation de Cannes. Avant, c'était un geste qui appartenait uniquement à mon quartier, à mon enfance. Il n'en était pas sorti. Un jour, je me suis dit pourquoi pas. Voilà. Certains restent à la fin de l'entraînement pour tenter des reprises de volées, eh bien, moi, je fais des roulettes et des râteaux...

On imagine bien la bande d'enfants s'aventurant dans les quartiers voisins, se cacher derrière un talus, l'œil sur le terrain rival, sur les meilleurs joueurs, les caïds du ballon de la bande adverse, pour voler leurs plus beaux gestes qu'ils ramenaient ensuite chez eux comme des trophées. Douce idée que cette « guerre des gangs des beaux gestes » !

On inventait tout. Je me souviens d'un jeu, on l'appelait « un goal, deux dribbles » : ça se jouait à deux contre deux, trois contre trois, selon les arrivants. Je me suis régalé à ce jeu, c'était le plaisir pur. Personne ne m'engueulait pour me dire de faire ci ou ça, de me replacer, de défendre, de jouer collectif. C'était moi et le ballon, et là...

C'était juste au-dessous de chez moi, je jouais donc vraiment à domicile. Je ne vous dis pas les carreaux, surtout ceux de ma voisine ! Elle était gentille, mais il n'y avait que moi qui pouvais aller chercher le ballon chez elle. Elle aimait bien mes yeux et ça marchait à tous les coups. D'ailleurs, les copains se tournaient toujours vers moi et m'envoyaient au casse-pipe.

Je n'étais pas le plus doué ! Bon, on va dire que nous étions tous très doués. Chacun faisait des choses avec le ballon, je n'y pense même pas. Mais ce n'était pas moi et les autres. Le vainqueur du jour n'était pas celui du lendemain, c'était le charme de ces séquences.

Il m'arrivait de m'entraîner tout seul face à un mur, mais il fallait vraiment que je sois seul ! Car, moi, ce qui me branchait, c'était les potes, le jeu collectif, les matches, le ballon qui vit, la confrontation, le jeu, l'enjeu qui te permet de progresser.

Aujourd'hui, ce n'est plus le même plaisir. C'est une sorte d'obligation. J'aime avoir le ballon près de moi, mais je l'aime différemment maintenant. C'est moins ludique. C'est dommage, mais c'est le métier qui veut ça. Ce n'est plus le ballon de mon enfance.

Zidane, l'artiste qui enchantait alors tous les stades du monde, aurait perdu un peu de son plaisir ? On imagine ce que ça devait être alors, sous le doux soleil de son enfance, quand la compétition ne connaissait d'autres exigences que cette drôle loi de la rue : créer de nouveaux gestes et « que ce soit agréable à regarder ».

Wilma Rudolph
La transformation d'un handicap en atout

C'est l'histoire d'une petite fille à qui l'on avait prédit qu'elle ne marcherait jamais. Un jour, contre toute attente, elle marcha. On se moqua quand elle annonça qu'elle voulait faire de la course à pied. Un jour, elle courut et gagna deux médailles d'or aux Jeux olympiques, sur 100 mètres et 200 mètres (Rome, 1960) !

Cette histoire est celle de Wilma Rudolph, une handicapée devenue la femme la plus rapide du monde. Le 23 juin 1940, quand elle vient au monde, Wilma ne pèse que deux kilos. Pour la petite dernière d'une nichée de 19 enfants qui vivent entassés dans un ghetto du Tennessee, la vie ressemble à une course à obstacles. Rien ne lui sera épargné : double pneumonie, scarlatine, poliomyélite. Ayant perdu l'usage de sa jambe gauche à l'âge de 4 ans, elle passe deux années complètes au lit. Marchera-t-elle un jour convenablement ? Comment ne pas en douter, à la voir allongée à longueur de journée, silencieuse, mélancolique comme peut l'être un enfant né sur la planète injustice, tandis que tous les autres, jouent dehors et courent en criant ?

« Les massages que lui prodiguait sans relâche toute la famille, se relayant à son chevet, alliés à la puissance de l'amour, feront des miracles[84]. » À 7 ans, Wilma marche à nouveau, convenablement. À 9 ans, elle abandonne sa chaussure orthopédique. « Un soulagement pour cette fillette chétive qui n'a que trop souffert du regard et de la méchanceté de ses camarades[85]. » Un beau jour, on la retrouve sous un panier de basket, à goûter le plaisir de l'effort et d'un corps enfin débridé et même

---

84. Extrait de *100 champions pour un siècle de sport*, Éditions SNC L'Équipe, 2000.
85. Biographie de Wilma Rudolph sur Internet, par Renée Mendy Ongoundou.

capable d'agilité. Le sport sera le lieu de sa résurrection. Si seulement elle pouvait devenir « une enfant comme les autres »... Un de ses frères est chargé de l'entraîner. Ce qu'il fait doucement, mais régulièrement, pour redonner à sa jambe toute sa tonicité. Il l'inscrit dans l'équipe de basket locale. À 11 ans, elle est sélectionnée pour l'équipe du collège. Elle marque 805 points en 25 matchs. Un record.

Mais ce n'était pas là que Wilma allait décider de racheter les années de malheur, la honte de deux jambes qui lui barraient la route à l'époque où elle aurait tout donné pour pouvoir se lever. Engranger les paniers ne l'intéressait pas. Ce qu'elle voulait, c'était courir sur la piste, sur cette ligne droite symbolique enfin accessible et gagner au moyen de ses seules jambes, courir le plus vite possible à la recherche du temps perdu.

Sa pointe de vitesse est une révélation. « Courir était une ivresse pour cette ancienne handicapée de 12 ans[86]. » Ses progrès sont si impressionnants qu'on la confie à Ed Temple, l'un des meilleurs *coachs* américains, basé à l'Université de Nashville. À la vue de ses longues jambes frêles, et « parce qu'elle bougeait dans tous les sens », il la surnomme Sketter (moustique). Le moustique devient gazelle. Ses défauts de naissance sont tellement mis à l'épreuve et font l'objet d'un tel soin qu'ils se transforment en atout. Ainsi naissent souvent les qualités exceptionnelles. Ainsi, ceux qui poussent une qualité au maximum sont souvent partis d'un grand défaut.

Wilma Rudolph grappille les mètres et les secondes, comme si le destin les lui devait, et elle laisse loin derrière elle les meilleures sprinteuses universitaires. À 16 ans, Rudolph se qualifie pour les Jeux olympiques de Melbourne et y remporte une médaille de bronze dans le 4 x 100 mètres. Sept ans plus tôt, elle portait une chaussure orthopédique. Il faudra attendre les Jeux de Rome, quatre ans plus tard, pour qu'elle vive le moment de

---

86. Extrait de *100 champions pour un siècle de sport*, Éditions SNC L'Équipe, 2000.

la délivrance. « Dans la finale du 100 mètres, ses longues jambes lui assurèrent un avantage de 3 mètres sur sa suivante, l'Anglaise Dorothy Hyman. Dans la finale du 200 mètres, courue par vent contraire cette fois-ci, son défaut de puissance ne l'empêcha pas de reléguer l'énergique Allemande Jutta Heine à près de quatre mètres ! Il y eut enfin l'apothéose du 4 x 100 mètres au cours duquel, recevant le témoin avec deux mètres de retard sur Heine, elle remontera sa rivale et la devancera par deux mètres[87]. »

Wilma s'était foulé la cheville la veille de la finale du 100 mètres. Elle accomplit donc ces exploits le pied gauche bandé. Le pied gauche, celui de sa jambe autrefois condamnée. Était-ce un signe ? Un appel des mauvais démons de son enfance venus lui rappeler sa place ? Wilma ne l'entendit pas ainsi. Elle était déjà trop loin, la gazelle s'était déjà envolée avec l'enfant sur son dos. Foulée veloutée, buste léger, cambrure exquise des reins, sérénité angélique en plein effort – on n'avait jamais rien vu d'aussi beau sur un anneau d'athlétisme. Le rideau tombé sur ces instants d'une grâce inouïe, elle bat l'année suivante, à Stuttgart, le record du monde du 100 mètres : onze secondes deux dixièmes (11 s 2/10). Comme s'il était écrit que l'histoire de ses jambes devait s'arrêter le jour où elles iraient plus vite que toutes les autres, Wilma Rudolph se retire en pleine gloire à l'âge de 22 ans.

Boris Becker
Le goût du défi
Boum-Boum, c'est son nom d'artiste.

Boris Becker est né pour se faire entendre. Et pas seulement par la puissance de ses balles. À bien des égards, Boum-Boum a marqué le tennis : par son palmarès (plus jeune vainqueur de Wimbledon, à 17 ans), par son gabarit atypique pour un numéro

---

[87]. Extrait de *100 champions pour un siècle de sport*, Éditions SNC L'Équipe, 2000.

un mondial (Boris est un poids lourd), par son style (une souplesse des membres extraordinaire qui compense un manque de vitesse), par son panache et une agressivité encore inconnue dans ce sport. Comme Borg avant lui, Becker a révolutionné la technique du tennis. Dans son sillage s'est engouffrée une génération de nouveaux cogneurs, bien installés aux commandes devant la ligne de fond de court (ce que Ion Tiriac, *manager* de Becker, appellera le « tennis ping-pong »). Il inaugura une ère nouvelle dont les dignes héritiers s'appellent Monica Seles, André Agassi, les sœurs Williams...

Bien sûr, une telle influence n'est pas concevable sans un grand charisme. On trouve en Boris Becker la force fauve des grands combattants et la force morale de ceux qui se sentent faits pour régner, qui sentent au fond de leur cœur la gravité d'un rôle à jouer et d'un destin à accomplir. Sa force, au fond, était ce sens de sa destinée et son orgueil. Pour mieux comprendre de quel bois est fait Boris Becker, il faut se tourner vers son entraîneur des débuts, Gunther Bosch[88], et l'écouter parler d'une qualité déroutante, qui laisserait perplexe plus d'un entraîneur.

> Boris est tout excité à l'idée de battre Wilander (un renvoyeur) en restant sur sa ligne de fond, ou de dominer Noah (un *showman*) avec un tennis d'artiste. C'est pourtant une utopie. Stefan Edberg, lui, est un joueur style service/volée. Là, Boris joue le jeu de Stefan, seulement le jeu de Stefan. Le meilleur coup de Lendl, c'est le coup droit. Boris ne va pas jouer sur son revers, qui est relativement faible : il va plutôt se lancer dans un duel de coups droits, parce qu'il veut prouver à Lendl qu'il possède un meilleur coup droit que lui ! Ce n'est pas normal...

---

88. Les extraits suivants sont tirés de *Boris Becker, Règlement de compte*, Gunther Bosch, Éditions Michel Lafon/Carrère, 1987.

Boris a 15 ans, il joue contre l'ancien champion d'Allemagne, Rolf Gehring, « un joueur très fin, qui réussissait à merveille les amortis ». Tout le contraire de Becker. Gunther Bosch n'en croit pas ses yeux et met quelques jeux à comprendre ce qui se passe : « Becker s'amusait à tenter des amortis alors qu'il aurait dû frapper des balles canons. Il voulait montrer à son adversaire qu'il sentait bien la balle, lui aussi. Et il s'était lancé dans un jeu trop compliqué pour lui. Finalement, Boris a gagné, mais qu'est-ce qu'il avait peiné ! »

Boris a 20 ans. Il est numéro deux mondial, mais n'a rien perdu de son goût des défis et de sa confiance en lui. Quand il affronte le légendaire Connors, l'autre grand combattant du circuit, connu pour se transcender quand la tension est insoutenable, Boris ne cherche rien d'autre que de lui fournir cette intensité. N'importe quel joueur essaierait d'empêcher Connors de déployer son jeu. Pas Becker. Là encore, il veut gagner, mais à la régulière, ce qui veut dire, pour lui, en poussant Connors à utiliser ses points forts. Une victoire sur un Connors bridé, gêné ou diminué n'aurait pas la saveur d'une victoire sur le grand Connors survolté, battu sur son propre terrain, avec ses propres armes. « Boris voulait être un Connors encore plus fort que Connors. »

Boris Becker ne changera jamais.

> Je ne réfléchis pas, je joue d'abord mon jeu, dit-il, mais quand le type me fait trois fois le même coup de suite, je lui renvoie trois coups identiques. Je veux lui faire comprendre que ce qu'il peut faire, je sais le faire, moi aussi.

Quant à Bosch, il avoue : « Je ne sais pas d'où il tient ça. C'est tout simple, c'est en lui. » Premier à dénoncer l'habitude de son poulain à toujours se compliquer volontairement la tâche – ce qu'il appelle son « masochisme » –, l'entraîneur est suffisamment fin analyste pour admettre que, sans ce trait de caractère, Becker ne serait pas Becker.

Edmund Hillary
L'aventure commune et la générosité

C'est l'histoire de la montagne la plus haute du monde, de deux hommes et d'une photo. Le 29 mai 1953, Edmund Hillary, citoyen néo-zélandais, et son compagnon népalais, le sherpa Tenzing Norgay, se lancent à l'assaut des derniers mètres de l'Everest. Les derniers des 8850 mètres qui les séparent du toit du monde, encore vierge d'empreintes humaines. Les derniers mètres qui feront toute la différence. Dieu sait combien d'alpinistes ont essayé avant eux de conquérir le monstre, de chatouiller ses flancs, combien de corps sont tombés comme des virgules sur l'immense page d'aventure jusque-là résolue à rester blanche. Dieu sait combien de souvenirs, de rêves brisés hantent les pentes du sommet quand Hillary et Tenzing s'y engagent à leur tour.

Ce jour-là devait être le bon. Les deux hommes, ivres du plaisir de la montagne qui s'ouvre miraculeusement sous leurs pas, franchissent la dernière porte, la porte au-delà de la vie et qui n'est pas encore la mort. Au-dessus, il n'y a que le ciel. La conquête de l'Everest, par sa valeur symbolique, était de nature à frapper les esprits pour toujours. Pourtant, il s'est passé quelque chose là-haut, sur la petite arête de terre promise, durant les quelques minutes que les deux hommes passèrent à goûter leur exploit, quelque chose qui n'avait l'air de rien à côté de ce qu'ils venaient d'accomplir, mais qui allait donner à l'aventure la touche sentimentale grâce à laquelle les hommes ne cessent jamais de rêver. Hillary, le leader de l'expédition, décide de prendre en photo son sherpa et d'immortaliser leur aventure commune. Ce faisant, il néglige de tourner à son profit pareil avantage. Ainsi l'a voulu Hillary : il n'y aura qu'une photo, et c'est l'image de Tenzing qui fera le tour du monde pour dire que l'Homme a touché le ciel. Un simple geste qui fit couler beaucoup d'encre.

« Tout l'esprit du géant néo-zélandais est contenu dans cette humilité et cette abnégation au grand cœur[89]. »

« Le vainqueur de l'Everest ne s'est pas contenté d'élever avec lui l'humanité entière sur le toit du monde[90]... »

L'opinion mondiale attribuera le mérite de la conquête de l'Everest à Hillary, mais celui-ci, jusqu'au bout, refusera de renoncer au partage de l'acte inégalable avec son compagnon. L'humilité d'Hillary est à jamais associée à l'Everest. Quelle ironie, quelle leçon ! Hillary est allé sur le toit du monde pour planter le drapeau de la modestie ! Et pour dire à tous que la conquête des sommets – de tous les sommets – ne peut se faire qu'au prix d'une élévation de l'esprit. Ces hommes-là aiment trop la montagne pour dire qu'ils l'ont « vaincue ». Ils l'ont « gravie », c'est tout. Quand on regarde la célèbre photo aujourd'hui, la plus symbolique de toutes les photos d'aventures, on ne voit que la victoire de l'homme sur l'arrogance, sur la vanité, sur la soif de gloire personnelle. Sur cette photo, Hillary est Tanzing, Tanzing est Hillary, et ensemble ils sont l'humanité. Pour un simple geste soufflé à l'oreille par quelque dieu reconnaissant qu'on lui rende enfin visite, ou inspiré par le sentiment d'être bien peu de chose, lorsqu'on devient l'homme le plus haut du monde. C'est sûr, il faut cette humilité-là pour gravir la dernière marche.

---

89. « Un siècle d'aventures », *L'Équipe*, 27 décembre 2000.
90. Extrait de *100 champions pour un siècle de sport*, Éditions SNC L'Équipe, 2000.

QUATRIÈME PARTIE
Faites votre *check-up* mental

*Je n'ai pas la haine de mes adversaires,
j'ai la haine de mes faiblesses.*

Stéphane Diagana

À chacun son chemin

En guise de conclusion aux parties précédentes, peut-on donner une définition du « mental » d'un champion ? Quelles sont finalement les qualités communes aux champions ? Il serait vain de tracer le « profil du champion », car dès qu'il en est question, de nouveaux critères surgissent pour nous contredire. À titre d'exemple, en 1998, l'année où certains dirigeants du tennis encourageaient les clubs à recruter des joueurs de grande taille et communiquaient à tous les clubs les nouveaux « canons » de la réussite, Marcelo Rios (1,75 m) et Martina Hingis (1,70 m), chacun doté d'un service moyen, devenaient numéro un mondial !

Voilà l'intérêt de l'aventure humaine : rien n'est déterminé à l'avance, rien n'est jamais sûr, rien n'est jamais perdu. Chaque champion a dû trouver son propre chemin sur la carte du mental. Tous se sont construits selon des modalités diverses, à partir de personnalités, de talents, de difficultés, d'idéaux différents, arrivant au même résultat, au même rêve, chacun à sa manière. Les champions ne se ressemblent pas, pas plus que les circonstances qui les ont conduits à prendre leur vie par la face nord. Certains se sont élevés grâce à une rencontre ou à un incident, d'autres à cause d'un drame familial, d'un handicap physique, par hasard ou par nécessité. Les uns se sentaient investis d'une mission, d'autres au contraire ne se rendaient pas compte de ce qu'ils étaient en train de réaliser. S'il y en a qui ont été formés pour réussir, il y en a aussi qui sont devenus champions parce qu'ils n'avaient rien d'autre à faire.

Comment savoir pourquoi des hommes et des femmes, un jour, se transforment en de drôles de don Quichotte lancés à l'assaut d'ennemis imaginaires et de moulins à vent qu'ils sont les seuls à voir et à prendre pour des forteresses ? D'où vient le besoin, un jour, d'être exceptionnel ? Ou le besoin de s'admirer ? Comment savoir pourquoi on devient un jour habité par l'idée aussi absurde qu'admirable d'escalader des sommets, de battre des records, de passer sa vie à poursuivre des centièmes de seconde et à se demander jusqu'où on pourra aller ? Et pourquoi on se met un jour à rêver à l'improbable et à chercher de manière obsessive ? Tout au plus peut-on se demander à propos d'un champion : pourquoi ou pour qui avait-il autant besoin de réussir ?... Pour faire de grandes choses, il faut une nécessité. Les champions se dépassent parce que leur désir est infini.

Être champion implique de très bien se connaître. Se dépasser, c'est dépasser ses problèmes, mais pour cela il faut les connaître. Cette recherche est si personnelle qu'elle crée des parcours divers et, bien sûr, des cocktails originaux de qualités et de défauts, où une qualité exceptionnelle ou excessive peut compenser pour des défauts (à l'inverse, un seul défaut majeur peut aussi tout gâcher).

Un entraîneur qui se ferait une idée trop précise de ce que doit être un champion et qui voudrait que son élève ressemble à ce modèle risque d'avoir moins de succès que s'il acceptait de partir des qualités de l'élève et de l'aider à trouver sa singularité et son propre chemin. Il n'y a pas d'excellence sans singularité. Retenons simplement les étapes essentielles, les points de passage obligés sur la carte du mental : suivre son désir, prendre son rêve au sérieux, savoir – quand il le faut – être le mauvais élève, ou un chercheur, développer son pouvoir de concentration, la force émotionnelle, avoir le talent d'exploiter son talent… On retrouve ces traits chez tous ceux qui vont loin.

Cette quatrième partie vous propose trois outils de connaissance de soi et de communication, qui vont reprendre des qualités et des éléments fondamentaux de la performance traités et illustrés dans cet ouvrage : *Le bilan d'excellence, L'auto-évaluation de votre performance mentale, Les 36 régions de la Carte du mental.*

Présentés sous forme de fiches pratiques, ils proposent un autre mode de lecture, approprié à des séances de discussion sur le terrain, par exemple. Un examen rapide ou une simple note pourront à certains moments vous rappeler des éléments fondamentaux, vous indiquer des repères, vous redonner du courage. Ces outils peuvent favoriser des échanges entre un entraîneur et ses athlètes, déclencher une discussion, une prise de conscience. Ils sont un peu comme des miroirs, ils incitent celui ou celle qui s'y regarde à faire son *check-up mental*, à voir ce qui va, ce qui constitue une force, ce qui manque, et à en déduire un ou deux points d'amélioration.

Dans le *Bilan d'excellence*, certaines qualités seront désignées comme des atouts, d'autres qualifiées d'indispensables, ce qui vous motivera peut-être à faire bouger des choses. À l'aide des fiches *L'auto-évaluation de votre performance mentale*, vous pourrez évaluer très facilement votre niveau de performance à l'entraînement et en compétition, et la noter sur 20 comme à l'école. Avec les *36 régions de la Carte du mental*, vous voyagerez dans les trois grands pays de la carte du mental et verrez les situations où vous êtes champion dans la tête ou pas.

Tout cela reste schématique. Mille choses nous échapperont toujours chez l'être humain. Il est néanmoins possible d'identifier et, surtout, de développer des qualités universelles qui peuvent soutenir la réalisation d'un rêve. Et d'en faire évoluer une. Ou d'en acquérir une autre, la qualité qui manquait.

CHAPITRE 1
Le bilan d'excellence

Le bilan d'excellence : 33 comportements d'excellence (15 indispensables et 18 atouts)

Le bilan a pour but d'évaluer **les comportements d'excellence et la force de caractère** d'athlètes et de *performers* de toutes disciplines. Il s'adresse aux sportifs au même titre qu'à tout *performer* (musicien, comédien…) qui se prépare régulièrement à produire une performance sous pression (compétition, concert, spectacle). Pour simplifier la lecture, nous utiliserons «*performer*» pour les deux sexes. Les trois domaines passés au crible sont l'entraînement, la compétition et la gestion de la carrière.

Le bilan propose 33 comportements d'excellence avec quatre niveaux d'évaluation : Exemplaire, Acquis, Moyen, Insuffisant. Parmi les 33 comportements d'excellence, certains sont des indispensables et d'autres, des atouts. Cet outil fait apparaître vos points forts et vos manques. Au-delà de la maîtrise technique, tactique et physique, il est essentiel de repérer et d'adopter les comportements exigés pour atteindre un haut niveau. Le bilan d'excellence aide à apprécier ce qui, bien souvent, reste du niveau du ressenti, n'est pas formalisé ou reste invisible. Or, ce sont souvent ces détails non nommés qui font la différence pour aller plus loin dans son parcours.

Le bilan d'excellence peut être demandé par un dirigeant ou un entraîneur, à l'occasion d'un recrutement, pour pouvoir mieux saisir l'état d'esprit et les qualités mentales d'un *performer*. Trop souvent, on décide de l'intégrer à des critères approximatifs, sans savoir si la personne a les épaules assez solides pour répondre aux exigences du très haut niveau. Le bilan est aussi destiné aux entraîneurs, aux agents souhaitant aider leurs protégés dans leur ascension, ainsi qu'aux *performers* eux-mêmes qui voudraient se remettre en question et passer un cap.

OPTIONS D'UTILISATION

Nous utilisons le bilan dans les trois cas suivants:

a) recrutement externe: un dirigeant ou un entraîneur recrute et souhaite un avis d'expert;
b) évaluation d'un *performer* déjà intégré dans un groupe, dont les performances ne sont pas satisfaisantes: le dirigeant peut s'appuyer sur le bilan pour mettre en place un plan d'action qui permettra d'améliorer certains comportements d'excellence;
c) développement et auto-évaluation des *performers*: un entraîneur propose à ses élèves de se confronter aux exigences du référentiel/comportements d'excellence (voir tableau ci-après) et de s'auto-évaluer. Les bilans remplis par les *performers* donneront lieu à un plan d'action individualisé pour améliorer certains comportements d'excellence.

Bénéfices pour l'institution (centre d'entraînement, club...)

Le bilan peut être utilisé comme rite de passage, et, à l'occasion de l'entrée dans l'institution, servir à afficher certaines convictions et les résultats attendus. Le bilan fait réfléchir et suscite une prise de conscience: voilà ce qu'on attend d'une nouvelle recrue!

Bénéfices pour la relation entraîneur-entraîné(e)

Le résultat du bilan représente une matière première pour enrichir la relation entraîneur-entraîné. Le vocabulaire décalé et enrichi encourage à sortir des clichés du milieu qui ne font qu'enfermer le dialogue (« ça s'est joué à rien » ; « ça ne nous a pas souri »…). Nous avons conçu cet outil pour qu'entraîneur et entraîné puissent à pied égal échanger autour des notions essentielles dans un projet qui vise l'excellence. Il n'est plus question d'argumenter ou de critiquer, mais d'identifier et de se positionner : supposons que les deux remplissent le bilan chacun de leur côté, puis qu'ils « croisent le fer ». Chacun sera amené lors de la comparaison à défendre son choix, et par moments le *performer* sera surpris que son entraîneur lui donne plus de crédit que lui-même.

Éthique - Confidentialité

À chaque passation, nous nous engageons à respecter la confidentialité et à travailler dans le respect des personnes, en vue de leur développement. Il y a un risque à vouloir mettre de l'excellence partout. Or, il suffit déjà qu'un *performer* améliore une qualité mentale pour avancer sur son chemin, gagner en confiance et avoir envie de s'attaquer à d'autres qualités.

Chaque indicateur est évalué sur une échelle de 1 à 4 :
    Exemplaire (4)
    Acquis (3)
    Moyen (2)
    Insuffisant (1)

À L'ENTRAÎNEMENT
5 INDISPENSABLES ET 6 ATOUTS

1. L'auto-analyse (indispensable)

Je cherche à comprendre et à me connaître (même sous mes aspects négatifs). Après une compétition, j'essaye de ne pas faire un récit, mais de toucher aux points essentiels. Je fais l'effort de produire de l'information (sur ce que je ressens), sachant que cela aide mon entraîneur. Quand je ne comprends pas la cause d'un problème ou d'un échec, j'en parle, je pose des questions, l'auto-analyse s'éclaire quand on parle.

2. Trouver son propre chemin (indispensable)

J'ai un plan, très personnel. J'ai identifié mes prochains petits pas (mes objectifs). Je suis performant dans la fixation de mes objectifs, car j'y ai bien réfléchi et je les ai toujours en tête. Trouver mon propre chemin signifie que je ne me fie pas uniquement au plan du groupe, ou au mouvement du troupeau, en attendant qu'il me mène quelque part. À certains moments, je peux faire des suggestions, proposer des idées ou demander à mon entraîneur de travailler sur des points importants pour moi. Ce faisant, je développe aussi ma personnalité et ma singularité.

3. Un petit pas exceptionnel (atout)

Je fais un petit pas exceptionnel, c'est-à-dire un exercice en plus, une contrainte ou un effort supplémentaire, chaque jour, pour m'approcher de l'objectif que je me suis fixé. C'est « un petit pas » parce qu'il n'est pas très difficile à faire et qu'il est de courte durée, mais il est « exceptionnel » parce qu'il est répété tous les jours. Le petit pas exceptionnel est de mon fait, personne ne m'a demandé de le faire. Cela revient à mettre un peu de folie dans mon plan.

4. Une discipline de vie (atout)
Je suis bien organisé et je m'impose un cadre et des règles de vie, afin de gérer les à-côtés qui influent sur ma forme physique et mentale : alimentation, sommeil, organisation de mon temps, utilisation des réseaux sociaux, etc. J'accorde de l'importance à cette « discipline hors terrain ».

5. Une discipline à l'entraînement (indispensable)
Ma discipline à l'entraînement implique aussi de faire attention à des détails, comme mon équipement, mon attitude, mon écoute, ma concentration... Je sais que c'est à l'entraînement qu'il faut avoir l'« esprit du difficile », c'est-à-dire aimer faire des choses difficiles. Pour moi, les bons entraînements sont ceux où l'engagement et le sérieux sont aussi forts que dans un match à enjeu... Même le fait de me mettre en condition avant l'entraînement, pour me préparer à me concentrer et à faire des choses difficiles, compte.

6. Donner du sens à ses entraînements (atout)
Celui qui possède un « pourquoi » peut supporter tous les « comment ». Je sais pourquoi je fais tel exercice ou tel effort à l'entraînement et à quoi cela va me servir en compétition. En tout temps, j'essaye de visualiser la situation à laquelle l'exercice correspond sur le terrain, ce qui me permet de travailler dur avec plus de vision et de courage. Les efforts ne sont plus vécus comme des sacrifices.

7. Cultiver sa vitesse (atout)
Je n'oublie pas de consacrer une partie de mes entraînements à améliorer ma vitesse de réaction. Je le fais, car la vitesse de lecture du jeu (ou le coup d'œil) est la qualité la plus importante de toutes. Les champions sont ceux qui voient plus vite et qui pensent plus vite.

8. Affiner ses sensations (indispensable)

À l'entraînement, je ne viens pas simplement pour entretenir mes gestes techniques, mais je cherche à affiner mes sensations, c'est-à-dire à être toujours plus précis, à aller toujours plus loin dans la finesse de ma technique, dans le but d'améliorer ma maîtrise.

9. Trouver son style (atout)

J'ai trouvé mon style et je sais le définir ou le décrire. Du coup, je peux cultiver ma différence. Je prends mon style au sérieux en ayant une devise, un nom de scène ou un acronyme, qui rappelle et qui renforce ma différence. L'excellence est toujours l'expression d'une singularité.

10. Avoir « ses » exercices (atout)

J'ai trouvé « mes » exercices, ceux qui me définissent bien, qui vont bien avec mon style, qui vont bien avec mes objectifs. Je les répète à chaque entraînement, comme un rituel. Un exercice fait chaque jour, pendant des mois, finit par apporter des résultats étonnants.

11. Encaisser de la quantité (indispensable)

À certaines périodes, je suis capable de passer beaucoup de temps à m'entraîner, et j'ai le courage de supporter des séances basées sur la quantité. Les jours où je me pousse à m'entraîner du matin au soir, j'ai accès à de nouvelles sensations, comme de jouer en étant très fatigué, ou de mieux sentir un geste. C'est dans ces moments extrêmes que ma maîtrise se consolide, que mon niveau de performance moyen monte.

EN COMPÉTITION
6 INDISPENSABLES ET 5 ATOUTS

1. Identification de ses pensées parasites (atout)

Les pensées parasites me déconcentrent, car elles me font penser à l'enjeu. Elles créent aussi le doute ou le trop-plein d'émotions. Elles sont mon premier adversaire. Je connais les miennes, celles qui reviennent fréquemment ou celles qu'il est prévisible de voir se manifester. Je les anticipe avant une compétition, je les mets sur la table, car plus je les connais, moins j'en ai peur et mieux je peux leur répondre et les gérer.

2. Avoir des parades et son plan de Je(u) (indispensable)

Dans les moments tendus, si des pensées parasites arrivent et que je sens que je me mets à gamberger, mon mot d'ordre est : « retour aux éléments fondamentaux ». Au lieu de perdre ma lucidité, j'applique des consignes de jeu simples, une intention tactique ou un pense-bête technique. Ce sont mes « pensées parades » aux pensées parasites, les réponses que j'ai prévues pour les faire taire et m'occuper l'esprit.

Avant d'aller au combat, je me fais une liste de mes parades, mais aussi des choses que je sais bien faire et qui marchent, un schéma de jeu, des attitudes qui m'aident à rester positif, un coup fort, un trait de caractère fort, mon nom de scène ou ma devise… Cette liste, c'est mon plan de Je(u). Elle me rappelle qui je suis et elle me sert de réservoir de confiance dans lequel je peux puiser quand c'est dur.

3. Avoir ses routines (atout)

J'ai prévu une routine d'avant-match et j'ai choisi un acte symbolique (sauter à la corde, mettre mon bandeau, m'isoler pour écouter un peu de musique) qui signifie le point de non-retour : j'entre dans mon personnage de compétiteur, je fais abstraction de ce qu'il y a autour de moi et mon regard change. J'ai aussi ma routine entre deux actions (points, tirs, obstacles…) qui me permet d'oublier la dernière action et de repartir sur la prochaine. Que je réussisse ou que j'échoue, cela ne change rien. J'applique ma routine, et elle m'aide à me rappeler d'agir et de me détendre.

4. Une concentration endurante (indispensable)
Je peux fournir un effort de concentration pendant longtemps. Ma vigilance ne cède pas facilement, je ne lâche pas, je ne fais pas de cadeau, j'ai pris l'habitude de faire peu de fautes. Je mets la pression avec ma constance et je provoque par ma solidité des pensées parasites chez l'adversaire.

5. Le contrôle de soi (indispensable)
Je suis capable de ne pas m'énerver dans les situations de grande tension et quand tout est fait pour me faire perdre le contrôle : erreur d'arbitrage, provocations de l'adversaire, distractions dans l'auditoire… Dans les *money time*, je reste calme. Même si ça bout à l'intérieur, je ne le montre pas, je reste lucide dans mes choix et posé dans ma gestuelle. Plus c'est « chaud », plus je suis froid.

6. Être un battant (indispensable)
Devant les problèmes que me pose mon adversaire, je sais m'accrocher, faire face sans broncher, sans me plaindre. J'ai une attitude de battant, quel que soit le score. Quand, dès le début, la performance s'annonce difficile, ou même improbable, je ne recule pas devant le combat, j'y vais à fond. Même quand tout me dépasse, je me dis que ce n'est jamais perdu.

7. Bien (mal) jouer (indispensable)
En match, quand je joue mal et que je n'ai pas de bonnes sensations, je l'accepte et je m'efforce de bien (mal) jouer, c'est-à-dire

de faire avec les moyens du jour, sans me comparer avec mon meilleur niveau, et, avec du pas bon, de faire du correct. Autrement dit : bien jouer même quand on joue mal. Du coup, souvent, je joue mieux après. Bien (mal) jouer, c'est aussi savoir tenir bon quand tout va mal, sans paniquer, et guetter le moment où ça tourne. Bien (mal) jouer se décline en bien (mal) courir, combattre, tirer, danser, chanter…

8. Être amoureux de la pression (atout)
Je suis un amoureux de la pression : j'aime quand c'est chaud, j'aime les grands adversaires, les grands matchs, j'aime jouer les points importants. Même quand je suis attendu en position de favori ou lors d'un rendez-vous spécial, je réponds présent et j'arrive à m'exprimer, parce que c'est pour ces moments que je suis sur le terrain.

9. Performer sans avoir (trop) confiance en soi (atout)
Même quand je n'ai pas une grande confiance en moi, je suis capable d'être performant et de m'appuyer sur ma maîtrise technique. La confiance qui compte, c'est la confiance en la maîtrise de son art et en son niveau moyen de performance. La confiance en soi, en son moi profond (il est vrai un peu magique), vient quand elle veut. Vouloir la posséder est un faux combat. Si j'ai confiance en ma maîtrise technique par exemple, je peux être efficace, combatif, et gagner sans forcément ressentir que je suis le plus fort et que je vais gagner.

10. Savoir gagner et savoir conclure (indispensable)
Dans une compétition, quand je suis près du but, j'arrive à conclure parce que mon projet est clair et que j'ai décidé d'où est ma place : je n'ai pas de complexe à gagner ou à réussir. Quand je mène/suis devant, si nécessaire, je pense à mes pensées parades et je continue à agir en étant conquérant, au lieu

d'écouter les pensées parasites. Savoir gagner, c'est aussi être malin, sentir ce qui se passe et savoir saisir, dans un match serré, les rares opportunités qui se présentent de prendre la dessus et de creuser l'écart.

11. L'honnêteté dans l'analyse du combat (atout)
Quand j'ai perdu ou quand je n'ai pas été bon, je ne cherche pas d'excuses ou d'autre responsable que moi-même. J'analyse mes erreurs et ce que j'aurais pu faire mieux. Je peux reconnaître par exemple m'être mal entraîné les semaines qui ont précédé l'événement, ou avoir l'honnêteté de dire qu'on ne croit pas au plan de jeu proposé par l'entraîneur !

LA GESTION DE LA CARRIÈRE
4 INDISPENSABLES ET 7 ATOUTS

1. Être en recherche (indispensable)
Je suis curieux et avide de tout ce qui peut m'aider à progresser et à passer le prochain cap. Je ne perds jamais de vue mon but et mon projet. J'y suis attaché au point que cela devient parfois une quête obsessionnelle. Je suis obsédé par ma technique. Je tourne autour de mes problèmes jusqu'à ce que je trouve une solution. Je cherche même quand je gagne et que tout marche bien.

2. Sortir de sa zone de confort (atout)
Je suis capable de sortir de ma zone de confort, c'est-à-dire de vivre des expériences nouvelles, d'accepter des questionnements inconfortables, de solliciter l'avis d'une personne compétente même si j'ai peur que ça me complique la vie ou que ça me bouscule. La zone de confort, ça peut être des acquis, des habitudes, le lieu où je vis, ou bien mon milieu, où tout le monde pense et fonctionne un peu pareil. En me mettant en danger, je vais découvrir des ressources en moi jusqu'ici inconnues.

3. Don d'intégrer des données nouvelles (indispensable)

Ce n'est pas la peine de me répéter plusieurs fois les mêmes consignes. Ma qualité d'écoute et d'assimilation font que j'intègre rapidement ce qu'on me demande. Je suis demandeur et si j'adhère, je deviens une Formule Un, qui réagit vite et précisément à des détails et à de petits réglages.

4. Savoir s'entourer (atout)

J'ai constitué une «garde rapprochée» de quelques personnes compétentes et de confiance. Je fais mon «casting» en fonction de mes objectifs et priorités, et pas uniquement en fonction de mes amitiés. Ainsi entouré, je peux questionner les bonnes personnes, savoir qui écouter. Et au besoin, je peux aussi compter sur un tiers à qui je peux me confier pour évacuer la tension. Cela m'évite, comme certains, de toujours écouter le dernier qui a parlé.

5. Savoir investir dans sa carrière (atout)

Je suis prêt à investir de l'argent et du temps pour me donner de vrais moyens, voire à prendre un risque sur le plan financier (payer mon entraîneur, par exemple) pour faire avancer ou décoller ma carrière. Ce peut être aussi investir dans une relation professionnelle et des compétences supplémentaires, sans attendre que tout soit pris en charge par d'autres (le *staff*, l'institution…). Savoir donner ainsi, avant de recevoir, c'est croire en l'avenir, comme un entrepreneur qui réinvestit une partie de ses bénéfices.

6. Affirmer son caractère (indispensable)

Je ne suis pas là pour subir la loi des autres, mais pour marquer mon territoire, sortir du lot, assumer ma singularité (une différence). Même si cela ne plaît pas à tout le monde, j'ai mes convictions, et mon positionnement est clair : quitte à être isolé et à devenir le «mauvais élève», je suis prêt à défendre mes idées jusqu'au bout. Je sais bien que c'est ce côté différent qui peut, à certains moments de ma carrière, faire avancer mon projet ou mon jeu, plus en tout cas que si je reste toujours « le bon élève » qui ne fait que ce qu'on lui dit.

Avoir du caractère, ce n'est pas seulement pouvoir s'opposer, c'est aussi développer des qualités humaines : être une personne droite, être loyal, se souvenir de ceux qui nous ont aidé, savoir prendre un risque.

7. Entraîner son entraîneur (atout)

Je pense à « entraîner mon entraîneur », c'est-à-dire à échanger avec lui et à nourrir notre relation pour l'aider à m'entraîner. J'essaie de parler de ce que je ressens, de donner des retours sur ses entraînements. Je n'attends pas que tout vienne de lui, je fais des propositions, je m'exprime quand je ne comprends pas ou quand je ne suis pas d'accord. J'essaye aussi de me mettre à sa place de temps en temps, de tenir compte de ses envies, de ses souhaits ; lui aussi a besoin d'être entraîné et motivé pour donner le meilleur de lui.

8. Savoir se ressourcer (atout)

Trop souvent, les obligations (sportives, scolaires, professionnelles, sociales) s'enchaînent sans pause. Quand la routine et la fatigue prennent le dessus dans mon quotidien, je m'organise pour couper et utiliser des temps morts pour récupérer et mieux repartir. J'ai intégré que la récupération est un outil actif qui m'aide à me réguler, entre volume et qualité. Je peux aussi identifier qui sont les personnes qui me donnent de l'énergie et celles qui m'en prennent.

9. Savoir « tracer sa route » (indispensable)

C'est très difficile de me sortir de ma route parce que je donne la priorité à mon projet sans m'éparpiller et sans perdre de l'énergie précieuse. Je ne me laisse pas facilement distraire quand je travaille, car je dois avancer. Quoi qu'il arrive : rester déterminé, aller de l'avant ! Même si cela implique parfois de se retrouver seul, car il a fallu écarter ceux qui freinaient le projet.

10. Le savoir-être (avec les autres) (atout)

Ce qui fait la différence aujourd'hui, plus qu'un diplôme ou même une compétence, dans toute entreprise ou équipe, c'est le savoir-être des personnes, c'est-à-dire leur habileté à entretenir de bonnes relations avec les autres, à être agréables, efficaces, simples à vivre.

Mon savoir-être peut être aussi la flexibilité, la qualité d'écoute, la bonne volonté, tout ce qui apporte quelque chose aux gens avec qui je travaille.

11. Aller vers plus d'autonomie (atout)

Je vois plus clair dans la gestion de ma carrière, j'ai le sentiment de pouvoir penser par moi-même et prendre des décisions. Je me sens armé pour me préparer mentalement moi-même à un grand événement. Je sais aussi me poser et m'accorder un moment d'introspection. Je n'ai pas besoin de rester, comme la plupart, « connecté » 24 heures sur 24 à autrui et dépendant des autres. Mon entraîneur est mon conseiller, ou mon associé dans notre entreprise, pas mon chef.

Vous êtes tombé sur une qualité qui nécessite qu'on s'y attaque ? Avez-vous pu partager ce bilan avec votre entraîneur ou accompagnateur pour croiser le fer ? Souvent, deux versions différentes donnent lieu à des échanges qui clarifient et qui montrent le chemin. À vous d'en faire une priorité dans vos objectifs et de définir un objectif de moyen qui vous permettra de passer un prochain cap.

Le prochain outil peut s'appliquer quotidiennement à l'entraînement et après chaque compétition. Il s'intègre très bien dans un *débriefing* d'entraînement ou de match. Encore un outil pensé pour renforcer la collaboration entre l'entraîneur et son entraîné !

CHAPITRE 2
L'auto-évaluation de votre performance mentale

Qu'est-ce qu'une performance mentale ? Pouvoir sortir son meilleur dans les moments les plus tendus ? Rester constant du début à la fin, tandis que les autres vont baisser la garde, ralentir, se crisper un peu ? Avoir un acharnement hors du commun ? Ne pas laisser les pensées parasites avoir le dessus ? Être discipliné, au point d'être en permanence « dans le *process* » et de ne jamais sortir de ce qu'il y a à faire... Tandis que d'autres sont plus tendres et ont tendance à choisir leurs moments ?

Une performance mentale, en compétition, implique plusieurs qualités à différents moments : bien se préparer, bien débuter, être constant, saisir les occasions, savoir conclure... même quand il est si humain de vouloir souffler, se reposer, s'évader, ou s'éparpiller et penser à toutes sortes de choses ! Une performance mentale est un peu inhumaine, animale en tout cas, en ce qu'elle implique d'être en « mode survie » et de ne s'accorder aucun moment de faiblesse.

Voici cinq critères qui, s'ils ne sont pas remplis, empêcheront de produire une bonne performance mentale en compétition :

1. Se conditionner avant le match pour avoir plus de chances de bien débuter.

2. Bien jouer même quand on ne joue pas à son meilleur niveau (bien mal jouer).
3. Ne pas lâcher (être constant/tenir sa tête/faire peu de fautes).
4. Sentir ce qui se passe (chez l'adversaire, en moi, reconnaître les temps forts et les temps faibles, être malin...).
5. Dans les moments tendus, dominer ses peurs pour continuer à attaquer.

Parfois, on atteint cet état de performance de façon fluide, parce que le corps était naturellement prêt, alerte et créatif. Le plus souvent, c'est la rage de vaincre qu'il faut avoir pour atteindre une très bonne performance mentale.

Après un match, pour chacun de ces critères, donnez-vous une note de 1 à 4 :
  4 : très bon
  3 : bon
  2 : moyen
  1 : mauvais

Faites le total, cela vous donnera une note sur 20. Si vous obtenez une note totale inférieure à 15, tâchez d'identifier le ou les critères sur lesquels vous devrez travailler davantage.

Et, de la même façon, voici cinq autres critères pour évaluer sa performance mentale à l'entraînement :

1. Se préparer (avant l'entraînement) à se concentrer (sac, nourriture, conditionnement, etc.).
2. Traiter l'entraînement comme un match (être très concentré et engagé, pousser ses limites quand c'est dur).
3. Travailler à régler son problème de caractère (par exemple : la nervosité ou le découragement devant l'effort).

4. Être en relation avec l'entraîneur (apport d'idées, initiatives, qualité d'écoute).
5. Tenir sur la longueur.

Faites le total, cela vous donnera une note sur 20. Tâchez d'identifier le ou les critères sur lesquels vous devrez travailler davantage.

Là aussi, comme pour un match, il faut se mettre en condition, être prêt, pour produire une performance mentale. Car elle ne va pas de soi, elle n'est pas naturelle. Ce qui est naturel, c'est de lâcher prise sur un de ces critères, ou sur tous, quand c'est dur et qu'il faudrait se faire souffrir. Ce qui fait les champions, ce ne sont pas des attributs miraculeux, ce n'est pas inné. C'est une aptitude cultivée par le travail à souffrir plus longtemps, sans jamais s'éloigner du but : être performant et gagner.

Une autre difficulté empêche le plus grand nombre de sportifs d'atteindre leur plein potentiel et de réussir : ils sont jeunes. Il est difficile pour les jeunes de comprendre l'intérêt d'une telle discipline, de respecter tous ces critères, jour après jour. Il faut avoir vécu des échecs, pris les coups de la vie, savoir prendre du recul, avoir analysé ses erreurs et ses défauts, pour comprendre qu'il faut travailler de cette façon et être discipliné à ce point pour réussir et que le talent naturel n'est pas si important qu'on le croit. Comprendre le travail demande de la sagesse. Devenir un champion, c'est donc être jeune et apprendre des trucs de vieux !

CHAPITRE 3
Les 36 régions de la Carte du mental

Voici un répertoire de 36 qualités mentales. À vous de cibler les qualités qui vous intéressent. Il suffit d'être «champion dans la tête» dans deux ou trois régions pour réussir de belles choses dans la vie. Si nous ne proposons pas de profil de champion, ces fiches suggèrent tout de même de trouver l'attitude championne qui s'applique à diverses situations.

Le pays du Rêve
   1. Prendre son rêve au sérieux
   2. La passion
   3. Suivre son désir
   4. L'esprit d'explorateur
   5. L'orgueil
   6. L'enthousiasme

La vallée du Plan
   7. Être dans la recherche
   8. La discipline
   9. L'intensité
   10. Se fixer des objectifs intérieurs
   11. S'associer à la difficulté
   12. Faire des choix

13. Entraîner son entraîneur
14. Transformer un handicap en atout
15. Savoir dire non
16. Se libérer du regard des autres
17. La remise en question
18. La générosité
19. Travailler son langage corporel
20. Aller voir ailleurs
21. Bien (mal) jouer
22. Faire des mini-deuils
23. Cultiver sa différence

La terre de Création
24. Se concentrer sur ce qu'on peut contrôler
25. La lucidité
26. Marier l'eau et le feu (relâchement et agressivité)
27. Penser au jeu, pas à l'enjeu
28. Ne pas changer au moment critique
29. Ne pas surjouer
30. L'animalité
31. Ne rien lâcher
32. Accepter la frustration
33. L'autorité personnelle
34. Être amoureux de la pression
35. Se réapproprier le plaisir perdu
36. La confiance en soi

1. PRENDRE SON RÊVE AU SÉRIEUX

1. Qu'est-ce que c'est?
Respecter son rêve en se donnant des moyens pour réussir, même si ces moyens peuvent sembler démesurés ou déraisonnables aux yeux des autres. C'est ne pas avoir honte d'agir comme si on allait réussir.

2. L'idée
Se prendre au sérieux n'implique pas forcément de l'arrogance, mais le courage de résister aux jugements de ceux qui n'osent pas se prendre au sérieux. Oser croire humblement en ses chances est la meilleure réponse à leur donner, et agir sans chercher à se justifier. Pour avoir raison, il faut agir sans trop expliquer. Nous avons des chances de réussir quand nous prenons des initiatives qui sont qualifiées d'exagérées par nos proches ou nos collègues. On peut passer pour prétentieux. Tant pis s'ils pensent qu'on en fait trop. À nous regarder, ils s'habitueront.

3. Est-ce que je suis champion dans la tête?
Je le suis quand...
- ❏ je me donne des moyens ambitieux, même s'ils paraissent démesurés sur le moment;
- ❏ je ne cherche pas forcément à être compris par les autres.

Je ne le suis pas quand...
- ❏ j'ai honte de prendre mes capacités au sérieux et de viser haut;
- ❏ je ne respecte pas mon rêve parce que je ne respecte pas mon plan.

2. LA PASSION

1. Qu'est-ce que c'est?
La passion est un état d'âme excessif, le contraire d'un état neutre. C'est un intérêt irrésistible et exclusif pour une chose ou un but, entraînant un bouleversement de tout l'être, une intensification des émotions et de l'estime de soi.

2. L'idée
Les avantages de la passion sont si grands qu'il faut éviter de la gâcher. Une passion est aveugle, elle nous empêche de voir les obstacles. Elle nous procure l'énergie de surmonter des difficultés colossales. Elle permet de développer l'estime de soi, de se sentir exister. La nouvelle image de nous-mêmes qu'elle nous renvoie nous permet d'étayer les projets du moment, voire ceux de toute une vie. La passion nous domine, elle est une « bonne folie », mais une folie qui s'exerce dans le réel. Elle guide nos pas, donne du ou des sens à la vie : des sensations, une direction et une signification.

3. Est-ce que je suis champion dans la tête?
Je le suis quand…
- ❏ je n'ai pas peur d'être déraisonnable ;
- ❏ je m'accorde le droit de ne faire qu'un avec ma passion.

Je ne le suis pas quand…
- ❏ j'affirme avoir une passion, mais je ne verse jamais dans l'excès ;
- ❏ je renonce à améliorer ma condition à cause des risques.

3. SUIVRE SON DÉSIR

1. Qu'est-ce que c'est ?
Écouter ce qu'on désire au fond de soi-même et se libérer de ses inhibitions pour oser aller au bout de sa conviction intime ; c'est aussi ne pas confondre son désir et celui des autres, ne pas se laisser enfermer dans le désir de l'autre.

2. L'idée
On ne fait bien que ce qu'on désire ! Parfois, il y a plus de risques à ne rien faire (par manque d'initiative, par goût du confort) qu'à se dire : « J'y vais et, au moins, j'aurai essayé ! » Certains n'osent pas réveiller leur désir, d'autres préfèrent l'occulter, et d'autres encore veulent tellement satisfaire les désirs des parents et des entraîneurs qu'ils s'oublient. Peut-on s'investir à fond dans une activité sans respecter son désir ?

Comment faire alors pour savoir ce qui nous plaît vraiment ? Il faut d'abord apprendre à s'écouter et à se débarrasser de ce qui peut étouffer le désir : la peur d'être ridicule, la tradition familiale, la culpabilité.

3. Est-ce que je suis champion dans la tête ?
Je le suis quand…
- ❑ mon désir est à la fois mon objectif et mon repère ;
- ❑ je sais ce que je ne veux pas, je sais ce que je veux.

Je ne le suis pas quand…
- ❑ je n'ose pas réveiller et afficher mon désir ;
- ❑ je sacrifie mon propre désir à celui des autres.

4. L'ESPRIT D'EXPLORATEUR

1. Qu'est-ce que c'est ?
Sortir des sentiers battus pour explorer un domaine inconnu ; savoir remettre en cause ce qui fait loi dans son activité pour élaborer de nouvelles théories, inventer de nouvelles techniques, créer une rupture avec ce qui se fait déjà.

2. L'idée
Tout le monde, dans son domaine, peut découvrir de nouveaux horizons et ouvrir de nouvelles voies, mais on y arrive rarement par hasard. On ne peut aller au bout de son exploration sans être un homme ou une femme de convictions, ni sans avoir l'intuition qu'il existe d'autres façons de faire ou de voir les choses, au-delà du monde connu. Cette vision du monde exige beaucoup d'imagination et la dose d'impertinence nécessaire pour penser par soi-même.

3. Est-ce que je suis champion dans la tête ?
Je le suis quand…
- ❏ j'aime aller là où je sens que la pensée unique piétine, j'aime penser par moi-même ;
- ❏ j'ai envie, dans mon domaine, d'être précurseur.

Je ne le suis pas quand…
- ❏ j'ai peur de ce que je ne connais pas ;
- ❏ je suis le mouvement parce que cela ne m'engage à rien et que j'ai peur que l'institution n'apprécie pas mon innovation.

5. L'ORGUEIL

1. Qu'est-ce que c'est?
L'orgueil est une qualité plus qu'un défaut quand il s'agit de ce sentiment de fierté admirable qui pousse les hommes à se dépasser, à vouloir prouver leur valeur, réagir, rebondir après des échecs ou des humiliations, à refuser le sort alors même que tout semble perdu.

2. L'idée
Attention, l'orgueil est une arme à double tranchant! Il provoque le besoin de reconnaissance et peut nous donner la force de tout mettre en œuvre pour nous élever, pour échapper à notre condition ou pour regagner notre dignité... Toutefois, dans l'action, l'orgueil peut nous aveugler et nous empêcher « d'être dans le match », notamment quand nous nous préoccupons seulement de notre ego et de notre image. Pour arriver à se concentrer, il est essentiel de savoir calmer son orgueil, de faire disparaître son propre intérêt pour soi.

3. Est-ce que je suis champion dans la tête?
Je le suis quand...
- ❏ je réagis avec fierté et je refuse de m'enliser dans l'échec;
- ❏ dans l'action, je laisse mon orgueil de côté.

Je ne le suis pas quand...
- ❏ je refuse le combat parce que je ne supporte pas l'idée d'être dominé;
- ❏ je me plains au lieu de me battre, je me préoccupe de mon image au lieu de lutter pour ma fierté.

6. L'ENTHOUSIASME

1. Qu'est-ce que c'est ?
L'enthousiasme est le don d'apprécier ce que l'on a et ce que l'on vit, d'éprouver de la joie dans le travail et dans l'effort, de manifester de l'admiration, de l'étonnement et de l'émerveillement, une qualité qui a souvent pour effet d'inspirer et de rallier les autres.

2. L'idée
Voici une qualité majeure qui pourtant n'occupe pas la place qu'elle mérite. Le manque d'enthousiasme n'est pas toujours considéré comme un défaut, car on dit parfois des insatisfaits chroniques qu'ils sont trop perfectionnistes. Il n'y a pas de honte à s'étonner, à s'extasier ou simplement à témoigner sa reconnaissance à ceux qui s'occupent de nous. C'est même un signe de bonne santé et de jeunesse mentale, car l'enthousiasme préserve la fraîcheur et la naïveté des débuts, quand tout était simple. Les plus enthousiastes font bien ce qu'ils font, car ils le font chaque fois comme si c'était la première fois. Quant aux cyniques, ils ont souvent l'air plus intelligents, mais ils n'ont pas toujours l'intelligence de la vie, des rêves et de l'action.

3. Est-ce que je suis champion dans la tête ?
Je le suis quand...
- ❏ je cultive mon enthousiasme au lieu de cultiver le dénigrement ;
- ❏ je donne le maximum, car je montre ainsi que j'apprécie ce que j'ai (mes conditions de travail, mon entraîneur, etc.).

Je ne le suis pas quand...
- ❏ je pense que ce n'est pas « cool » de montrer que j'ai du plaisir ;
- ❏ rien n'est jamais assez bien pour moi.

7. ÊTRE DANS LA RECHERCHE

1. Qu'est-ce que c'est?
Être dans la recherche signifie qu'on est animé par la soif d'apprendre et de comprendre; il s'agit de l'aptitude à rester curieux et avide de tout ce qui pourra nous aider à aller plus loin dans notre projet ou dans la maîtrise de notre art.

2. L'idée
Dans la poursuite d'un rêve ou d'une carrière, nous affrontons sans cesse des problèmes qui nous freinent et semblent parfois insurmontables. Nous sommes en phase de recherche quand nous sommes obsédés par la solution. Ceux qui franchissent des caps sont ceux qui tournent sans cesse autour de leur rêve. Pour être un bon chercheur, il faut aimer « chercher pour chercher ». C'est au prix de maints égarements et grâce à une « patience passionnée » qu'on pourra trouver le geste parfait. Quand on cherche depuis des années, on finit par découvrir des choses incroyables.

3. Est-ce que je suis champion dans la tête?
Je le suis quand...
- ❏ je me demande toujours ce qui me manque pour franchir le palier suivant;
- ❏ à force de chercher, je finis par avoir un extraordinaire niveau de maîtrise et de finesse de perception.

Je ne le suis pas quand...
- ❏ je suis facilement rassasié et je me décourage face aux problèmes parce que je n'aime pas chercher;
- ❏ j'oublie que si j'arrête de chercher, je recule, car les autres avancent.

8. LA DISCIPLINE

1. Qu'est-ce que c'est ?
La discipline, c'est le cadre de travail et les règles dont le talent a besoin pour éclore et s'épanouir. Trouver sa discipline signifie entrer dans une routine d'efforts qui permet de se concentrer et de fournir ces efforts, même quand on n'en a pas envie ; c'est, en fait, créer le cadre qui va nous créer.

2. L'idée
La discipline est un mot de moins en moins à la mode. Il évoque le côté militaire, l'idée d'obéissance, d'enfermement, de contraintes. On préfère mettre en avant le talent, l'originalité, la liberté. Pourtant, même les grands artistes adoptent une discipline, qui en réalité n'est pas une contrainte mais un atout. La discipline existe quand les règles sont devenues automatiques et qu'on n'a plus besoin d'y penser (se lever à telle heure, répéter tel exercice, soigner son matériel, etc.). C'est un soulagement d'être discipliné quand les règles sont claires et la répétition instaurée, même si c'est dur, on s'habitue, et donc ça devient plus facile. La discipline finit par devenir un état d'esprit. Cela peut paraître contradictoire, mais plus le cadre est strict et bien pensé, plus on a l'esprit dégagé, plus on peut s'exprimer librement. La discipline, c'est la liberté.

3. Est-ce que je suis champion dans la tête ?
Je le suis quand...
- ❏ je m'impose des règles de travail, car le cadre devient plus fort que moi ;
- ❏ je n'oppose pas le talent à la discipline, mais j'essaye d'avoir le talent de la discipline.

Je ne le suis pas quand...
- ❏ je me base trop sur mon talent : je n'ai pas appris à apprendre et je ne comprends pas l'intérêt de la discipline ;
- ❏ je ne prête pas attention aux détails, par exemple j'oublie de mettre une bouteille d'eau dans mon sac ; je n'ai pas trouvé mon rythme de travail, l'effort pose problème.

9. L'INTENSITÉ

1. Qu'est-ce que c'est ?
Être intense, c'est atteindre un degré élevé de concentration et d'effort. Toutes les ressources sont sollicitées et convergent vers un seul point. L'engagement est total, les sensations sont au rendez-vous, le corps progresse.

2. L'idée
Il y a plusieurs niveaux de concentration. C'est comme si on avait dans la tête un thermomètre qui indiquerait la simple attention, puis une concentration moyenne et, tout en haut, l'intensité. Ceux qui s'entraînent régulièrement dans l'intensité progressent plus vite, car ils font appel à toutes les ressources disponibles et emmagasinent mieux les informations. L'entraînement sert avant tout à entraîner sa concentration, à repousser ses limites physiques et mentales. On se ressemble tous ; ce qui fait la différence, c'est l'effort ! On peut être intense même dans les gestes les plus simples, les plus évidents à réaliser. La difficulté se cache en toutes choses. Ce qui paraît facile, il est toujours très difficile de le faire très bien.

3. Est-ce que je suis champion dans la tête ?
Je le suis quand…
- ❑ je m'entraîne comme si j'étais en compétition ;
- ❑ les jours où je n'ai pas envie de m'entraîner, je diminue la durée mais pas l'intensité.

Je ne le suis pas quand…
- ❑ je suis concentré, mais pas intense ;
- ❑ je pense que des entraînements légers me permettront d'être intense pendant le match.

10. SE FIXER DES OBJECTIFS INTÉRIEURS

1. Qu'est-ce que c'est?

Se fixer des objectifs de moyens accessibles basés sur des mesures à prendre et des engagements personnels, plutôt que de se fixer uniquement des objectifs de résultat (extérieurs).

2. L'idée

Cela n'a pas beaucoup de valeur de dire « je vise tel classement »; il vaut mieux parler de son plan et d'objectifs de travail, qui dépendent de soi, par exemple: « Cette année, je vais m'attaquer à tel problème ou à tel défaut. » Prendre comme repère ses objectifs intérieurs est aussi le moyen le plus juste d'évaluer sa performance réelle et de savoir si on est sur le bon chemin. Parfois les résultats sont mauvais, et pourtant le plan est bon, les objectifs intérieurs sont en voie de se réaliser. Seul celui qui est dans les confidences du plan est en mesure de bien juger.

3. Est-ce que je suis champion dans la tête?

Je le suis quand...
- ❏ je me focalise sur mes objectifs intérieurs pour réaliser mes objectifs extérieurs;
- ❏ je ne panique pas et je suis mon plan quand les résultats se font attendre.

Je ne le suis pas quand...
- ❏ je n'ai aucun objectif ou je me contente de dire que je veux devenir champion;
- ❏ je parle d'être sérieux et de travailler dur, mais sans jamais dire par quoi cela se traduit.

11. S'ASSOCIER À LA DIFFICULTÉ

1. Qu'est-ce que c'est?
S'associer à la difficulté signifie se frotter régulièrement à elle, s'en faire une partenaire qui stimulera nos qualités. Aller là où les autres ne vont pas.

2. L'idée
Il n'y a pas d'hommes exceptionnels, il n'y a que des cadres exceptionnels, qui font les hommes exceptionnels. Les contextes difficiles ou particulièrement exigeants, voire dangereux, trempent le caractère. La difficulté favorise l'imagination et l'action. Et quand c'est dur, c'est là qu'on peut savoir ce qu'on vaut et qu'on apprend à se connaître. Le but de l'entraînement n'est pas de *bien jouer* mais de *bien s'entraîner*, de sortir de sa zone de confort et de se préparer à faire face aux difficultés des compétitions futures.

3. Est-ce que je suis champion dans la tête?
Je le suis quand…
- ❏ je suis attiré par la difficulté, car elle me rend meilleur; j'ai «l'esprit du difficile»;
- ❏ je finis par trouver mon confort dans la difficulté.

Je ne le suis pas quand…
- ❏ j'ai toujours tendance à choisir la facilité;
- ❏ je me laisse influencer par les individus les plus paresseux du groupe.

12. FAIRE DES CHOIX

1. Qu'est-ce que c'est ?
Faire des choix signifie adopter une position, choisir une activité, un point de vue, un copain, et aller au bout de son choix, en assumant les conséquences.

2. L'idée
Les vrais choix sont un véritable engagement, qui signifient, à certains moments de sa vie, pour progresser, de renoncer à quelque chose (quitter sa région pour trouver de meilleures conditions d'entraînement ailleurs, choisir de s'entraîner plus que les autres, etc.). Certains deviennent de vrais spécialistes des non-choix. Ils hésitent et attendent de se retrouver le dos au mur pour réagir. Pas étonnant qu'ils aient du mal à aller au bout de leurs gestes quand ça compte (coups, mouvements, choix tactiques, etc.). À la fin, ils prennent telle direction parce qu'ils n'ont plus d'autres possibilités.

3. Est-ce que je suis champion dans la tête ?
Je le suis quand...
- ❏ je sais défendre mon choix et garder le cap ;
- ❏ je sais rester seul pour faire mon choix final, même si j'ai pu consulter d'autres personnes auparavant.

Je ne le suis pas quand...
- ❏ je laisse les autres choisir à ma place pour me détacher ainsi de toute responsabilité ;
- ❏ je choisis seulement quand je n'ai plus de choix.

13. ENTRAÎNER SON ENTRAÎNEUR

1. Qu'est-ce que c'est ?
Entraîner son entraîneur signifie établir une relation avec lui, tant sur le plan professionnel que sur le plan humain. C'est surtout éveiller en lui l'envie de donner le meilleur de lui-même.

2. L'idée
Le plus souvent, le sportif attend que tout vienne de l'entraîneur (la motivation, la générosité, l'investissement dans un projet). Cette situation peut être frustrante pour l'entraîneur, parce qu'il n'y a pas de retour sur son travail, pas de questions, pas d'échange. Or, un maître n'est pas récompensé seulement par les progrès et les résultats de son élève, il l'est surtout quand leur collaboration engendre une relation et des sentiments forts. Le job de l'entraîneur est de faire évoluer le sportif, mais ce dernier peut l'encourager, le motiver, en manifestant ses opinions ou ses sentiments, et parfois même en se demandant ce qui ferait plaisir à son entraîneur.

3. Est-ce que je suis champion dans la tête ?
Je le suis quand…
- ❏ je pense de temps en temps à motiver mon entraîneur ;
- ❏ je propose des exercices que j'aime faire et je pose des questions sur ce que je ne comprends pas.

Je ne le suis pas quand…
- ❏ je reste le bon élève, intimidé par l'autorité du maître, qui attend que tout vienne de lui ;
- ❏ je ne tente pas de dire ce que je ressens et je prive mon entraîneur d'informations indispensables à ma progression.

14. TRANSFORMER UN HANDICAP EN ATOUT

1. Qu'est-ce que c'est ?

Transformer un handicap en atout signifie accorder une telle attention à un handicap ou à un défaut (carence physique, petite taille, lacune technique) qu'on finit par en faire une qualité et, à force, par pousser cette qualité plus loin que si on l'avait eue naturellement au départ.

2. L'idée

Certaines qualités exceptionnelles naissent d'un défaut. Ceux qui développent une qualité au maximum sont parfois ceux qui partent d'une lacune, car ils n'ont droit à aucune indulgence. Ce qui pour d'autres n'aurait été qu'un point faible à surveiller ou à améliorer, les champions en ont parfois fait un défi à relever à tout prix.

Nombre de champions ont dû affronter des situations difficiles (handicap physique, perte d'un être cher, absence d'un parent). Mais les handicaps peuvent être un moteur, provoquer un besoin vital de réparation. La plus haute marche du podium accueille souvent de grands champions qui un jour se sont sentis minables et ne l'ont pas supporté.

3. Est-ce que je suis champion dans la tête ?

Je le suis quand…
- ❏ j'attache tant d'importance à une qualité déficiente que je finis par mieux la maîtriser que ceux qui l'ont naturellement ;
- ❏ je suis le plus petit, mais aussi le plus adroit.

Je ne le suis pas quand…
- ❏ j'accepte qu'on me colle des étiquettes (« pas doué », « trop petit », etc.) ;
- ❏ pour expliquer mes échecs, je me cache derrière des phrases comme « c'est à cause de la conjoncture » (qui n'est jamais favorable, sauf pour ceux qui trouvent des solutions !).

15. SAVOIR DIRE NON

1. Qu'est-ce que c'est?
Savoir dire non est une façon de s'affirmer, même si ça passe par le biais de la confrontation. C'est aussi le point de départ pour résoudre un conflit plutôt que de choisir la voie de l'évitement.

2. L'idée
Pas besoin d'attendre le jour de la compétition pour défendre son point de vue ou l'opposer à celui des autres. Au lieu d'éviter la confrontation à tout prix, quand on est en désaccord ou quand on est poussé à enfreindre ses principes, il vaut mieux dire non et se positionner. Parfois même se défendre contre ceux qui abusent de leur autorité ou profitent de notre gentillesse. Ces refus peuvent structurer la relation beaucoup mieux que les consentements mous. Savoir dire non donne aussi plus de poids au oui: quand on dit oui, c'est un vrai oui, ce qui est rassurant pour soi-même et pour les autres.

3. Est-ce que je suis champion dans la tête?
Je le suis quand…
- ❑ j'arrive à dire non à ceux qui veulent profiter de ma gentillesse;
- ❑ j'accepte l'idée que je ne peux pas faire plaisir à tout le monde.

Je ne le suis pas quand…
- ❑ j'hésite à remettre l'autorité en question, même quand je crois avoir raison;
- ❑ je pense non, mais je dis oui, ou je ne dis rien par peur de faire face aux autres.

16. SE LIBÉRER DU REGARD DES AUTRES

1. Qu'est-ce que c'est ?
C'est se détacher de son propre désir de plaire, être capable d'être soi-même et de faire ce qu'on sait faire, indépendamment du jugement des autres.

2. L'idée
Le regard des autres peut nous influencer de diverses manières : parfois il pèse lourdement sur nos épaules (« Je ne peux pas être performant quand mon père vient me voir en compétition ! »). On franchit un grand pas lorsqu'on devient capable d'exister sans chercher son salut dans le regard des autres. Tant mieux si on peut partager ce qu'on est, mais il est inutile de vouloir trop bien faire (pour plaire aux autres), forcer la note (pour chercher à être ce qu'on n'est pas), ou être aimé à tout prix (pour compenser des manques affectifs) !

3. Est-ce que je suis champion dans la tête ?
Je le suis quand...
- ❏ je me focalise sur ce que je sais faire, indépendamment de la présence physique ou imaginaire d'autres personnes ;
- ❏ je sais apprécier la solitude en compétition.

Je ne le suis pas quand...
- ❏ je subis le regard des autres parce que j'ai peur de leur jugement ;
- ❏ je crois devoir quelque chose à quelqu'un (« Ma mère a tellement investi en moi que je n'ai pas le droit de la décevoir ! »).

17. LA REMISE EN QUESTION

1. Qu'est-ce que c'est ?
C'est porter un regard honnête sur soi-même et parfois renoncer à des acquis pour aller plus loin ; se demander ce qu'on pourrait encore améliorer, même quand on gagne ou quand tout marche bien.

2. L'idée
La remise en question se fait plus facilement quand les choses vont mal. Pourtant, elle devrait être permanente. Le danger peut venir du succès. Quand on est trop content de soi, on a tendance à cesser toute recherche et à s'endormir sur ses lauriers. On attend que ça aille mal pour penser à changer, puis on change dans l'urgence et, souvent, on fait des bêtises. Parfois, pour passer un cap, il faut savoir détruire pour reconstruire (des gestes, des méthodes d'entraînement), ou savoir balayer des idées toutes faites. C'est un risque, certes, que de remettre en question des acquis qu'on a eu tant de mal à obtenir, mais l'éviter peut empêcher de gravir la dernière marche.

3. Est-ce que je suis champion dans la tête ?
Je le suis quand...
- ❏ je reste vigilant même quand tout va bien, je considère un résultat atteint comme une étape et non comme un aboutissement ;
- ❏ je suis conscient que le fait de chercher à améliorer une lacune, au début, se fait toujours au détriment d'un point fort.

Je ne le suis pas quand...
- ❏ je suis toujours content de moi et j'attends toujours d'être le dos au mur pour entreprendre des changements ;
- ❏ je ne demande jamais son avis à mon entraîneur, par peur de ses critiques ou par manque de curiosité.

18. LA GÉNÉROSITÉ

1. Qu'est-ce que c'est?
La générosité est une noblesse de caractère ainsi qu'une tendance à l'excès qui fait qu'on donne sans calculer et qu'on fait spontanément plus que ce que l'on attend de nous.

2. L'idée
Si elle coûte sur le moment, la générosité, que ce soit dans l'effort ou dans la relation, apporte toujours quelque chose à long terme. Quand on est généreux avec la vie, elle nous le rend bien. Notre propre générosité (faire confiance, donner de soi-même, savoir pardonner, accorder sa chance à quelqu'un) inspirera la générosité chez les autres. Il est plus facile de penser à ce qu'on a à perdre, de se laisser guider par le calcul, la retenue ou la peur. Lorsqu'on ne calcule pas et qu'on est excessif, on commet des erreurs, on fait parfois des efforts pour rien, mais ce n'est jamais complètement pour rien.

3. Est-ce que je suis champion dans la tête?
Je le suis quand...
- ❏ je préfère en faire trop que pas assez, je donne de moi-même en acceptant de ne pas être forcément récompensé;
- ❏ je reste capable de faire des choix pour ne pas gaspiller ma générosité.

Je ne le suis pas quand...
- ❏ je me contente de faire ce qu'on me demande et je suis tellement calculateur que j'ai peur de tenter des expériences;
- ❏ je ne donne pas, je ne reçois pas, je reste là où je suis.

19. TRAVAILLER SON LANGAGE CORPOREL

1. Qu'est-ce que c'est ?
Travailler son langage corporel signifie utiliser son corps pour apprendre à se dominer. La façon de se tenir, de marcher ou de respirer fait partie du langage du corps.

2. L'idée
En compétition, le langage du corps dévoile souvent les états d'âme des combattants. Chez certains, à la première alerte, il trahit les doutes, les inquiétudes, la frustration. Quelqu'un dont les gestes sont agités et désordonnés est dissipé mentalement. Pour que le corps fonctionne bien, le « mental » doit bien fonctionner, mais l'inverse est également vrai. En apprenant à contrôler le langage de notre corps, nous pouvons influer sur nos qualités mentales : garder la tête haute égale se montrer sûr de soi, éviter de faire des gestes d'agacement égale garder son calme, éviter de regarder partout égale rester concentré, etc.

3. Est-ce que je suis champion dans la tête ?
Je le suis quand…
- ❑ j'agis sur mon corps pour agir sur mon esprit ;
- ❑ quel que soit le score ou le déroulement de la compétition, on ne peut jamais dire si je perds ou si je gagne.

Je ne le suis pas quand…
- ❑ mon corps s'affole dès que les choses vont mal, je m'éparpille au lieu de rester compact ;
- ❑ je n'ai pas compris que travailler mon langage corporel est une façon de travailler mon sang-froid.

20. ALLER VOIR AILLEURS

1. Qu'est-ce que c'est?
Aller voir ailleurs signifie sortir de son milieu pour voir autre chose, faire autre chose, croiser des gens et s'en inspirer. Mener plusieurs activités de front oblige également à aller à l'essentiel et permet de prendre du recul par rapport aux enjeux.

2. L'idée
Si on peut garder d'autres centres d'intérêt en dehors de son projet principal et sortir de temps en temps de son milieu, on revient enrichi de ces expériences et cela peut bonifier notre activité initiale. Les sportifs, par exemple, qui ont une activité professionnelle doivent être très bien organisés, ce qui les oblige à aller à l'essentiel; ou bien, les entrepreneurs qui traitent plusieurs affaires dans des lieux différents développent un esprit synthétique, apprennent à garder du recul, à déléguer. En outre, ils arrivent à relativiser les enjeux d'une compétition (ou d'un examen) parce qu'ils savent justement que la vie ne se résume pas qu'à cela.

3. Est-ce que je suis champion dans la tête?
Je le suis quand...
- ❏ je fréquente d'autres milieux où l'on me voit sous un autre jour;
- ❏ mes divers projets se nourrissent les uns les autres et m'apprennent à bien organiser mon temps, à travailler vite.

Je ne le suis pas quand...
- ❏ je cherche des prétextes pour ne pas sortir de mon train-train quotidien;
- ❏ j'aurais envie de voir autre chose, mais je me laisse influencer par les gens de mon milieu qui n'en sortent jamais.

21. BIEN (MAL) JOUER

1. Qu'est-ce que c'est ?
Bien (mal) jouer signifie fournir une bonne performance, même quand on est dans une forme moyenne. C'est jouer bien, même quand on joue mal.

2. L'idée
Cinq compétitions par an, un athlète sera magique, et cinq, il sera lamentable. Ce sont les autres compétitions qui font la valeur de l'athlète. Bien (mal) jouer ne veut pas dire être prudent et ne courir aucun risque, mais cela suppose de prendre comme repère son niveau de performance moyen et non pas son meilleur niveau. On ne peut pas contrôler les pics de forme ; la seule chose qu'on peut contrôler, c'est son niveau moyen. Si on travaille bien, on peut améliorer ce niveau moyen. Ce sera souvent la meilleure plate-forme pour faire décoller sa prestation et parfois se mettre à jouer très bien. La véritable performance, c'est de rester efficace dans une mauvaise passe, ou même dans un mauvais jour.

*Bien (mal) jouer = bien (mal) courir, jeter, sauter, nager, tirer...

3. Est-ce que je suis champion dans la tête ?
Je le suis quand...
- ❏ je ne m'attends pas toujours à être à mon meilleur niveau ;
- ❏ je joue mal, mais j'ai mes valeurs refuges (mon sang-froid, ma maîtrise technique, mon physique), je peux combattre et peut-être vaincre.

Je ne le suis pas quand…
- ❑ j'ai des écarts de performance importants et je m'effondre quand les choses vont mal ;
- ❑ je m'entraîne trop souvent en sur-régime et seuls les coups brillants m'intéressent ; en compétition, je place la barre trop haut, alors je suis souvent frustré et déçu.

22. FAIRE DES MINI-DEUILS

1. Qu'est-ce que c'est?
Faire des mini-deuils signifie accepter dans le quotidien ce qui n'est plus, s'adapter et regarder devant. Mieux on arrive à maîtriser cette capacité, mieux on pourra vivre et apprécier le moment présent, et rester efficace.

2. L'idée
Les occasions perdues (un saut manqué, un *penalty* raté) ou les contre-performances peuvent nous plonger dans la frustration, l'énervement et la tristesse. Mais ce qui est fini est fini, et il ne faut pas regarder en arrière si on veut progresser. Au contraire, il s'agit de faire le deuil de ce qui n'est plus. C'est une capacité primordiale que de s'adapter aux changements, aux multiples pertes ou erreurs inévitables pour passer à autre chose, commencer un nouveau chapitre, un nouveau match, une nouvelle histoire.

3. Est-ce que je suis champion dans la tête?
Je le suis quand…
- ❏ en compétition, il n'y a que le prochain point (la reprise, l'action) qui m'intéresse ;
- ❏ j'ai mon petit rituel pour clore un coup raté ou une occasion ratée, et pour rebondir plus vite.

Je ne le suis pas quand…
- ❏ je me réfère trop aux choses du passé qui ne dépendent plus de moi («Si j'avais fait cela…»), ce qui m'empêche de me consacrer pleinement à ce que je fais ;
- ❏ je répète toujours les mêmes schémas de comportement qui m'empêchent de progresser.

23. CULTIVER SA DIFFÉRENCE

1. Qu'est-ce que c'est?
C'est exploiter ce qui fait son originalité pour se construire une identité forte. Au lieu de cacher sa différence ou une particularité morale, raciale ou physique, en user et la défendre; oser parfois être le «mauvais élève».

2. L'idée
On ne peut plaire à tout le monde, mais on peut au moins accepter de ne pas être comme tout le monde. Dans certaines professions, le fait d'être différent peut constituer un avantage. Certains acteurs ou chanteurs sont admirés parce qu'ils sont des vedettes, mais aussi parce qu'ils ont un trait de caractère marqué, une faille, parfois un défaut physique, dont ils savent jouer et qui fait leur charme. Pour un original, la carrière commence souvent mal, et il traversera de grandes difficultés. On est taxé d'être «spécial», «bizarre». Puis, lorsqu'on est capable de persévérer et qu'on réussit quelque chose, le «bizarre» peut tout d'un coup devenir «génial».

3. Est-ce que je suis champion dans la tête?
Je le suis quand...
- ❑ ce qui me distingue des autres me permet de me construire;
- ❑ ce qu'on me reproche, je le cultive parce que c'est moi.

Je ne le suis pas quand...
- ❑ je fais de ma différence un complexe d'infériorité;
- ❑ ma différence m'isole irrémédiablement.

24. SE CONCENTRER SUR CE QU'ON PEUT CONTRÔLER

1. Qu'est-ce que c'est ?
Pour se concentrer en compétition, il faut se préoccuper uniquement de sa propre performance, et non de ce qu'on ne peut pas contrôler.

2. L'idée
Quand « gagner » ou « réussir un coup » est l'objectif unique, notre concentration peut être affectée. En revanche, on augmente les probabilités de réussite quand notre attention se fixe uniquement sur ce qu'on peut contrôler : appliquer son plan, telle consigne technique ou tactique, rester calme, être combatif. En compétition, on ne peut pas contrôler totalement son destin. Quand on a compris ça, on est plus libre mentalement, plus relâché et on prend plus de plaisir à la compétition. Paradoxalement, c'est le meilleur chemin vers le succès. Les grands champions connaissent parfaitement ce concept : plus le match est important, plus ils disciplinent leur esprit à ne pas se soucier du résultat et plus ils sont concentrés sur les petites choses qu'ils contrôlent.

3. Est-ce que je suis champion dans la tête ?
Je le suis quand…
- ❏ mon but est de donner le meilleur de moi-même avant de « gagner » (on peut influencer le résultat d'un match, pas le contrôler) ;
- ❏ au tennis, je ne pense pas à faire un service gagnant, je me concentre, par exemple, sur mon lancer.

Je ne le suis pas quand…
- ❏ je me préoccupe trop de choses incontrôlables, par exemple le résultat éventuel, l'environnement, le public, le vent, mon adversaire, ce que les autres pensent, etc. ;
- ❏ je ne distingue pas bien les choses que je peux contrôler de celles que je ne contrôle pas.

25. LA LUCIDITÉ

1. Qu'est-ce que c'est ?
La lucidité est un état d'éveil et de conscience élevé : rester calme dans le feu de l'action, être sensible, réceptif à tout ce qui se passe sur le terrain.

2. L'idée
Cette intelligence de l'action donne l'impression d'avoir du temps, pour voir et sentir le geste juste. Plus on est lucide, plus on a une analyse instantanée d'une situation, plus on est inspiré. C'est le corps devenu intelligent qui capte tout comme s'il avait des antennes. Les compétiteurs perdent leur lucidité sur le terrain surtout à cause de la précipitation. Dès qu'on force, les antennes rentrent. Pour recouvrer la lucidité dans l'action, il faut respirer, se calmer, se relâcher et retrouver la fluidité de ses mouvements et de ses enchaînements.

3. Est-ce que je suis champion dans la tête ?
Je le suis quand...
- ❑ je garde mon calme, alors que tous mes voyants sont allumés (comme une *bombe dormante*) ;
- ❑ je sais que la lucidité vient si on ne la brusque pas, je bouge comme un chat.

Je ne le suis pas quand...
- ❑ je me laisse entraîner dans le tourbillon des événements ; je suis trop nerveux, j'ai la tête dans le sac ;
- ❑ je force et je me précipite, tout semble aller trop vite, j'ai une vision du jeu brouillée.

26. MARIER L'EAU ET LE FEU

1. Qu'est-ce que c'est ?
C'est pouvoir être à la fois fluide et agressif, et, tactiquement, être offensif tout en restant posé et précis.

2. L'idée
Le feu, c'est l'agressivité, donc la puissance, la vitesse, la force, l'esprit conquérant. L'eau, c'est le relâchement qui canalise la puissance, qui favorise les bonnes sensations, le *timing*, la précision, donc la régularité. Un des problèmes de la technique est le dosage entre tous ces éléments. Si je suis trop relâché, le feu s'éteint : je me laisse aller, je suis mou, je n'ai plus de rythme, mes frappes flottent et perdent de leur précision et je risque de me laisser dominer. Par contre, si je suis trop agressif, l'eau n'arrive pas à contenir le feu : je force, je me crispe, je perds le *timing*, je ne suis plus lucide, je joue de façon décousue. Jouer juste, c'est trouver le juste milieu entre l'eau et le feu.

3. Est-ce que je suis champion dans la tête ?
Je le suis quand…
- ❑ j'attaque de façon intelligente parce que je reste fluide et précis ;
- ❑ je reviens à la règle du juste milieu dès que je perds le fil.

Je ne le suis pas quand…
- ❑ je mets la puissance avant les sensations et le *timing*, donc je suis imprécis et inconstant ;
- ❑ ma puissance déborde et me fait perdre de la vitesse (je suis un nageur et je me bats contre l'eau).

27. PENSER AU JEU, PAS À L'ENJEU

1. Qu'est-ce que c'est ?
Penser au jeu, pas à l'enjeu signifie détourner son esprit de la gravité de l'enjeu pour l'orienter vers son plan de jeu ; occuper ses pensées avec la procédure à suivre.

2. L'idée
Dans les moments importants, pour éviter de trop réfléchir, de laisser l'enjeu tuer le jeu, l'idée est de déplacer le problème : l'important n'est plus l'enjeu (« Il faut gagner ce point »), mais la manière (« Comment vais-je le jouer ? »). L'incertitude, source d'angoisse, est remplacée par une certitude : il y a un job à faire, un plan à suivre, et ça, je sais que je peux le faire. Or, pour pouvoir penser à son plan de jeu, il faut en avoir un. C'est évident. Pourtant, beaucoup de compétiteurs n'en ont pas vraiment.

3. Est-ce que je suis champion dans la tête ?
Je le suis quand...
- ❑ j'ai un plan de jeu à suivre, il n'y a plus d'inconnues, je sais ce que j'ai à faire ;
- ❑ j'aime mon plan de jeu, grâce à lui je joue pour jouer, c'est là que je joue le mieux.

Je ne le suis pas quand...
- ❑ je me demande qui va gagner ;
- ❑ je pense aux conséquences du résultat, mes pensées parasites me déconcentrent et me plongent dans l'émotionnel.

28. NE PAS CHANGER AU MOMENT CRITIQUE

1. Qu'est-ce que c'est ?
C'est jouer les points importants comme les autres points, en se disant que l'adversaire va devenir fébrile et changer quelque chose dans son jeu ou son attitude.

2. L'idée
Quand le moment important arrive et que la pression monte, la plupart des compétiteurs retiennent leurs gestes par peur de rater, ou au contraire ils forcent et se précipitent. Le fait de ne rien changer à votre jeu en vous disant que l'adversaire va probablement le faire (ne serait-ce que sur un point, un geste, une seconde) vous permet d'aborder le moment critique avec la satisfaction d'avoir un avantage. La clé est alors de « ne pas changer ». Si les champions réussissent parfois des coups exceptionnels aux moments critiques, en général ils n'ont pas cherché à les faire, mais ils les ont laissés venir. Ils se sentent meilleurs parce qu'ils ne sont pas obligés de faire quelque chose de grandiose, alors ça leur vient tout naturellement.

3. Est-ce que je suis champion dans la tête ?
Je le suis quand…
- ❏ je tire avantage de la fébrilité de l'autre et, en restant posé, je continue à appliquer mon plan ;
- ❏ j'en arrive à avoir hâte au moment critique parce que je sais que je pars avec un petit avantage.

Je ne le suis pas quand…
- ❏ dans les moments critiques, j'ai toujours le bras qui tremble et je retiens mes gestes ;
- ❏ je me crois le seul à m'inquiéter et j'oublie que les autres aussi peuvent avoir peur.

29. NE PAS SURJOUER

1. Qu'est-ce que c'est?
Surjouer, c'est vouloir trop en faire, forcer son talent et jouer au-delà de ses moyens par manque de confiance en ses qualités de base.

2. L'idée
Lorsqu'on est sur le point d'affronter un adversaire théoriquement plus fort que soi, on a tendance à croire qu'il faudra jouer exceptionnellement bien pour gagner, ce qui revient à dire qu'on ne se considère pas comme assez bon pour triompher avec son niveau habituel.

Voilà le piège: chercher à être un autre en sortant le grand jeu. C'est là qu'on est le moins efficace: on perd son naturel, on tente des choses trop difficiles, forcées, non dictées par l'inspiration. On joue non pas par audace, mais par peur. Loin d'impressionner l'adversaire, on lui montre qu'on manque de confiance dans son propre jeu. Même avec de bons coups, l'adversaire sentira facilement qu'on est en sur-régime et il n'attend que cela; il sait que ça ne pourra pas durer.

3. Est-ce que je suis champion dans la tête?
Je le suis quand...
- ❏ je ne mets pas mon adversaire sur un piédestal et je fais confiance à mes qualités, je n'ai pas besoin d'être tout le temps au *top*;
- ❏ je ne joue pas contre le classement de mon adversaire, mais contre le niveau de sa performance du jour.

Je ne le suis pas quand...
- ❏ je tente des choses au-dessus de mon niveau et je sors de ma zone de compétence;
- ❏ j'ai tellement peu d'occasions de montrer ce que je sais faire (par exemple, si je suis remplaçant) que je me précipite.

30. L'ANIMALITÉ

1. Qu'est-ce que c'est?
L'animalité, c'est l'instinct, la spontanéité, l'intime. Le don d'agir en faisant assez confiance à son instinct pour ne pas toujours contrôler ce qui va sortir de soi.

2. L'idée
On ne peut pas être un artiste si on n'a pas accès à son animalité, à cette intelligence naturelle. Les meilleures créations, que l'on soit peintre, écrivain ou musicien, s'imposent d'elles-mêmes et semblent venir directement du corps, comme si quelqu'un, intérieurement, savait mieux que nous ce qu'il fallait faire. Ce qu'on fait de mieux, dans le domaine de la création, c'est ce qui nous échappe.

Même si on a beaucoup de talent, on ne peut l'exprimer complètement sans animalité. Pour une chanteuse, par exemple, la technique et la connaissance de la musique, c'est la tête, mais la voix, c'est le corps et l'animalité. L'art ne vise pas qu'une technique, mais une émotion.

3. Est-ce que je suis champion dans la tête?
Je le suis quand...
- ❏ je vois mon animalité comme une qualité et je respecte son étrangeté;
- ❏ je ne me demande pas toujours pourquoi je dis ou je fais quelque chose, je fais confiance à mon instinct.

Je ne le suis pas quand...
- ❏ je me contrôle trop et que je ne sais pas « travailler sans filet »; j'ai peur du ridicule et je perds tout naturel;
- ❏ je suis trop rationnel, au détriment de mes émotions et de ma sensibilité.

31. NE RIEN LÂCHER

1. Qu'est-ce que c'est ?
C'est être très vigilant et éviter les relâchements d'attention pendant les phases de jeu ; peser à tout moment, être présent et ne pas faire de cadeau.

2. L'idée
On ne peut éliminer toutes les erreurs, mais on peut s'évertuer à en faire le moins possible. Il faut surtout limiter les fautes directes (non provoquées par l'adversaire). Ce qui coûte cher, ce sont les moments de distraction. Le résultat d'une compétition se joue souvent davantage sur les points qu'on donne que sur les points qu'on gagne. Les moments où une baisse de concentration se produit sont également inévitables ; il faut savoir les gérer (gérer la descente, en limiter la durée et limiter les dégâts) et placer les relâchements aux bons moments (temps morts, arrêts de jeu). Un compétiteur qui ne lâche rien met la pression sur son adversaire par la constance de sa concentration. Il lui fait sentir qu'il devra batailler pour chaque point, pour chaque mètre de terrain, ce qui finit souvent par paraître une montagne infranchissable et par décourager l'autre.

3. Est-ce que je suis champion dans la tête ?
Je le suis quand…
- ❑ je ne donne pas de points, je ne fais pas de fautes directes (j'ai le droit de rater quand je tente quelque chose, mais pas parce que je ne suis pas « présent ») ;
- ❑ je suis tenace, je ne relâche jamais mon effort et je ne laisse rien passer, car mon désir est très fort.

Je ne le suis pas quand…
- ❏ j'ai régulièrement besoin de « m'aérer la tête », je donne confiance à l'adversaire, il sait qu'il peut compter sur moi pour l'aider ;
- ❏ je gâche tout par une absence de cinq minutes, ou je marque un beau point pour en donner bêtement deux.

32. ACCEPTER LA FRUSTRATION

1. Qu'est-ce que c'est?
Accepter la frustration signifie faire face à l'impossibilité de satisfaire immédiatement son désir en faisant appel à la patience. C'est une étape indispensable pour surmonter ses difficultés et garder le moral.

2. L'idée
Les frustrations font partie de notre quotidien, elles sont prévisibles. Nous avons tous le droit d'être déçus au même titre que nous avons le choix entre baisser les bras et retrousser nos manches pour nous en sortir. Lorsqu'on se laisse envahir par la frustration, on ne peut plus avancer ni passer à autre chose; on reste l'enfant gâté qui n'a pas eu ce qu'il voulait et qui se noie dans ses pleurs. La communication devient difficile et la moindre difficulté devient une montagne. Or, le premier pas est d'accepter la réalité et d'admettre que les choses ne se passent pas toujours comme prévu. Il faut renoncer à la perfection et à la croyance en un monde idéal. Ainsi, on pourra prendre la frustration du bon côté, la voir pour ce qu'elle est : un défi lancé à sa force mentale, à sa patience, à sa capacité de se sortir des moments difficiles.

3. Est-ce que je suis champion dans la tête?
Je le suis quand…
- ❏ j'accepte que les bons résultats et les bonnes sensations ne viennent pas tout de suite;
- ❏ je regarde derrière l'obstacle et je cherche la solution au lieu d'en faire une montagne.

Je ne le suis pas quand…
- ❑ je suis trop perfectionniste et je m'énerve dès que je rencontre une difficulté ;
- ❑ je remets tout en question dès que c'est dur et je cherche à tout prix une solution facile.

33. L'AUTORITÉ PERSONNELLE

1. Qu'est-ce que c'est ?
Une sécurité intérieure, une assurance qui se dégage, sans qu'on ait besoin de la démontrer. Certains individus, en compétition, agissent comme s'il était normal que la victoire leur revienne ; leur talent, c'est qu'on les croit !

2. L'idée
Ceux qui ont de l'autorité exercent un pouvoir de fascination sur les autres en entretenant un certain mystère. Ils ont « leur loi », donnent l'impression de savoir qui ils sont, où ils vont, ce qu'ils font. Il est très difficile de s'attaquer à quelqu'un qui sait qui il est. C'est une qualité essentielle en compétition, où le but est de s'imposer pour ne pas avoir à subir la loi des autres, de l'adversaire, du milieu, des classements. Tout combat représente l'opposition de deux identités, de deux logiques, de deux histoires. Il ne faut pas confondre l'autorité personnelle avec le désir de dominer. Quelqu'un qui a de l'autorité n'est pas forcément quelqu'un qui domine les autres. Au contraire, il peut même être discret et modeste. Le but est de se faire respecter et de s'affirmer.

3. Est-ce que je suis champion dans la tête ?
Je le suis quand...
- ❏ même quand je rate, je donne l'impression de savoir ce que je fais ;
- ❏ j'impose ma volonté (je me montre calme et déterminé, je me tiens droit, je fixe l'autre dans les yeux).

Je ne le suis pas quand...
- ❏ je n'entretiens aucun mystère, car je parle trop ;
- ❏ je perds souvent le match mental, alors que je suis meilleur techniquement.

34. ÊTRE AMOUREUX DE LA PRESSION

1. Qu'est-ce que c'est?
Être amoureux de la pression signifie qu'on s'en sert au lieu de la subir ou de chercher à l'éviter. On a peur, mais on aime ça.

2. L'idée
Selon la relation qu'on entretient avec elle, la pression peut devenir transcendante, et non plus paralysante, et ce qui était angoissant peut devenir excitant. Parmi les amoureux de la pression, on peut ranger les grands sportifs, les aventuriers de l'extrême, mais aussi les acteurs, les entrepreneurs, les créateurs, tous ceux qui ont constamment besoin de s'imposer des défis et de se mettre en danger (monter sur une scène, par exemple) pour se sentir vivants. Curieusement, côtoyer la peur et la braver est pour certains un moyen de s'en protéger. Leur peur est tellement grande qu'ils doivent l'affronter. La pression n'est donc ni bonne ni mauvaise en soi. Elle peut aider quand on sait transformer la tension en capacité à agir.

3. Est-ce que je suis champion dans la tête?
Je le suis quand...
- ❏ j'aime disputer des finales; j'ai peur, mais je ne panique pas;
- ❏ avant une course importante, sur la ligne de départ, ou avant de jouer un point important, je suis capable de sourire (intérieurement).

Je ne le suis pas quand...
- ❏ au lieu de me servir de la pression, j'espère qu'il n'y en aura pas;
- ❏ je préfère jouer sans spectateurs, ou bien je ne supporte pas que mes proches me regardent.

35. SE RÉAPPROPRIER LE PLAISIR PERDU

1. Qu'est-ce que c'est?
Accepter la disparition du plaisir au quotidien et le (re) découvrir.

2. L'idée
Quoi de plus normal que la perte du plaisir de taper dans un ballon ou de nager quand on pratique ces activités tous les jours? Pourtant, beaucoup de sportifs en viennent à douter quand ils voient disparaître ce plaisir. Ce phénomène se produit surtout chez les professionnels qui pratiquent désormais leur sport avec trop de sérieux ou dans des milieux stressants. Pour retrouver des sensations disparues, on peut essayer de trouver des plaisirs différents, comme celui de la relation ou du travail bien fait. Et quand on retrouve ce qui nous manquait tant, le désir peut être encore plus fort, et c'est reparti! Dans n'importe quelle activité, le plaisir est l'«antirouille», l'élément qui garantit une pratique longue et saine. Sans le plaisir, la qualité de vie est nettement moins bonne. Mais il faut faire la part des choses entre la disparition complète du plaisir et certains moments creux où le plaisir ne vient pas tout de suite.

3. Est-ce que je suis champion dans la tête?
Je le suis quand...
- ❏ je cherche d'autres plaisirs et je suis conscient que le plaisir me permettra de produire les meilleurs résultats;
- ❏ je cherche d'abord à bien faire les choses et j'accepte que le plaisir tarde parfois à venir.

Je ne le suis pas quand...
- ❏ je suis trop noyé dans ma discipline et je n'ai plus le recul pour savoir ce que j'aime;
- ❏ je cherche le plaisir uniquement pour m'amuser et pour avoir de bonnes sensations, et non pas pour améliorer ma performance.

36. LA CONFIANCE EN SOI

1. Qu'est-ce que c'est ?
La confiance en soi est le sentiment indicible qu'on va réussir ce qu'on tente. Elle aide beaucoup, pourtant si elle n'est pas au rendez-vous, on peut faire sans elle.

2. L'idée
On serait étonné de savoir combien de champions réussissent et gagnent sans avoir confiance en eux. Pour réaliser de grandes performances, il n'est pas nécessaire d'avoir confiance en soi, il est nécessaire d'avoir une grande confiance en son jeu, en sa maîtrise technique et physique. Bien que, pour la plupart, il s'agisse du facteur numéro un de la réussite, il vaut mieux ne pas trop parler de la confiance en soi, car on n'a pas de prise directe sur elle. Elle n'est qu'un résultat, la conséquence de notre préparation et d'autres qualités sur lesquelles on peut agir (notre maîtrise technique, notre pouvoir de concentration, la maîtrise de nos émotions, etc.). La confiance est souvent perçue comme un déclic, et on a tendance à l'attendre impatiemment. On pense que le déclic résoudra les problèmes, mais c'est tout le contraire qu'il faut faire : si on règle des problèmes, les déclics se produiront, on sera prêt pour les recevoir.

3. Est-ce que je suis champion dans la tête ?
Je le suis quand…
- ❑ le problème de la confiance ne se pose plus trop ;
- ❑ je fais mienne cette devise : « Quand je n'ai pas confiance, je travaille. »

Je ne le suis pas quand…
- ❑ je parle davantage de la confiance que de mon plan ;
- ❑ j'ai toujours l'impression que les autres sont plus confiants que moi.

CINQUIÈME PARTIE
Le golf, voyage au pays des micro-sensations

Quand on marche pieds nus dans la jungle,
il faut marcher contre l'épine.

RITHY PANH, CINÉASTE CAMBODGIEN

Un golfeur, c'est un tireur à l'arc qui fait une course à obstacles, un lanceur de poids qui fait une chorégraphie classique, un moine tibétain qui joue au curling (sur des pentes) et une partie d'échecs contre le Diable, humble et patient, face à une Nature nous rappelant qu'elle n'a jamais été pour nous qu'une succession de périls et de pièges. Alors oui, nous sommes au pays des micro-sensations, car comme pour un sauteur en hauteur, un sprinteur ou une danseuse étoile, le geste juste et la performance dépendent de l'harmonie entre de nombreux éléments : la coordination, le rythme, la souplesse, l'explosivité, le toucher de balle (ou de pied), le détachement, l'engagement... Qu'un seul de ces éléments vienne à manquer, et l'équilibre est rompu, la finesse des sensations est moins bonne, moins naturelle, c'est l'échec ! Peu d'activités invitent autant à la maîtrise de toutes les parties de soi et nécessitent d'être aussi sensible à ce qui se passe dans son corps et dans sa tête.

Les micro-sensations ne sont pas que techniques, physiques, tactiles, elles peuvent aussi être mentales. Au golf, tout est micro : un grain de sable dans le *swing*, un petit retard de tête de *club*, mais aussi une petite tension qu'on n'a pas vue venir, le moindre signe de mauvaise humeur, un peu d'agacement… Dans ce vert et vaste pays, il n'est question que de ça, de micros qui peuvent créer des cataclysmes d'imprécisions. Mentalement, c'est tellement fin qu'une simple inquiétude, s'accompagnant d'un langage du corps légèrement agacé, peut faire des dégâts plus grands qu'une colère ou une grosse frustration dans d'autres sports.

CHAPITRE 1
Un carnet et des astuces pour aller au bout de son parcours

Le sport mental par excellence

Qu'ont les acteurs de cinéma en commun avec les golfeurs ? Au moment d'entendre « action », l'acteur a mis son costume de scène, il est habité par son personnage. Quand il entend « coupez », il peut en sortir. Ce procédé peut se répéter jusqu'à vingt fois, jusqu'à ce que le réalisateur pense avoir enregistré la prise réussie. Tout dépend alors d'une compétence indispensable, celle de savoir gérer les temps forts et faibles. Comment faire entre les prises pour se ressourcer, pour évacuer éventuellement sa frustration (« Zut ! j'ai été parfait, mais mon partenaire a oublié son texte »), avant de se reconditionner pour la prochaine prise ?

Au même titre, le golfeur se transforme quand il arrive à l'adresse. Son visage change, il investit l'intensité nécessaire pour s'exprimer au mieux, bref, il a mis son « *game face* ». Avant de frapper, il passe par la case « routine » qui est censée le rassurer et lui permettre de rester dans le moment présent. Quand il a frappé son coup, il peut enlever cette protection pour savourer, pour évacuer sa frustration ou pour meubler le temps (discuter avec son caddie ou adversaire, etc.).

Que ce soit en tournage ou sur le parcours, acteurs et golfeurs passent leur journée à compartimenter leur concentration et leur énergie entre des moments « *on* » et « *off* ». Ce constat s'applique à tout autre *performer*. Chacun a des moments forts et faibles à gérer, qu'il soit joueur de volley, musicien, animateur de télé, et certains y arrivent même assez naturellement. Et qui parmi nous n'a jamais eu besoin de se vêtir de son « *game face* » le temps d'un exposé oral, d'un entretien d'embauche, d'une réunion importante ou d'une négociation ?

Toujours est-il que dans une compétition qui dure quatre jours, le joueur de golf passe environ cinq heures par jour sur le parcours, avec un temps effectif de jeu qui se limite à un peu plus d'une minute de frappes. Si on ajoute le temps de préparation à la frappe, on arrive à environ une heure de concentration. Le reste du temps passe en marchant, en attendant et surtout en essayant d'oublier le dernier coup et de se préparer au prochain.

Comment faire alors pour apprendre à se concentrer juste avant de taper la balle et à utiliser le reste du temps pour se changer les idées, se détendre, évacuer ? Cette toute petite balle qui ne bouge pas donne du temps pour réfléchir, douter, se remettre en question... Ce temps-là ne demande qu'à être occupé en se concentrant sur des choses utiles. Là où un judoka, un escrimeur ou un *rugbyman* peut investir son énergie et son agressivité dans le combat avec l'autre, le golfeur se bat pour coordonner son corps à exécuter au millimètre près le prochain coup. Dans ce sport de précision, le moindre saut de concentration est scrupuleusement sanctionné. Par exemple, au *drive*, un degré ouvert ou fermé à l'impact peut provoquer un écart de 10 mètres à l'arrivée ! Bienvenue dans le pays des micro-sensations.

Autre différence, le golfeur joue d'abord contre le parcours, puis contre lui-même, et contre les autres joueurs ensuite[91].

---

91. À quelques exceptions près, comme pendant la Ryder Cup qui a lieu sous forme de *match play*.

D'autres sports, comme le tir à l'arc ou le tir au pistolet, s'inscrivent dans la même dimension mentale, mais le golf se distingue à la fois par les surfaces changeantes (*green, rough, bunker...*) et par des enjeux majeurs sur les plans médiatique et financier. Pour passer cinq heures sans être *coaché* par nul autre que soi-même (l'entraîneur n'a pas le droit d'intervenir sur le parcours), des bases solides pour se concentrer et pour gérer ses émotions sont nécessaires.

On comprend mieux pourquoi ce milieu a ouvert les portes à des personnes-ressources en préparation mentale, et cela, depuis des décennies. Là où beaucoup d'entraîneurs d'autres disciplines préfèrent encore s'occuper eux-mêmes de la préparation mentale, les entraîneurs de golf ont pour la plupart délégué ce champ à des spécialistes. Les joueurs s'affichent avec leur « *coach mental* » sans complexes, voire avec de la fierté. Il est normal de travailler sur soi pour mieux se connaître, personnaliser ses outils, identifier ses routines. C'est à ce point important que le budget attribué à la préparation mentale de certains joueurs professionnels sur le Tour européen est supérieur à celui des fédérations sportives emblématiques.

Des routines plus fortes que les émotions

Les questions récurrentes qui posent problème sont bien connues : Comment organiser ce temps qui invite à la fois à se concentrer et à se disperser ? Comment faire pour oublier un coup raté et se reconcentrer sur le prochain coup ? Comment respecter le *process* pour penser au Je(u) et pas à l'enjeu ?

Pour y répondre, regardons de près où on met les pieds. Le parcours est un terrain de jeu parsemé de plaisir et de bonnes sensations, au même titre qu'il peut devenir un ogre rempli de pensées parasites, de frustrations et de réactions de panique. Même les meilleurs joueurs du monde peuvent rater des *putts* à 60 centimètres qu'ils ne ratent jamais à l'entraînement. Le parcours permet de jouer son meilleur golf quand on a façonné son équipement mental sur mesure. Loin de la superstition et du « prêt-à-penser » (« Tel champion a l'habitude de faire ci et ça à tel moment de la compétition, donc tu devras faire pareil »), il s'agit ici de vraies créations personnelles : une routine pour se concentrer, des règles de vie pour ne pas se disperser, des supports écrits (*check-lists*, mots clés, acronymes...) pour se rappeler qui on est et ce qu'on a à faire...

Ces outils représentent de vraies bouées de sauvetage, des gilets pare-balles contre les pensées parasites. Et même si le golfeur – en cas de déconcentration – ne risque pas son intégrité physique, comme le boxeur ou le skieur, il est obligé de mettre en place des routines et un dialogue interne performants. Ces applications deviennent vitales. Les omettre revient à jouer à la roulette russe : on espère alors que cela va bien se passer, on espère prendre du plaisir, on espère être en confiance. Et à force d'espérer, on oublie de faire !

Le parcours propose déjà tellement d'incertitudes, ce n'est pas la peine d'en ajouter. Que font alors les joueurs qui ont compris l'impossibilité d'être constamment en confiance et en possession de bonnes sensations ?

- Ils passent du « j'espère » au « je fais ».
- Ils ont anticipé des situations susceptibles de se produire en répondant à la question : « Qu'est-ce que j'ai prévu au cas où ? ». Plus cette liste est complète, plus ils sont préparés mentalement à donner la bonne réplique au lieu d'être surpris et désemparés.
- Ces répliques sont des parades bien ficelées, des routines qui ont du sens dans des moments où la petite voix va tout faire pour les sortir de leur concentration.

- Ils les appliquent rigoureusement pour tracer leur route et rester dans le *process*. Cela devient un moment sacré, « on n'y touche pas », c'est un espace vital.
- Au lieu de faire monter et descendre l'ascenseur émotionnel, ils peuvent se dire tranquillement : « J'ai déjà vu le film, je connais le scénario et heureusement j'ai la bonne réplique. »

Or, le parcours, par ses pièges, ses imprévus et ses exigences, invite régulièrement le joueur à déroger de ce protocole. On peut vite être déstabilisé quand les choses ne fonctionnent pas comme on le souhaite. C'est humain, mais le défi est de rester professionnel.

Il suffit de regarder d'autres métiers pour se rendre compte qu'avoir des routines plus fortes que ses émotions représente une des bases de la concentration. Un chirurgien performant qui doit opérer d'urgence ne va surtout pas se précipiter dans la succession de ses gestes à faire. Au contraire, il va scrupuleusement appliquer le protocole prévu (se désinfecter, prendre les bonnes informations, demander tranquillement les bons outils…). Ne pas le faire ou le faire trop vite reviendrait à commettre une faute professionnelle. Le golfeur – comme n'importe quel autre sportif – qui se précipite au lieu de faire tranquillement sa routine participe au même cas de figure. Mais avant d'évoquer un problème de préparation mentale, c'est avant tout une faute professionnelle du joueur et de son entourage. Leur cadre professionnel doit prévoir des garde-fous pour respecter le *process* dans des moments sous haute pression. Tant qu'on reste sur des explications superficielles (« C'était plus fort que moi »), la route vers l'excellence est barrée. Plus on arrive à produire une analyse performante avec des mots précis, plus on a de chances de s'en sortir (d'où l'importance des outils d'auto-évaluation vus à la quatrième partie de ce livre).

L'être humain a besoin de routines, depuis sa petite enfance. Que ce soit le bain du soir, la petite histoire racontée par un parent ou la musique douce pour s'endormir, il s'agit de créer un cadre rassurant. Et plus tard, c'est exactement de ce genre de procédé auto-calmant qu'on a besoin pour rester serein quand c'est chaud. Dès lors qu'on sort de ce cadre, on prend des risques inutiles. Voilà comment font les « *happy few* » qui ont su discipliner leur esprit pour rester dans ce cadre, qui se résume presque à une équation mathématique : **routines › émotions = performance**.

L'opposé d'oublier est de… noter

Grand nombre de sportifs ont compris l'intérêt de rester dans le *process*, mais c'est souvent plus fort qu'eux : dans les moments critiques en compétition, ils perdent leur lucidité. C'est là qu'ils risquent de s'emmêler les pinceaux, parce qu'ils tombent dans le piège de la précipitation, de l'inhibition, parfois même de la panique. Le golf fait partie des sports où l'entraîneur peut à peine intervenir pendant la partie. Heureusement, il reste la consultation du carnet de parcours et le dialogue avec le caddie pour faire le bon choix de *club* et de coup.

Obligés de s'organiser pour se (re) concentrer, les meilleurs joueurs « s'injectent » des piqûres de rappel. Ils vont consulter leurs notes prises auparavant, au même titre que l'acteur relira le scénario au besoin. Cette forme de pense-bête sert à se remettre dans sa « partition » (consignes, routines, parades…) et peut prendre différentes formes. Chacun s'organise à sa manière entre une *check-list* insérée dans son carnet de parcours, un acronyme écrit sur le gant ou sur la balle, etc. D'autres vont même jusqu'à se tatouer leur devise sur l'avant-bras. Voici quelques exemples inspirés par les joueurs que nous avons accompagnés au cours des dernières années :

Avant la compétition :
- Je choisis le point de non-retour à partir duquel j'entre dans mon personnage de golfeur. Ce moment ne peut arriver ni trop tôt (sinon on y laisse trop d'énergie) ni trop tard (pour se donner le temps d'effectuer cette transformation), un peu à l'image du comédien qui se transforme dans sa loge entre son arrivée et sa sortie pour aller sur scène.

Pendant la compétition :

Ma routine de *putting* : « Avant de *putter*, je lis bien la pente, je visualise un point sur la ligne, je choisis un point pour aligner le *putter*, je fais deux coups d'essai, puis je me lance. Le temps entre le dernier regard et le *putt* devrait être d'une seconde maximum. »

- **Ma devise** pour bien repartir sur le prochain coup : « *Good shot, bad shot, next shot.* »
- **Ma règle de vie** : « Je ne joue pas tant que mon coup n'est pas clair dans ma tête. »
- **Mon point de non-retour** : « Quand le caddie pose le sac, tout ce qu'il y avait avant ne compte plus. »
- **Mes astuces** :
  - J'écris sur mon gant les premières lettres des mots qui me parlent pour me mettre en condition, par exemple STI (S = sois Simple ; T = fais un choix Tranchant ; I = mets de l'Intensité).
  - Je me parle à haute voix pour verbaliser ce que je m'apprête à faire (un peu comme le dentiste décrit ce qui va suivre pour rassurer son patient, pour éviter qu'il soit terrorisé par le bruit de la perceuse).
  - Quand je commence à perdre ma lucidité, je m'imagine ce que mon entraîneur m'aurait dit s'il avait été à côté de moi.

Après la compétition :
- Je choisis le moment de la douche en rentrant du parcours pour clore la journée. À partir de ce moment, je passe à autre chose et je ne reviendrai plus sur la journée, que j'aurai analysée auparavant avec mon entraîneur.

La routine est une création personnelle, elle a du sens pour le joueur et elle est souvent symbolisée par un geste qui déclenche son application (mettre son gant, prendre une respiration profonde…). Une routine ou une parade bien choisie peut soit durer très longtemps, ou s'user dans le temps et perdre son efficacité et son sens. À chacun de les faire évoluer en les réinventant au besoin.

Enfin, il ne sert strictement à rien d'avoir noirci un carnet s'il finit dans un tiroir. Nous avons rencontré trop de sportifs qui avaient la bonne intention de se servir de leurs notes, mais qui n'avaient pas « appris à apprendre » : si l'aspect scolaire de la prise de notes peut rendre certains réticents, il s'agit avant tout de personnaliser ses outils, de se les approprier et d'apprendre à les utiliser comme si c'était un quinzième *club* ou une deuxième raquette.

Quand les sports collectifs s'y mettent

Évidemment, l'exemple du golf nous sert avant tout de métaphore pour aborder la question de la concentration sous pression. Combien de fois une course de natation ou d'athlétisme s'est-elle décidée dans la chambre d'appel ? Il semble que les autres sports individuels peuvent assez facilement traduire l'exemple du golf dans leur milieu respectif.

Mais que peut alors tirer un sport collectif d'une discipline comme le golf où il n'est question ni de combat avec l'autre ni de dynamique de groupe ? Des rituels d'avant-match sont déjà bien intégrés dans le quotidien des équipes. Par exemple, avant le premier match officiel d'une compétition, les joueurs de la grande équipe de France de handball organisent systématiquement une réunion sans le *staff* pour repréciser les obligations de chacun et favoriser ainsi l'appropriation du projet commun. Mais qu'est-ce qui est prévu à titre individuel pour bien entrer dans le match ou pour transformer le *penalty* décisif de la dernière minute ?

Revenons alors sur la performance individuelle en sport collectif. Combien de fois un match a-t-il basculé ou été décidé par une action individuelle, que ce soit le *penalty* au foot, le lancer franc au basket, le service au volley ou bien la pénalité au rugby ? Et que penser de cette mauvaise habitude selon laquelle certains espèrent que le groupe et le *staff* vont donner la solution au lieu de la chercher eux-mêmes ? Depuis quelques années, on rencontre un nombre croissant de joueurs qui cherchent des solutions personnalisées. Ils ont compris que leur performance individuelle ne repose que sur leurs épaules et que personne ne va faire les choses à leur place.

On arrive au cœur de l'entraînement mental : c'est à l'entraînement qu'on travaille ces automatismes-là, ainsi que dans des moments où on apprivoise la scène à jouer. Les joueurs s'organisent, à l'image du *rugbyman* Mathieu Bastareaud qui a pris l'habitude d'écouter avec sa psychologue des séances enregistrées sur son téléphone :

« C'est une façon comme une autre d'occuper mon esprit, de débrancher le cerveau... Je me pose alors, je prends les écouteurs. [...] Je peux aussi le faire avant ou après un entraînement. À l'heure du déjeuner, je m'assois dans un coin et je coupe tout pour me concentrer. Travailler ma respiration m'apaise[92]. »

L'exemple qui a marqué les esprits vient du légendaire *rugbyman* Johnny Wilkinson. Ce joueur a révolutionné le travail à

---

[92]. *Journal du dimanche*, 4 juin 2015.

l'entraînement en l'individualisant à sa propre initiative, sans compter sur son entourage pour l'aiguiller. On se rappelle volontiers de la routine de Wilkinson – inspirée du golf – avant un tir de pénalité.

Étape 1[93] : Pose du ballon : créer un câble imaginaire entre le ballon et les poteaux ; le regard est connecté à la cible.

Étape 2 : Déplacement : huit pas en arrière, un de côté (tic de la jambe gauche).

Étape 3 : Regard/mains : regard de bas en haut ; rapprochement des mains.

Étape 4 : Pied gauche : toujours vers l'arrière au démarrage ; deux appuis et frappe.

Indépendamment du score et de sa forme du jour, sa routine ne changeait jamais, ce qui faisait de lui un coéquipier sur lequel on pouvait compter. C'était d'ailleurs l'un de ses objectifs majeurs quand il avait décidé d'exécuter 1000 tirs de pénalité par semaine, au point d'inquiéter son entourage par ce volume immense et par le risque d'une éventuelle blessure.

N'importe quel joueur peut tirer 150 pénalités en une journée, avant ou après l'entraînement. Mais qui va intégrer cette mesure exceptionnelle dans son plan individuel, surtout quand personne ne le lui a demandé ? N'est-ce pas là la différence entre les sportifs de haut niveau et les champions ? Là où la plupart des autres sportifs vont compter sur leur talent, leur instinct ou leurs superstitions, les champions montrent qu'ils ont de la suite dans les idées : ils ont créé un cadre qui a du sens pour eux et qui résiste sous pression. Ils l'appliquent indépendamment du déroulement de la compétition et, à force de mettre une intensité exceptionnelle au moment de l'exécution, ils arrivent à occuper leur esprit, à rester dans le moment présent et à mettre leur mental au service du collectif.

---

93. Voir la vidéo disponible à ce sujet : « La routine, maladie sportivement transmissible », par Arnaud Blanc, www.equipe.fr du 31.10.2015

CHAPITRE 2
Le but de la maîtrise, c'est d'oser l'«imaîtrise»

Le monde des golfeurs est un monde obsédé par la technique gestuelle. Être obsédé par la technique quand on est joueur de golf est une très bonne nouvelle, c'est même une folie nécessaire.

Or, pour cette raison, de nombreux golfeurs (même de haut niveau), continuent, sur le parcours, en compétition, à trop penser à leur technique. Ils la maltraitent en la soumettant à toutes sortes de vérifications. Ils croient que cela peut les aider à mieux contrôler leur mouvement, mais c'est le contraire qui se passe : le mouvement perd son harmonie, sa simplicité, sa précision. Et à cause de cette préoccupation, ils négligent d'autres données de la performance beaucoup plus importantes : se détendre, sentir ses coups, laisser agir l'intelligence du corps qui, pour des actions aussi subtiles et précises, est plus efficace que l'intelligence cérébrale.

Comme dit Philippe Lioret, réalisateur de cinéma : « Les comédiens sont bons quand leur texte est complètement ingéré, alors les mots sortent de la bouche et plus de la tête. » Les golfeurs, eux aussi, sont bons quand leurs coups ne sortent plus de leur tête, mais de leur corps. Le corps, comme avec les comédiens, a ingéré le geste, le *swing*, c'est dedans, c'est là, c'est fait. Cela n'a pas de sens, à ce moment-là, de penser à sa technique, de la vérifier, de lui faire sentir qu'on ne lui fait pas confiance. Elle nous le rendra bien si on évite de faire ça. Non, le coup est dans le corps et le travail consiste à ne pas le gêner, à neutraliser ce qui peut entraver la performance. L'acte créatif consiste à faire sortir ce qui est déjà là.

« Les génies sont des gens qui aiment frapper sur le même clou », disait Proust. Einstein, lui, disait qu'il n'était pas plus intelligent que les autres, mais qu'il restait sur les problèmes plus longtemps... Disséquer, analyser, défaire, refaire, expérimenter, consolider sans fin, chercher de manière obsessionnelle le geste parfait à l'entraînement, voilà qui décrit bien les champions, ces fous qui vont là où les autres ne vont pas, qui parviennent à un tel niveau de compréhension et de maîtrise de leur sport qu'ils peuvent voir et sentir des choses invisibles au commun des mortels... À force de chercher, un millimètre ou un centième de seconde prennent une vraie dimension, une réalité physique. Ils les voient.

Ce travail inlassable pour affiner ses sensations n'est pas critiqué ici. Seulement, il est un lieu qui doit être préservé : la scène pour les artistes, le parcours en compétition pour les golfeurs, un lieu d'expression et non plus de compréhension. En compétition, la recherche sur le geste technique n'est plus de mise. Place au jeu, à la création, au coup de crayon, à la sensation des choses et des éléments, à une dose d'animalité, de spontanéité, à l'acceptation d'un inconnu qui a ses charmes.

Le philosophe Charles Pépin, qui s'intéresse au sport, parle de « crispation de la volonté » et de « relâchement de la volonté », ou encore d'« imaîtrise ». C'est la même idée : « Il y a un temps pour l'entraînement de la volonté et de la maîtrise, et il y a un temps pour le relâchement de la volonté et l'imaîtrise ». Il explique que nous, Occidentaux, sommes culturellement marqués au fer rouge du volontarisme (« Quand on veut, on peut ! »). Pour nous, tout est affaire de volonté. Il y a, logé au fond de nous, l'idée que plus nous serons volontaires, plus nous serons efficaces et plus nous aurons de succès. « Nous sommes les enfants de deux mille cinq cents ans de folie volontariste ! » dit-il.

Or, c'est le plus souvent dans les moments de relâchement de la volonté qu'il se passe des choses, qu'on a des idées, ou les bonnes intuitions, que ça marche le mieux... Charles Pépin dit : « Le but de la maîtrise, c'est, à un certain moment, de s'autoriser à une forme d'imaîtrise, une forme d'oubli, de légèreté, une pure décision. Et le rôle d'un maître est de rendre son élève capable de cette audace de l'imaîtrise, qui fait le véritable talent. »

Bob Rotella (*coach* mental de nombreux joueurs vainqueurs de Grands Chelems) parle pour sa part de « renoncer au contrôle pour gagner du contrôle ». Les golfeurs parlent beaucoup de « lâcher prise », et c'est justement quelque chose qu'ils n'arrivent pas bien à faire. Le lâcher-prise est une formule qui a été trop entendue, idéalisée, difficile à appliquer. L'« imaîtrise » dit la même chose, mais dire ce que tout le monde a entendu mille fois, d'une façon différente, avec une autre image, peut éclairer et débloquer.

* * *

Le corps sait. Le corps d'un golfeur sait beaucoup mieux que sa tête comment il faut faire un geste aussi complexe et exigeant qu'un *swing*. Le bon dosage de muscles tendus et de muscles souples qu'il faudra mettre dans son coup, la vitesse idéale, l'angle du *club* à l'impact qu'il faudra trouver... Celui qui croit qu'il peut faire mieux et plus précis en réfléchissant à comment faire son geste, en étant dans la volonté et le contrôle, se trompe. Il sera moins précis. Penser à une parade, une petite clé qui rappelle une direction, qui permet de se connecter à une sensation, qui fixe l'attention, oui. Réfléchir à une stratégie de coup, oui. Réfléchir à sa technique et chercher à contrôler où doit aller le *club*, non.

De la même façon, nous l'avons déjà dit, le sculpteur (quand il est inspiré) ne pense pas vraiment à faire sa statue, la statue se fait. Quand un musicien joue bien, il en oublie sa technique et son instrument, il vise la musique. Le golfeur devrait faire de même.

* * *

Faites l'expérience. Demandez à des enfants golfeurs, les mieux classés de leur tranche d'âge, si, sur le parcours en compétition, leur technique les préoccupe et s'ils pensent à comment réaliser leur geste. La réponse le plus souvent sera non. Ils ont, certes, des pensées parasites, ils sont «stressés», comme ils disent, par la présence de leurs parents, par le résultat final, la comparaison aux autres, le classement... mais beaucoup moins par leur technique. Quand ils n'ont pas ces pensées parasites sur le parcours, ils jouent. Ils pensent à leur cible. Le golf, pour eux, est plus un «sport de lancer» qu'un «sport de frappe».

Picasso disait: «J'ai mis toute ma vie à savoir dessiner comme un enfant.» Il voulait dire: avec la légèreté, l'insouciance, le non-jugement, l'espièglerie, le relâchement, la beauté, la simplicité d'un enfant. Jack Nicklaus va dans ce sens lorsqu'il dit: «Il ne faut pas aborder ce jeu avec gravité au point de s'étrangler. Il faut avoir suffisamment de légèreté pour jouer de manière décontractée. C'est un équilibre à trouver entre le sérieux et la détente.» Pourtant, la réalité du golf est autre. Ce que l'on voit le plus souvent, ce sont des joueurs inquiets, qui ont du mal à se détendre. Ce qui domine au golf, à tous les niveaux, c'est l'inquiétude.

***

« J'ai besoin de me rassurer… C'est pour ça que je m'assure régulièrement que ma technique est bien en place » est l'argument avancé lorsqu'on discute avec des golfeurs qui pensent trop à leur technique en compétition et qui n'arrivent pas à accepter qu'une partie du jeu n'est pas totalement contrôlable et que cette partie du jeu, elle est comme un coup de crayon, il faut lui faire confiance et lui laisser sa petite part d'inspiration.

Un golfeur qui n'accepte pas cette partie-là, qui ne l'aime pas, qui voudrait totalement contrôler son destin et qui a constamment besoin de se rassurer n'est pas prêt pour ce dur métier ou, en tout cas, joue avec un handicap que n'ont pas les joueurs capables de se détendre et d'accepter une dose d'incertitude (ou d'imaîtrise) au moment d'exécuter leur coup. Empêcher son crayon de dessiner, c'est laisser gagner la peur de mal faire. Et vouloir se rassurer est un aveu de faiblesse. Que l'aveu dure quelques minutes avant une compétition, soit, mais qu'il devienne un mode de fonctionnement entretient un sentiment de pessimisme et une crispation qui empêche le corps d'avoir l'aisance dont il a besoin pour être juste de façon constante. À penser qu'on n'est pas prêt, qu'on a des raisons d'être inquiet, qu'on risque d'être malchanceux, on finit par ne pas être prêt, par être inquiet et par devenir malchanceux.

Les champions qui gagnent des tournois majeurs peuvent être des personnes angoissées, qui n'ont pas une bonne image d'elles-mêmes, qui se sentent parfois faibles, même illégitimes, profondément à l'intérieur. Les champions sont souvent des êtres fragiles, même s'ils paraissent invincibles. Ils ont ces angoisses et ces doutes, mais ils n'en montrent rien et agissent comme des durs qui savent exactement ce qu'ils font. On peut penser qu'ils se disent : « Je n'ai pas confiance en moi, je sais que je suis bien peu de chose, mais ce que j'ai de mieux, c'est mon jeu. »

Ceux-là peuvent gagner de grandes choses, ils peuvent douter de tout, mais pas de leur maîtrise technique. Leur jeu, leur technique, leur *timing*, leur style, qu'ils ont élevés au niveau d'un art, c'est leur fierté, le lieu de leur nouvelle image, leur moyen d'expression.

SIXIÈME PARTIE
La forêt des Druides
par Makis Chamalidis

Traitez les gens comme s'ils étaient ce qu'ils devraient être, et vous les aiderez à devenir ce qu'ils peuvent être.
Johan Wolfgang Goethe

Cette dernière partie s'adresse à toute personne désireuse d'aller au-delà de la simple lecture d'un livre, et qui est en quête d'autres réponses pour mieux franchir les différents caps menant à la réalisation de son projet. Elle fait aussi écho à la « gestion de carrière », dont il est question dans le bilan d'excellence (voir la quatrième partie).

Nous nous intéresserons d'abord à la place qu'occupent les accompagnateurs, aux désirs respectifs de l'entraîneur, des parents et des *performers*, ainsi qu'à la manière dont ils communiquent. Les parents et les entraîneurs sont les premiers à pouvoir stimuler le talent, au même titre qu'ils peuvent aussi étouffer son éclosion. Il est alors nécessaire de mieux cerner les aspirations et le positionnement de l'entraîneur, des parents et du *performer* par rapport au projet (chapitre 1).

Une visite guidée de la forêt des Druides (dans la vallée du Plan) permettra de mieux connaître les spécialistes de l'aspect mental de la performance et les techniques qu'ils utilisent (chapitre 2). Même si nous n'avons pas à faire appel à leurs services, on peut toujours essayer de mieux comprendre qui sont ces druides[94] et quelles sont leurs techniques. Enfin, nous proposerons une dizaine de questions à poser pour s'assurer de trouver la personne qui saura répondre à nos besoins (chapitre 3).

---

[94]. Parmi eux, nous comptons toutes les personnes spécialisées dans une ou plusieurs approches mentales, ce qui est d'ailleurs le cas d'un nombre croissant d'entraîneurs.

CHAPITRE 1
Personne n'a jamais réussi tout seul

Quand on pense avoir tout essayé pour s'améliorer et qu'on bute toujours sur les mêmes difficultés, c'est peut-être le signe qu'il est temps d'aller chercher de l'aide extérieure. Aujourd'hui, de plus en plus de personnes acceptent de se faire aider pour passer un cap. Or, l'incitation d'un proche à « aller voir quelqu'un » peut encore susciter des réactions défensives : « Je peux le faire tout seul » ou « Je ne suis pas fou ! »

Voilà l'attitude typique de celui qui a trop d'orgueil ou qui a peur d'identifier et d'affronter ses démons. Et si ces fameuses phrases étaient, avant tout, prononcées par les personnes qui ont le plus besoin d'aller consulter un spécialiste ? Ces gens se défendent à tout prix contre cette folie qui n'en est pas une. Ne voient-ils pas ce qu'ils ont à gagner à se rapprocher un peu plus de leur vraie nature ? Même si, au fond d'eux, ils souhaitent vivre leur « bonne folie », ils s'interdisent de la cultiver par peur du ridicule, par culpabilité, par peur de briser des tabous (la religion, la tradition familiale). Ne sont-ils pas les premiers à lancer : « Soyons fous ! » lors des rares moments où ils s'autorisent à surmonter leurs inhibitions ?

Tout dépend aussi de comment cette démarche est amenée, et par qui. Le père excité au bord du terrain a beau imposer à son fils d'aller voir un psy pour se calmer, il aura peut-être intérêt à passer par une tierce personne qui, à son tour, suggérera au fils d'aller chercher des outils chez un spécialiste qui a l'habitude de faire passer des caps à des *performers*.

Beaucoup de gens n'arrivent pas à percevoir à quel point il pourrait leur faire du bien de parler de ce qui leur arrive. Il est certes difficile de se détacher des schémas de comportement qui se répètent et agissent contre nos intérêts depuis toujours. Qu'ils soient liés à une nervosité excessive ou à la peur du ridicule, ces comportements trouvent leur origine dans notre histoire personnelle.

À quoi cela sert d'avoir le meilleur entraîneur du monde si, au retour à la maison, on se fait servir un discours contraire («Tu n'y arriveras jamais!»)? Et que dit, par exemple, la mère quand elle répète quotidiennement à son fils qu'il est le meilleur? Un mot, un regard, une agression psychologique venant d'un parent ou d'un conjoint peuvent annuler des heures et des heures de travail, mais également provoquer des réactions d'orgueil («Je vais leur montrer ce que je sais faire»), dont certaines sont à l'origine de grandes carrières. Avant de s'intéresser aux druides spécialisés, il importe alors de mieux cerner les aspirations des différentes personnes impliquées.

Le désir des autres

Qui dit aspirations, dit aussi motivations, objectifs, désirs. D'abord, il y a toujours une personne clé que l'on retrouve dans n'importe quel projet d'envergure. Cette personne se distingue par un désir très fort d'arriver à ses fins, par sa quête obsessionnelle et son intelligence du parcours. Cette «locomotive» est souvent le *performer* lui-même, mais elle peut aussi être un entraîneur ou un parent, à l'image du père des sœurs Williams (voir chapitre 3, troisième partie). Sans l'impact de cette personne centrale, le projet ne pourra pas aboutir.

Mais connaît-on toujours les véritables désirs qui habitent les gens qui nous entourent? L'encadré suivant apporte une distinction entre plusieurs niveaux de désirs : ceux qu'on affiche devant tout le monde ; ceux dont on est conscient, mais qu'on ne révèle pas aux autres ; et ceux qui sont inconscients. Il s'agit de mieux comprendre comment ces différents désirs sont plus ou moins compatibles les uns avec les autres. On ne mentionne ici que les désirs des parents, de l'athlète et de l'entraîneur, mais d'autres membres de la famille (notamment la fratrie) ou de l'entourage (amis, président de club, *manager*) interviennent, chacun à sa manière, dans le plan de carrière d'un jeune sportif.

Les quelques exemples tirés de la réalité quotidienne montrent à quel point il peut y avoir décalage entre les désirs qu'on affiche et les désirs inconscients :

Parents
- Désirs affichés : épanouissement de leur enfant.
- Désirs conscients (mais non dits) : gagner de l'argent ; réussir socialement.
- Désirs inconscients : voir leur enfant atteindre ce qu'ils n'ont pas pu atteindre eux-mêmes ; compenser un manque sur le plan de leur relation de couple ou de leur profession.

Athlète
- Désirs affichés : s'amuser ; être avec les copains ; devenir un champion.
- Désirs conscients (mais non dits) : faire mieux que son camarade d'entraînement ; devenir une vedette.
- Désirs inconscients : être aimé ; dépasser le père ; compenser un complexe d'infériorité ; s'opposer à l'autorité : osciller entre le désir de réussir pour faire plaisir aux parents et celui d'échouer pour les punir.

> **Entraîneur**
> - ❑ Désirs affichés : faire progresser l'athlète.
> - ❑ Désirs conscients (mais non dits) : réussir sur les plans sportif et social ; former des champions.
> - ❑ Désirs inconscients : atteindre les résultats qu'il n'a pas lui-même obtenus en tant qu'athlète.

L'équilibre relationnel entre les parents, l'athlète et l'entraîneur dépend alors de la compatibilité de leurs objectifs respectifs. Plus les buts sont compatibles, plus le triangle (parents, athlète, entraîneur) est harmonieux. C'est le cas lorsque parents et entraîneurs respectent le désir du jeune et restent à leur place pour lui permettre de s'approprier son projet. Ainsi, l'équilibre idéal est basé sur l'homogénéité et la complémentarité des différents désirs. Or, cet équilibre est loin d'exister dans les familles où les parents ont « besoin » des résultats sportifs obtenus plus que leur enfant. Et c'est quand ce dernier fait vivre la famille et qu'il prend les décisions importantes (indépendamment de son niveau de maturité) qu'il peut même devenir le parent de ses parents…

Quand le parent éprouve le désir inconscient de voir son rêve se réaliser à travers son enfant, il est question de réussite par procuration. Une des raisons de ce déséquilibre provient de l'incapacité du parent à effectuer le travail de deuil et de réparation des blessures d'enfance, nécessaire pour accepter la réalité et tirer un trait sur le passé. Cet effort pour vivre dans la réalité nous demande d'abandonner l'illusion que nos enfants feront un jour ce que nous avons toujours voulu faire, mais aussi de renoncer à l'image idéalisée qu'on peut se faire de soi-même. Quant aux jeunes, on peut les aider à mieux comprendre la situation de leurs parents (même s'ils devront finir, eux aussi, par faire le deuil des parents qu'ils auraient désiré avoir). L'enfant a besoin d'un espace où il peut exister à sa manière et où il peut s'exprimer le plus librement possible sans être dominé par les désirs des autres.

> Dans certains cas, cela peut avoir du sens de faire les choses à la place de quelqu'un d'autre : quand un joueur de tennis dont nous tairons le nom a dû arrêter sa carrière prometteuse à la suite d'un accident de voiture, il s'est tourné vers son frère cadet et lui a dit : « Maintenant, c'est à ton tour de faire ce que je n'ai pas pu accomplir. » Moins doué que son aîné, le jeune a dû avoir les épaules solides pour porter cette requête. Après avoir reçu l'autorisation de son frère, il a dû se sentir investi d'une mission, sinon il n'aurait jamais réussi à devenir un des meilleurs joueurs du monde...

Du désir à la compétence

Une fois le désir des autres identifié, il reste le désir le plus important, celui du *performer* qui cherche à tracer sa route. Si son désir est intact, il doit se poser la question suivante : Ses accompagnateurs sont-ils au niveau ? Est-ce qu'il a créé sa garde rapprochée à l'image des grands champions qui s'entourent d'un cercle restreint ? Ce sont des personnes de confiance qui amènent des compétences. Par définition, cette garde rapprochée se doit d'être restreinte, sinon on risque d'écouter le dernier qui a parlé, chose qui empêche trop de gens d'être lucides et d'avancer.

> Ce n'est pas surprenant qu'un champion comme Roger Federer jure par sa règle des 24 heures : il ne prend aucune décision importante pendant les 24 heures suivant une défaite. Cette règle prend l'allure d'un garde-fou, parce qu'elle l'empêche de prendre des décisions à chaud et d'agir sous le coup de l'émotion. Au contraire, elle lui laisse le temps de décanter tout en consultant sa garde rapprochée pour prendre – si besoin – la meilleure décision possible.

Quand choisir sa garde rapprochée revient à exclure certaines personnes, il faut prendre une position et la défendre. « Qu'est-ce qui est le mieux pour moi ? Qui va me permettre de passer mon prochain cap ? Que faire quand les gens autour de moi ne restent pas à leur juste place ? » Forcément, on devra laisser de côté certaines personnes qui ne peuvent pas nous mettre en confiance (voire qui nous en enlèvent) et voilà le conflit d'intérêts : comment dire à un membre de sa famille ou à un ami proche que les choses vont se passer sans eux par la suite ? Certains peuvent y arriver tout seuls, mais d'autres auront besoin de faire appel à une tierce personne qui n'est pas directement impliquée dans le projet et qui peut les aider à prendre du recul. Cette tierce personne peut être un ami de la famille ou un professionnel. Ce qui compte, c'est qu'elle puisse nous aider à déterminer nos priorités. C'est le moment de se poser les bonnes questions, celles qui nous font sortir de notre zone de confort :

- Qu'est-ce qui est plus important pour moi : ma vie sociale ou atteindre les objectifs fixés ? vouloir plaire à tout le monde ou avancer dans mon projet ?
- À quand remonte la dernière fois où j'ai pris un risque ?
- Comment puis-je continuer à m'entraîner avec cette personne si je finis chaque entraînement en larmes ?

Le but, c'est de donner du sens à ce qu'on fait, et cela implique d'apprendre à gérer des conflits d'intérêts :

- « J'adore mon frère, mais je ne veux plus qu'il se mêle de ma carrière, parce qu'il confond mes désirs et les siens. »
- « Je ne supporte plus de partager la chambre avec mon concurrent direct, il ne perd pas une occasion de me rabaisser devant les autres. Il faut que je lui parle ! »
- « Ma copine vit mal tous mes déplacements. Du coup, je culpabilise et je suis tiraillé entre deux désirs ; les choses ne sont pas claires et ça crée de la tension en moi et entre nous. »

Il faut du courage et de l'intelligence pour aménager cet espace vital qui permet de libérer la bonne énergie et de faire sa place. Au lieu de subir la loi des autres, on impose son désir et son style. C'est ainsi qu'on établit la « bonne » distance, celle où chacun est à sa place.

En résumé, le chemin qui mène du désir à la compétence, donc à la performance, passe par :

- identifier son **désir** en le distinguant de celui des autres ;
- choisir son **entourage** et sa garde rapprochée ;
- trouver le bon **positionnement** en suivant ses objectifs et en acceptant le fait qu'on ne peut pas plaire à tout le monde. C'est ainsi qu'on se met dans les bonnes conditions pour tracer sa route.

Ce cheminement est indispensable pour ne pas traîner des bagages trop lourds sur la route vers les sommets. Tant qu'on n'a pas résolu ces questions-là, on aura beau appliquer tous les outils de préparation mentale, la route ne sera pas dégagée et ils ne pourront pas être efficaces. Le jour où on se débarrassera de la peur de décevoir (répondre aux désirs des autres), de la confusion dans les consignes (savoir s'entourer) et de l'état «entre deux positions» (entre deux choix techniques, entre deux entraîneurs...), les choses seront beaucoup plus claires. Il sera alors possible de ne jouer qu'un simple match, de ne faire qu'une simple course, qu'un simple combat. À ce moment-là, on aura créé l'espace dont le corps a besoin pour faire revenir l'insouciance, la légèreté, le plaisir, la lucidité, sans poids supplémentaire sur les épaules.

Nous verrons plus tard à quel point un druide peut apporter de la clarté sur ces trois piliers, à savoir le désir, l'entourage et le positionnement. D'ici là, restons sur les positions qu'occupent les proches : comment peuvent-ils aider par leurs mots, leurs attitudes au quotidien ?

Les mots qui parlent

Que faire pour obtenir les bonnes informations, donc les bonnes réponses ? Comment se positionner, par exemple, quand on n'obtient que des réponses du style «je ne sais pas»? La perspective d'arriver dans un cul-de-sac n'enchante personne. Il y a des situations qui nous demandent d'activer notre qualité d'écoute, de lire entre les lignes et d'essayer de donner du sens à ces formules qu'il faut décoder :

- je n'ai pas réfléchi à la question ;
- je n'ai pas envie de réfléchir ;
- je n'ai pas l'habitude de réfléchir (mais j'aimerais bien) ;
- j'ai besoin d'aide, mais je ne sais pas comment le formuler ;
- je ne sais vraiment pas.

On ne peut rassurer la personne en face de nous que quand on lui fait comprendre qu'on a compris... On a compris que ce n'est pas facile de s'exprimer, de trouver les bons mots, ou que ce n'est pas le moment pour poser des questions. Mais avant d'attendre une réponse de son élève, l'accompagnateur se retrouve devant la lourde tâche de trouver l'angle qu'il faut pour poser la question qui permettra de résoudre le problème. Or, souvent, le plus simple est de rester dans sa zone de confort et de répéter les phrases toutes faites, générées par la tradition du milieu.

Ainsi, qui n'a jamais été invité par un entraîneur ou un parent à se lâcher ? « Lâche-toi ! Il faut se montrer positif ! Il faut se faire plaisir ! » Suffit-il d'entendre ces consignes pour les appliquer, surtout quand cela arrive sous pression, quand le cerveau n'est pas réceptif à de grandes notions abstraites ? L'athlète a davantage besoin d'une consigne concrète (« Bouge tes jambes ») avec laquelle il peut faire quelque chose. Quand il y a le feu à la maison, il est essentiel d'appliquer les bases et de bien faire les choses simples sans se précipiter. La pression est également sur les épaules de l'entraîneur, qui doit trouver le mot ou l'attitude qui aura un effet positif sur son protégé. Avantage alors à l'entraîneur qui a réfléchi en amont aux parades qu'il va transmettre pour ne pas improviser le jour du match important. À chacun son match : celui de l'entraîneur correspond à sa performance lors de son discours d'avant-match ou lors d'une intervention pendant un temps mort.

Le choix des mots est crucial, mais aussi leur cohérence. Quand cela ne va pas, « il faut » se remettre en question, mais on peut se demander ce que cette phrase veut dire, surtout quand elle vient, par exemple, d'un adulte qui se trouve lui-même dans l'impossibilité de se remettre en question. Il est beaucoup plus simple de le suggérer aux autres que de l'appliquer à soi-même ! Qu'il s'agisse du président d'un club de football qui limoge son entraîneur après une série de défaites ou d'un parent hystérique qui, au bord du terrain de tennis, se plaint de la nervosité de son enfant, il n'est pas toujours facile d'agir de façon cohérente en démontrant une harmonie entre ses paroles et ses actes. N'oublions pas que l'attitude de l'entraîneur ou des parents risque de se transmettre à l'athlète. Par exemple, un entraîneur nerveux ou découragé n'a pas le même effet sur le niveau de confiance de l'athlète qu'un entraîneur calme et serein. Comment demander quelque chose à son élève ou à son enfant si on ne lui donne pas l'exemple, quand on sait que les attitudes se transmettent encore plus que les paroles ? Et que penser de ces « spécialistes » qui vous demandent de faire quelque chose, puis vous critiquent pour l'avoir fait ? C'est le cas par exemple d'un entraîneur qui demande à son élève de dire tout ce qu'il pense pour se libérer, mais qui le mitraille de critiques dès que l'élève ouvre la bouche... Ou bien de cet entraîneur de tennis qui demande à son joueur d'être agressif et de prendre des risques, puis lui reproche à la fin du match d'avoir commis trop de fautes... Et de cette institution qui prône haut et fort l'autonomisation des sportifs qu'elle accueille : « Il faut que les décisions viennent de lui », « Il faut qu'elle joue pour elle » ; on cherchera en vain la cohérence si, par la suite, elle fait tout pour détacher les sportifs de leurs responsabilités, et fonctionne selon un mode trop maternant.

Ces fameuses injonctions paradoxales contiennent une double contrainte qui ressemble à un cul-de-sac : quand j'applique la première contrainte, elle est aussitôt en opposition avec la deuxième. Cela crée un conflit et surtout une incohérence dans la relation, qui se solde souvent par un sentiment « d'entre-deux » : le *performer* est coincé entre deux contraintes et se retrouve prisonnier au lieu de s'envoler vers sa performance.

À la recherche des mots et des attitudes qui parlent, on réalise à quel point il y a intérêt à sortir de sa propre zone de confort. Il s'agit de créer une réplique ou un geste adaptés à la personne qu'on a en face de soi et à la situation qu'elle doit affronter. Quand on entend pour la énième fois les fameux «Concentre-toi!», «Calme-toi!», «Sois autonome» ou «Libère-toi!», il y a de fortes possibilités qu'on ne les entende plus ou qu'on y soit devenu allergique! Pendant des années, on peut être insensible aux discours de ses entraîneurs et de ses parents, mais il suffit parfois que le même message soit transmis par une autre personne, avec d'autres mots, pour qu'on y prête davantage attention. Parfois, ces paroles pincent une corde sensible et peuvent provoquer un véritable déclic. Nombre de personnes figent lorsqu'elles entendent les conseils maladroits de leur entourage. Si on revient au quotidien familial, que fait-on par exemple quand on a demandé pour la énième fois à son enfant de ranger sa chambre et que cela n'a toujours pas d'effet? Faut-il répéter la consigne jusqu'au point de s'énerver ou vaut-il mieux choisir un autre moment, une autre manière, voire ne rien dire et laisser agir?

> Un entraîneur de tennis nous racontait l'anecdote suivante: Comme d'habitude, il encourageait son joueur en lui répétant le fameux «Allez!» pendant le match. Tout d'un coup, le joueur s'arrête, se tourne vers son entraîneur et lui demande à son tour: «Aller où?» Sous-entendu: «Ce que tu me dis ne me parle plus. Sois plus précis s'il te plaît!»

Voilà l'intérêt de l'indispensable travail de recherche sur les mots, grâce auquel la relation évite la routine et stimule la remise en question dont tout couple a besoin pour évoluer. «Ne venez pas à l'entraînement, venez vous entraîner!» Si un athlète comme Stéphane Diagana se rappelle encore, des années plus tard, ce genre de phrase (prononcée par son entraîneur

Fernand Hurtebise), c'est qu'elle a dû marquer son esprit. Surprendre l'autre, prendre le contre-pied du conformisme, créer de nouveaux slogans, tout cela participe du dynamisme du travail. La créativité d'un entraîneur se transmet alors à l'athlète qui peut s'approprier la liberté d'en faire quelque chose à son tour. Souvent, il suffit de remplacer une parole par une autre pour provoquer un déclic. Ce travail de « traduction » pourrait bien ressembler à ce qui suit :

Plutôt que de dire :	Essayez plutôt :
Lâche-toi !	Tu peux…
Concentre-toi !	Applique ta routine.
Fais ceci, fais cela !	Autorise-toi à…
Sois discipliné !	Garde le niveau d'exigence que tu t'es fixé.
Il faut être positif !	Choisis l'option qui te tire vers le haut.
Il faut gagner !	Donne-toi le feu vert pour gagner.
Comporte-toi comme un adulte !	Cherche à donner l'exemple.
Fais-toi plaisir !	Recherche d'abord le plaisir du travail bien fait.
Il faut y croire !	Tente quelque chose…

Le concept *Think Positive*, venu des États-Unis, montre bien la nécessité de la reformulation. Parfaitement adapté à la réalité et à la mentalité nord-américaines, ce concept est difficile à appliquer avec des jeunes crispés et perplexes, à qui l'on impose de se montrer positifs. Quand on a l'habitude de vivre dans une société qui qualifie de « pas mal » ce qui est extraordinaire, il peut sembler difficile de voir soudainement tout en rose. Faire comme si tout était positif revient parfois à se mentir pour éviter de changer certaines choses et de s'améliorer. Inutile d'importer des concepts qui marchent ailleurs sans vérifier leur valeur dans d'autres contextes.

Or, il ne s'agit pas de se montrer positif à tout prix, mais d'être à la fois réaliste, ambitieux et optimiste : le fameux « C'est ch… de jouer contre cet adversaire » peut devenir : « C'est une opportunité de plus pour sortir de ma zone de confort et repousser mes limites. » À chacun de chercher à utiliser ce qui lui appartient : l'intelligence, le corps, les paroles, les images. C'est un exercice de co-construction où le *performer* est amené à produire de l'information et à se positionner.

- « J'aime bien quand tu me fais des compliments plutôt que d'insister tout de suite sur ce qui ne va pas. »
- « Quand je te regarde pendant le match, j'attends que tu m'encourages au lieu de passer ton temps sur ton portable. »
- « Je préfère qu'on fasse le *débriefing* à froid plutôt que d'entendre ton monologue quand je suis encore trop pris par l'émotion tout de suite après une défaite. »

Une fois qu'il s'est exprimé sur ce qu'il attend de son accompagnateur et que ce dernier applique le code comme prévu, il n'aura qu'à s'en prendre à lui-même quand les choses ne tourneront pas rond.

À chaque accompagnateur de décider quelle place il laisse au dialogue et quand c'est à lui de reprendre les rênes. L'expérience montre que décider en commun des règles de vie qui vont structurer la relation est une voie pour créer un espace « autre », y compris à la maison. Par exemple, on ne parle pas football à table quand le jeune footballeur rentre le week-end de son pôle d'entraînement. En revanche, on identifiera un moment dans la journée où on peut parler football pour que chacun s'y retrouve. Cela évitera au jeune d'être bombardé de questions dès son arrivée, ce qui provoque d'habitude un repli sur soi plutôt que des réponses. Grand nombre de parents ont vécu cette frustration, par exemple quand leur enfant refuse de leur raconter sa journée à l'école. Et il ne sert strictement à rien d'insister quand ce n'est visiblement pas le bon moment pour lui. Souvent, ce n'est qu'en fin de journée ou au moment d'aller se coucher que l'enfant commence à en parler sans y être invité. Chaque chose en son temps.

Ainsi, une manière de se positionner et d'aider l'accompagnateur à mieux encadrer son protégé, c'est d'établir un cadre où la communication est adaptée et canalisée, ce qui crée moins de malentendus et élimine ainsi un facteur d'échec de plus. La relation en sort gagnante, puisqu'il y a clarification de contenus et évacuation de non-dits. « Se lâcher » en compétition commence déjà par lâcher prise sur certaines choses.

On se rend compte à quel point les principes de fonctionnement (communication, règles de vie...) ont le pouvoir de réguler la relation, de mettre en condition et de donner confiance. Tout le travail préparatoire, que ce soit à l'entraînement ou à la maison, trouve son apogée le jour du match à enjeu : ce jour-là, le *performer* a besoin d'être mis dans de bonnes dispositions par des messages clairs et simples. Pas besoin d'en ajouter, le travail technique et physique est fait, le *performer* risque d'aller chercher la confiance dans le regard, dans l'attitude corporelle et dans le discours de son entourage. Nous avons vu dans la section sur l'imaîtrise (cinquième partie, chapitre 2) à quel point les mots de l'entourage doivent s'orienter vers le lâcher-prise pour rester dans le Je(u) et pas dans l'enjeu. Le jour du match, les piqûres de rappel sont avant tout d'ordre identitaire : rappeler le savoir-faire du protagoniste (plutôt que celui de ses adversaires), donner du sens à sa présence et mobiliser sa fidélité à son plan et à son style.

CHAPITRE 2
Les spécialistes du mental : Qui fait quoi ?

Les potions des druides

Avant de chercher de l'aide ailleurs, il faut se rappeler que c'est d'abord le rôle de l'entraîneur d'aider l'athlète à progresser. L'entraîneur est la première personne à intervenir sur la dimension mentale de la préparation de l'athlète, et son travail peut se compléter avec celui d'un spécialiste, en fonction du contexte. Pas la peine non plus – comme le font certains entraîneurs – de diriger ses élèves vers des druides dès la première difficulté, sans avoir réellement essayé de puiser dans ses propres ressources. Souvent, il suffit de faire preuve de sensibilité, d'empathie, de bon sens et d'un peu d'imagination pour trouver des solutions.

Mais l'entraîneur ne peut pas tout prévoir ni tout comprendre si son élève ne sollicite pas son aide. Il arrive que l'on soit trop timide pour se confier à des proches, qui ne sont pas toujours disponibles pour assumer le rôle du confident, de l'ami, du psy, du « préparateur mental ». Voilà, l'expression est lancée : la « préparation mentale ». Encore un de ces mots du jargon sportif qui méritent d'être précisés. Se préparer à quoi mentalement : un grand événement ? une première fois en compétition ? la gestion des émotions ou de la blessure ? la relation entraîneur-entraîné ? la fin de carrière ? On se rend vite compte que l'entraîneur ne peut pas être tout à la fois entraîneur, préparateur physique, nutritionniste, grand frère, substitut paternel et préparateur mental. En revanche, il peut et il doit avoir des notions dans tous ces domaines. La tendance chez les entraîneurs est d'ailleurs de suivre diverses formations pour ajouter des cordes à leur arc.

Le mieux est d'aller à la rencontre des druides dont la gamme de « potions » et de « services » est très large et très variée. Il est utile de comprendre ce que font ces personnes et de leur poser des questions : D'où vient tel druide ? Quel est son parcours ? Quelle est sa méthode ? Est-il assez équipé pour bien s'occuper de mon cas ? Partons d'abord du constat suivant : chaque druide a sa propre démarche et son propre titre, ce qui peut nous empêcher de voir clair dans la forêt. Entre le sophrologue, le maître en PNL (programmation neurolinguistique), le professeur de yoga, le psychiatre ou le psychanalyste, le psychologue ou le psychothérapeute, on ne fait pas toujours la part des choses, et on finit souvent par résumer la démarche en disant qu'il s'agit du « préparateur mental » de telle équipe ou de tel athlète. C'est la raison pour laquelle nous allons définir le travail des différents druides qui œuvrent le plus souvent dans le milieu sportif.

Le **sophrologue** s'efforce de modifier les états de conscience par des moyens variés, comme l'hypnose et les techniques de suggestion (formules résumant un projet positif) et de relaxation dynamique inspirées de philosophies orientales. Du grec *sôs* (« harmonie », « sérénité »), de *frêne* (« esprit », « conscience ») et de *logie* (« théorie »), la sophrologie vise « l'harmonie de la conscience » par le renforcement du schéma corporel, la visualisation et la stimulation de l'imaginaire. L'imagerie mentale est la faculté de s'imaginer une situation en compétition sous un éclairage positif, dans le dessein d'obtenir un meilleur apprentissage et une meilleure concentration. On la pratique tous les jours sans le savoir, et trop souvent en considérant le côté négatif (« Je me vois perdre lors des qualifications ») plutôt que l'angle positif (« Je me vois lucide et déterminé dès le début de la compétition »). Dans des disciplines comme le ski ou l'équitation, par exemple, quand on est en situation, on a déjà imaginé les difficultés et le parcours.

En s'inspirant de l'hypnose, le sophrologue maintient l'activité consciente à la frontière de l'endormissement, à un niveau dit « sophronique ». Fermer les paupières, contrôler sa respiration et se concentrer sur chaque partie de son corps nous connecte à notre monde intérieur et nous permet d'accéder à un état de conscience modifié, appelé « sophroliminal ». Il s'agit de recharger ce niveau de conscience en contenu positif, combattant tous les parasites qui minent nos pensées (peur, angoisse, etc.), notre perception des autres et notre conduite. Pendant la séance, le sophrologue accompagne et soutient cet effort de sa voix douce et posée, invitant la personne à mettre son objectif en images.

Le **maître en programmation neurolinguistique (PNL)** se sert d'un ensemble de techniques de communication et de transformation qui s'intéresse à nos réactions plutôt qu'à l'origine de nos comportements. Préférant le « comment » au « pourquoi », il propose une grille d'observation pour améliorer la perception que nous avons de nous-même et des autres. La PNL touche aux processus de pensée, aux sensations et aux mots qui les accompagnent. Le but visé est d'aider les gens à définir leurs « ancrages », c'est-à-dire les mots, les images, les odeurs, les sons ou les sensations susceptibles de déclencher l'effet recherché (concentration, confiance en soi, combativité). Mieux connaître les états où l'on se sent efficace et compétent permet de construire une « boîte à outils » personnalisée dans laquelle puiser à loisir dans les moments difficiles.

Le **professeur de yoga** travaille sur la posture et la respiration pour produire un état de détente musculaire (le relâchement) et réduire la tension. Le yoga est une méthode de relaxation (la relaxation progressive de Jacobsen ou le *training autogène* de Schultz en sont d'autres).

Les trois types de druides dont nous venons de parler sont généralement formés dans des institutions privées. Certains établissements émettent des certificats et des diplômes après quelques participations à des séminaires, tandis que d'autres, plus exigeants, proposent des cursus sur plusieurs années avant de garantir une formation de bonne qualité. Quant aux différents « psys », ils sont issus de l'université : le **psychiatre** est un médecin spécialiste qui se consacre à l'étude, au diagnostic et au traitement des maladies mentales telles la dépression, l'anorexie, les phobies, la schizophrénie, etc. D'habitude, les soins allient entretiens et traitement médicamenteux, mais certains psychiatres ont suivi des formations en psychothérapie. Notons que, statistiquement, les sportifs ne sont pas moins à l'abri des maladies mentales que le reste de la population.

Le **psychologue** doit compléter cinq ans de formation validés par un diplôme[95]. En fonction de sa spécialisation, il travaille sur l'individu ou sur un groupe selon des méthodes diverses : l'entretien, les tests psychologiques, les questionnaires, ou en s'inspirant d'autres techniques décrites plus loin.

Le *psychologue comportementaliste* travaille sur un aspect de l'individu ou un symptôme précis, comme la phobie. Pour faire disparaître la peur des araignées, par exemple, on va mettre progressivement la personne phobique en contact avec des araignées – c'est ce qu'on appelle la « désensibilisation systématique ». Ici, il ne s'agit pas de chercher l'origine du symptôme (d'où vient la peur), mais de le faire disparaître en amenant l'individu au point où l'hyperstimulation en situation phobique créera la désensibilisation (par exemple, toucher des araignées jusqu'à ce que la peur soit surpassée).

---

[95]. À noter : les exigences pour exercer au titre de psychologue diffèrent d'un endroit à l'autre de la francophonie.

Le *psychologue clinicien* travaille sur l'individu dans sa globalité, avec ses émotions et son vécu affectif. Il s'intéresse aux phénomènes inconscients qui poussent telle personne à agir d'une manière qu'elle ne comprend pas : « Je n'arrive pas à finir mes matchs », « Je ne comprends pas pourquoi je me blesse avant des compétitions importantes. » Le psychologue clinicien utilise les entretiens individuels (parfois des tests psychologiques) pour analyser le discours et l'histoire de l'individu, afin de l'aider à être en accord avec lui-même et avec ses désirs.

Le *psychologue du sport* travaille avec des athlètes, des entraîneurs ou des parents au sein des fédérations, des clubs, etc. Ses approches, variées, sont décrites dans ce chapitre. Il lui arrive de travailler sur le terrain, en fonction des demandes et de sa démarche. Certains s'intéressent à la dimension sociale d'un groupe, par exemple la cohésion au sein d'une équipe sportive. D'autres cherchent à mieux comprendre la sphère cognitive, c'est-à-dire les différentes perceptions d'un athlète en action, par exemple un gymnaste qui exécute un saut. Il s'agit alors de décortiquer tous les phénomènes mesurables, comme la vision périphérique ou la prise de décision dans les conditions de la compétition.

Le **psychothérapeute** est habituellement un psychologue ou un psychiatre qui a fait un travail personnel et une formation supplémentaire[96]. Ses outils thérapeutiques peuvent être la parole, l'expression corporelle, la peinture ou l'écriture. En gros, il existe deux types de « psys » : ceux qui cherchent le « pourquoi » d'un comportement (les cliniciens et les psychanalystes) et ceux qui s'intéressent plutôt au « comment », c'est-à-dire au changement d'un comportement (comme la PNL). Notons que la formation des psychothérapeutes se fait en dehors des universités, dans des instituts et des centres de formation privés.

---

96. Contrairement à d'autres professions, le titre de psychothérapeute n'est pas protégé partout.

Le **psychanalyste** est habituellement un psychologue clinicien ou un psychiatre formé à la théorie et à la pratique psychanalytique développée par Sigmund Freud à la fin du 19e siècle. Il utilise la méthode curative basée sur l'existence de l'inconscient, sur la verbalisation des pensées et sur l'association d'idées. La cure classique prévoit un cadre fixe avec des séances régulières et un environnement thérapeutique déterminé à l'avance (le psychanalyste travaille soit en face-à-face, soit avec le patient allongé sur un divan), et géré selon la règle d'abstinence (pas de contact physique entre les deux personnes). Les outils du psychanalyste sont d'abord sa capacité d'écoute et d'analyse ; il ne donne pas de conseils. Pour acquérir ces capacités, il faut un certain recul, que le psychanalyste développe au cours de sa formation, qui inclut sa propre psychanalyse. Ainsi, il pourra s'approcher de la « neutralité bienveillante » : éviter le jugement de la parole du patient afin de préserver sa liberté d'expression (voilà une grande différence par rapport à l'attitude de certains parents et entraîneurs). Il s'agit en quelque sorte de reconstruire son passé à l'aide des interprétations des paroles et des rêves. Ce travail peut se faire en cabinet ou en institution.

Certains psychothérapeutes et psychanalystes animent des groupes de parole où les uns peuvent profiter des apports des autres. Les participants y parlent de cas réels et de situations problématiques. Chaque membre du groupe contribue à l'analyse des cas traités et l'enrichit de son point de vue, de sa réflexion et de son expérience. Plusieurs populations peuvent bénéficier d'une telle démarche : entraîneurs, parents, dirigeants, athlètes. Pour ce qui est des entraîneurs et des parents, le groupe peut les amener à réfléchir sur leur implication dans la relation pédagogique, pour la faire évoluer. L'animateur fixe le cadre de fonctionnement, facilite les échanges, donne du sens à ce qu'il entend.

Dans la même lignée, la technique de la supervision a pour but de fournir l'encadrement professionnel nécessaire pour parvenir, avec l'aide d'un professionnel expérimenté, à la maîtrise de ses interventions. Elle se pratique beaucoup dans des équipes pluridisciplinaires en milieu social et médico-social, notamment dans le suivi psychothérapeutique, mais n'a pas encore vraiment fait son entrée dans le milieu sportif. Accepter d'être soutenu pour aider autrui implique une démarche volontaire pour se réguler. Soutenir quelqu'un, ce n'est pas s'approprier cette personne ni tomber dans la toute-puissance. Peu importe que l'on soit parent, entraîneur ou druide, être soi-même supervisé permet d'éviter que la relation avec l'athlète se referme sur elle-même et ne devienne trop hermétique (cette situation est souvent bien camouflée par des formules trompeuses telles que « tout va bien » ou « il n'y a pas de problème »).

La supervision présente l'avantage de réduire le risque de faire fausse route. Pour l'athlète, il devient ainsi également moins risqué de subir la loi d'une personne maladroite, possessive, manipulatrice ou hors de contrôle. La supervision propose aussi un espace de liberté où la personne supervisée peut se lâcher en exprimant ce qu'elle ne s'autorise pas à dire ailleurs. Voilà, pour des entraîneurs notamment, un véritable laboratoire de recherche pour évoluer et pour devenir plus créatif.

Psychologues, psychothérapeutes et psychiatres sont tenus par le secret professionnel dans la mesure où le contenu de la collaboration reste confidentiel et ne peut pas être transmis à des tiers.

Aujourd'hui, de plus en plus de professionnels s'inspirent de plusieurs approches et peuvent associer diverses techniques. Des psychologues s'inspirent de la relaxation, alors que des sophrologues se servent de la théorie psychanalytique. Ainsi, les clichés tels que « le psy cherche toujours la petite bête » ou « le sophrologue n'accepte pas l'idée de l'inconscient » doivent être reconsidérés.

CHAPITRE 3
Dix questions pour un druide

Après cette rapide traversée de la forêt des Druides, on constate que l'expression « préparation mentale » est trop vaste pour résumer l'ensemble de ces pratiques. Il faut faire la part des choses pour éviter de mélanger les potions des druides. Grand nombre de psychologues pensent, par exemple, qu'il faut rechercher le bien-être pour devenir champion. Or, que dire de ces *performers* qui se sentent investis d'une mission et qui s'inscrivent dans une quête obsessionnelle ? Pour eux, la zone de confort est un lieu maudit. D'ailleurs, ce n'est souvent que plusieurs années après la fin d'une grande carrière que certains champions révèlent enfin l'autre côté de la médaille : doutes existentiels sur leur légitimité, insomnies la veille des finales, vomissements systématiques les jours de compétition, déchirements entre partenaires sportifs qui ne se parlent que sur le terrain...

Ce sont des choses intimes qu'on ne peut pas partager avec n'importe qui pendant une carrière. Ces réactions traduisent un mal-être qui fait partie de la personnalité complexe du champion. Elles indiquent aussi son besoin de dépasser et de maîtriser ses angoisses par l'entremise de la performance et de ses conséquences. On voit bien que l'athlète qui les vit se distingue du sportif qui reste dans sa zone de confort et qui se contente d'une certaine notion de performance. Si on veut escalader l'Everest, il vaut mieux être obsédé par une préparation sans faille et être prêt à puiser dans toutes ses ressources pour y arriver. Disons alors que pour ces gens-là, il est plutôt question de trouver un peu plus d'équilibre dans le déséquilibre...

De toute façon, tôt ou tard le druide est confronté à l'équilibre psychologique de son client. Il arrive souvent – après quelques séances destinées uniquement à l'amélioration de la performance – que l'athlète commence à parler de lui-même et de ses difficultés psychologiques. Hélas, nombre d'athlètes et d'entraîneurs et même de druides ont tendance à appliquer de simples pansements sur des blessures qui nécessiteraient plus de soins : un problème non réglé reviendra comme un boomerang, sous une forme ou une autre. Pas la peine de travailler seulement sur sa respiration pour être champion du monde à l'entraînement, si on se crispe en état d'hyperventilation au moment de la compétition.

La recherche du druide le mieux adapté à une problématique spécifique tient de l'aventure. Évidemment, on peut demander conseil à des gens qui ont déjà eu des expériences similaires. Mais cela ne suffit pas. Le jour où on se retrouve face à un druide, on a intérêt à lui poser des questions précises pour gagner du temps et éviter les mauvaises surprises. Voici une dizaine de questions que les personnes à la recherche du « bon » druide doivent poser :

1. Pouvez-vous m'aider à préciser ce que je veux ?

Il s'agit d'abord de vérifier si le désir de se faire aider vient vraiment de soi. Ce n'est pas parce qu'on consulte un spécialiste qu'on trouvera des solutions à ses problèmes. Beaucoup d'athlètes vont voir un druide uniquement pour faire plaisir à leur entraîneur ou à leurs parents – pour pouvoir dire : « J'y suis allé, mais cela n'a rien donné. » D'ailleurs, ce sont ces derniers qui cherchent la potion magique qui leur permettra d'être tout-puissants et invulnérables, comme celle d'Astérix et d'Obélix ! En résumé, ce sont eux qui cherchent l'impossible. C'est une chose que d'avoir besoin de travailler sur soi, c'en est une autre que de se donner les moyens d'y arriver. On se rend compte qu'il peut y avoir conflit entre une partie de soi qui veut s'attaquer au problème et une autre qui a peur de dévoiler ses faiblesses, ses incertitudes, ses peurs. Le travail du druide consiste alors à identifier d'où vient la demande (« J'ai décidé que j'avais besoin d'aide » ou « Mon entraîneur m'a dit qu'il fallait travailler mon mental »). Ensuite, il s'agit de préciser la demande initiale (« Aidez-moi à gérer mes émotions avant et pendant la compétition ») pour voir plus clair et éventuellement déceler une deuxième demande (« Comment dépasser la peur de décevoir les gens qui ont tellement investi en moi ? »).

2. Quel dispositif me proposez-vous ?

Il n'est pas facile de trouver « la bonne personne », celle avec qui vous vous sentirez suffisamment à l'aise pour parler librement (le premier pas pour se lâcher). Souvent, le premier rendez-vous permet de sentir si on a envie de revenir ou non. Si oui, il s'agit ensuite de déterminer le dispositif – c'est-à-dire l'ensemble des moyens disposés conformément à un plan – ou le cadre (lieu, fréquence, contenu, financement) adéquat pour progresser. Ni trop rigide, ni trop souple, le dispositif peut être élaboré par le druide et le client, mais c'est au druide de fixer les règles selon son code de déontologie. Par exemple, on peut très bien se tutoyer tout en gardant une distance professionnelle. D'un autre côté, dans un milieu où l'on se tutoie presque automatiquement, le vouvoiement devient un symbole qui dissocie ce travail du quotidien sportif. Il y a une différence entre faire venir un druide dans son lieu d'entraînement et se déplacer vers son cabinet. L'expérience montre que le premier cas implique moins d'efforts : il est plus confortable d'accueillir le druide entre deux entraînements que de se mobiliser (y compris intellectuellement) pour sortir du microcosme sportif. En résumé, un dispositif valable doit prévoir tous les scénarios possibles pour garantir un cadre bien défini où l'on pourra travailler dans la sérénité. On pourrait même dire que le dispositif que le druide met en place reflète sa compréhension de la théorie qu'il a choisi de mettre en pratique.

3. Quelle est votre spécialité ?

Certains druides ont leur spécialité : les enfants, les adolescents ou les adultes. D'autres sont généralistes et s'occupent de toutes les populations. Certains interviennent sur le terrain (présence à l'entraînement et en compétition, *débriefings* sur l'attitude corporelle, etc.), d'autres refusent de le faire pour garder leurs distances. Tout dépend des techniques et des objectifs de chacun. Ainsi, des institutions accueillant de jeunes espoirs font intervenir des psychologues spécialisés dans l'adolescence pour leur donner la possibilité de s'exprimer au sujet de ce qu'ils vivent : éloignement du foyer familial, positionnement dans le groupe d'entraînement, changements corporels, comportement nutritionnel, etc.

4. Quelle est la place de mon entraîneur ou de mes parents ?

L'entraîneur qui cherche à approfondir sa formation psychologique augmente considérablement ses chances d'aider l'athlète et de lui faire gagner du temps. L'entraîneur peut, lui aussi, bénéficier de l'aide de certains druides pour s'interroger sur ses propres pratiques ou apprendre les techniques qu'on vient de décrire. Cette méthode est aujourd'hui de plus en plus courante ; elle permet à l'entraîneur d'y voir plus clair dans ses motivations. D'ailleurs, pourquoi ne pas impliquer les personnes qui ont une influence quotidienne sur l'athlète? Dans certains cas, ces séances peuvent s'inspirer de la thérapie de couple, quand il y a par exemple des blocages dans la communication. Le travail peut se faire à deux, mais aussi à plusieurs, par exemple avec l'entraîneur ou avec les parents dans le cas des plus jeunes. Ici, le druide a intérêt à se positionner non entre l'athlète et son entraîneur, mais avec eux, afin d'éviter l'incompréhension à l'égard de sa démarche. Parfois, il est plus judicieux de travailler uniquement avec l'entraîneur, surtout quand celui-ci effectue une demande personnelle et que l'athlète n'est pas prêt à s'investir dans cette démarche. Il n'est pas rare qu'un druide doive prendre position face à un entraîneur ou à un athlète qui ne demande que des conseils et des recettes («Dis-moi ce que je dois faire!»), bref, qui demande du «prémâché», du «prêt-à-penser» et est incapable de s'inscrire dans une recherche personnelle. D'un autre côté, certains parents et entraîneurs préfèrent éviter qu'une tierce personne s'interpose entre eux et leur protégé. Dans le cadre de ses discussions avec le spécialiste, le *performer* pourrait laisser filtrer certaines informations que l'entraîneur ou le parent n'a pas intérêt à voir divulguées. Dans ce cas, ils vont préférer l'orienter vers une technique corporelle (relaxation, yoga) plutôt que vers l'analyse de ses relations avec l'entourage.

5. Quelle discrétion assurez-vous?

Les druides qui défendent le respect de l'intimité savent à quel point ils contribuent à protéger la qualité de leur travail. Le secret professionnel existe depuis Hippocrate, le plus grand médecin de l'Antiquité. Il est extrêmement important de clarifier les règles sur ce qui doit ou non être communiqué. C'est parfois la discrétion totale (le druide garde tout pour lui), parfois c'est à l'athlète de décider de ce qui peut être communiqué à des tiers en fonction de la nature du travail. Ainsi, on sera mieux armé face aux questions classiques des entraîneurs ou des parents après une séance avec leur prodige : « Alors, ça s'est bien passé ? » Comment gérer la confidentialité ? Qu'est-ce qu'on dit (ou pas) ? Certains druides (surtout les moins expérimentés) sont si contents qu'on ait fait appel à eux qu'ils se sentent obligés de « renvoyer l'ascenseur » en révélant le contenu des séances. D'autres vont même jusqu'à demander un pourcentage sur les gains de l'athlète, ou bien ils proposent de baisser leurs tarifs s'ils peuvent utiliser le nom de l'athlète pour mousser leur publicité.

6. Combien ça coûte ?

Une telle démarche nécessite d'abord du courage et de l'honnêteté. Les implications liées au temps, aux déplacements et à l'aspect économique sont secondaires. Certains druides appliquent des tarifs plus bas pour les personnes en difficulté (étudiants, chômeurs) ; d'autres considèrent que leur travail mérite un prix fixe. Le but, c'est que chacun s'y retrouve. Si on ne peut plus s'acheter une raquette parce que le tarif de la thérapie est trop élevé, il faudra reconsidérer la pertinence de cette démarche. Les cas de figures varient aussi en fonction du payeur. Quand on paie soi-même, on sait pourquoi on est là. Or, il arrive encore souvent que tout soit pris en charge par un tiers (les parents, le club, la ligue, la fédération). On peut se demander si l'athlète viendrait quand même si c'était à lui de régler les honoraires des spécialistes – ou au moins de participer au paiement. Peut-on parler de démarche personnelle quand on évolue dans un système qui donne tout aux meilleurs jeunes, même quand ils ne sont pas demandeurs ?

7. Combien de temps ça va durer ?

La durée varie de quelques séances à quelques années, en fonction de la méthode choisie. Avec un bon professeur de yoga, on peut apprendre à respirer dès la cinquième séance. Le travail en sophrologie a une durée variable (de quelques semaines à un an), suivant le but recherché et les techniques mises en œuvre. Dans le cadre d'une thérapie cognitive brève[97], on signe un contrat écrit de 10 à 20 séances pour se fixer un objectif de travail précis (dépasser la peur de l'ascenseur, par exemple). Les séances chez un psychanalyste s'étalent sur plusieurs années, au cours desquelles il s'agit d'avancer dans la connaissance de soi jusqu'au jour où on se sent suffisamment prêt pour poursuivre ce chemin tout seul.

8. Quels sont les dangers ?

Le véritable but d'une collaboration ne serait-il pas d'y mettre éventuellement fin, pour que l'athlète puisse continuer tout seul sur les bases de ce qu'il a appris, plutôt que de poursuivre une histoire sans fin ? Mais certains druides sont tellement peu sûrs d'eux-mêmes qu'ils ont besoin de créer une dépendance (« Sans mon aide, tu ne peux pas réussir ! ») pour se rassurer et pour satisfaire des besoins personnels et non professionnels. Gare au druide qui parle de « son joueur » ou de « sa réussite sportive avec tel athlète ». Certains se plaisent dans le rôle du « pompier » qui vient éteindre le feu quelques jours avant l'événement de l'année, d'autres prétendent détenir la vérité, là où il n'y en a pas. Dans ces cas précis, il se joue autre chose qu'une simple collaboration professionnelle, et on peut se demander qui, du druide ou de l'athlète, a le plus besoin de l'autre. Parfois les entraîneurs sont d'ailleurs beaucoup plus « psychologues » qu'un professionnel, parce qu'ils ont déjà prouvé leurs compétences, tandis que le druide risque de chercher à plaire, à être reconnu dans un milieu qui le fascine. Qu'il soit psychologue ou sophrologue, il peut tomber dans le piège de vouloir être comme les athlètes ou les entraîneurs, parler comme eux, s'ha-

---

97. Utilisée davantage par des psychologues d'orientation comportementaliste.

biller comme eux, et perdre ainsi son authenticité, sa distance professionnelle, sa valeur ajoutée. Enfin, quand la méthode a du succès (« Cet athlète a eu de très bons résultats avec un druide »), le milieu sportif a tendance à faire du « copier-coller » et à prescrire cette méthode à tous les autres. Ce n'est pas parce que telle méthode a bien fonctionné avec un camarade d'entraînement qu'elle aura le même résultat avec d'autres.

9. Le druide doit-il être spécialisé dans ma discipline sportive ?

Bien entendu, un druide qui connaît le milieu sportif pourra vous faire gagner du temps, dans la mesure où vous n'aurez pas besoin de tout lui expliquer. D'un autre côté, un druide ne peut pas tout savoir sur chaque discipline sportive, et puis, la plupart des difficultés abordées ne sont pas directement liées à l'activité sportive. Le pongiste raconte des problèmes qui ne sont pas forcément liés au tennis de table. Or, indépendamment de la discipline pratiquée, derrière les demandes habituelles (stress de compétition, manque de confiance en soi, blessures à répétition), le déclic se fait surtout lorsqu'on s'autorise à s'écouter et à se regarder dans le miroir. Ne pas connaître la discipline sportive peut même être un avantage dans la mesure où le druide s'attarde surtout sur l'être humain dans sa globalité. Ainsi, une femme peut très bien aider des footballeurs, et un homme, des athlètes en natation synchronisée.

10. Comment savoir si c'est la bonne personne ?

Enfin, plutôt que de demander au druide s'il est spécialisé dans telle ou telle discipline sportive, n'est-il pas plus judicieux de cerner sa personnalité ? Respire-t-il la confiance ? Sait-il la transmettre ? Est-il capable d'aller au-delà de sa propre peur ? A-t-il travaillé sur sa propre motivation ? Revoilà la question du désir : Qu'est-ce qu'il y a derrière son désir d'exercer son métier (aider l'autre ; être reconnu ; compenser des manques personnels…) ? Derrière toutes ces considérations, la question à savoir si le druide doit amener l'athlète plus loin qu'il n'est allé lui-même est très pertinente, et dans ce cas on peut se demander si quelqu'un peut donner ce qu'il n'a pas. Et si on ne pose pas ouvertement ces questions, on peut au moins y songer. Le druide a-t-il un côté champion dans la tête ?

En conclusion

On se souvient des grands sportifs pour leurs qualités physiques et mentales et pour la noblesse de leurs valeurs, mais il ne faut pas oublier de louer les grands maîtres qui les ont aidés pour leur sagesse, leur perspicacité, leur humilité, leur aptitude à donner du courage, mais aussi pour leur capacité de s'effacer pour le bien de leurs patients ou de leurs élèves. Au sortir de la forêt des Druides, on comprend que ces derniers sont proches des anciens prêtres gaulois et bretons, qui avaient la responsabilité de célébrer le culte, d'éduquer la jeunesse et de prendre des décisions. Leur forêt se révèle comme une tentation et, en même temps, elle peut faire peur parce qu'elle nous provoque dans ce qu'il y a au plus profond de nous-mêmes : nos désirs, nos peurs, nos conflits. Mais là aussi, c'est à chacun de faire le choix qui lui ressemble le plus en se situant entre le *fast-food* et « la bonne recette familiale », entre la promesse de la potion magique et le silence de l'incertitude…

Pour tout renseignement supplémentaire, visitez le site www.championdanslatete.com ou contactez-nous à l'adresse : contact@championdanslatete.com

Table des matières

Note au lecteur.................................... 7
Introduction...................................... 9

Première partie : La Carte du mental 15
Par François Ducasse
Chapitre 1 : Du pays du Rêve à la montagne de
    l'Accomplissement............................. 17
Chapitre 2 : Vous avez un rêve, mais quel est le plan ?..... 23
Chapitre 3 : Au bout du chemin : la terre de Création 39
Chapitre 4 : Les deux pôles de la performance :
    la souffrance et le plaisir 77

Deuxième partie : L'aura des gagneurs................ 97
Par François Ducasse
Chapitre 1 : On gagne avec sa personnalité............. 99
Chapitre 2 : Le mauvais élève......................... 121
Chapitre 3 : La force émotionnelle..................... 137
Chapitre 4 : Les champions s'accordent-ils
    le droit de perdre ?............................. 151

Troisième partie : Les beaux champions 165
Par François Ducasse
Chapitre 1 : Les valeurs du sport...................... 167

Chapitre 2 : Les grandes performances sont esthétiques... 173
Chapitre 3 : Qualités et idéaux de champions dans la tête,
d'hier à aujourd'hui 187

Quatrième partie : Faites votre *check-up* mental 231
Par François Ducasse et Makis Chamalidis
Chapitre 1 : Le bilan d'excellence...................... 235
Chapitre 2 : L'auto-évaluation de votre performance
mentale 249
Chapitre 3 : Les 36 régions de la Carte du mental 253

**Cinquième partie : Le golf, voyage au pays
des micro-sensations........................... 295**
Par François Ducasse et Makis Chamalidis
Chapitre 1 : Un carnet et des astuces pour aller
au bout de son parcours........................ 297
Chapitre 2 : Le but de la maîtrise, c'est d'oser l'« imaîtrise » 307

Sixième partie : La forêt des Druides 313
Par Makis Chamalidis
Chapitre 1 : Personne n'a jamais réussi tout seul 315
Chapitre 2 : Les spécialistes du mental : Qui fait quoi ? 329
Chapitre 3 : Dix questions pour un druide 337

Suivez-nous sur le Web

Consultez nos sites Internet et inscrivez-vous à l'infolettre pour rester informé en tout temps de nos publications et de nos concours en ligne. Et croisez aussi vos auteurs préférés et notre équipe sur nos blogues!

EDITIONS-HOMME.COM
EDITIONS-JOUR.COM
EDITIONS-PETITHOMME.COM
EDITIONS-LAGRIFFE.COM

Achevé d'imprimer au Canada
sur papier Enviro 100% recyclé